U0686436

职业教育理论与发展研究

林晓懿　姜晓菲　扈文佳　著

中国原子能出版社

图书在版编目（CIP）数据

职业教育理论与发展研究 / 林晓懿，姜晓菲，扈文
佳著. --北京：中国原子能出版社，2023.11

ISBN 978-7-5221-3147-4

Ⅰ. ①职…　Ⅱ. ①林…②姜…③扈…　Ⅲ. ①职业教
育–研究　Ⅳ. ①G71

中国国家版本馆 CIP 数据核字（2023）第 236889 号

职业教育理论与发展研究

出版发行	中国原子能出版社（北京市海淀区阜成路 43 号　　100048）	
责任编辑	杨　青	
责任校对	冯莲凤	
责任印制	赵　明	
印　　刷	北京天恒嘉业印刷有限公司	
经　　销	全国新华书店	
开　　本	787 mm×1092 mm　1/16	
印　　张	16	
字　　数	250 千字	
版　　次	2023 年 11 月第 1 版　2023 年 11 月第 1 次印刷	
书　　号	ISBN 978-7-5221-3147-4　　　　定　价　**76.00 元**	

发行电话：**010-68452845**　　　　　　　版权所有　侵权必究

职业教育政策是国家公共政策体系的重要组成部分，它以解决公共职业教育问题、满足公共教育利益为目的。从政治学视角来分析职业教育政策的演变规律，是公共政策研究方法及其内容在职业教育领域的运用和拓展，能够提高政策形成的科学性，提升政策执行的实效性，满足广大民众的利益诉求，服务于整个国家治理体系现代化大局。职业教育在我国当下和今后一段时间内，承担着培养高素质劳动者和技术技能人才的职责和使命。在国家不断突出职业教育战略地位的顶层设计框架下，提升职业教育吸引力的政策环境还没有完全建立起来。

职业教育是社会发展的产物，是人类文明进步的产物，是人自身发展的产物，也是与经济社会发展联系最紧密、服务最贴近、贡献最直接的教育类型。大力发展职业教育是近年来教育界不变的主题，也是党和国家的战略发展目标。随着国际竞争的日益加剧、科学技术的快速发展、现代产业体系的建立和完善，以及人力资源结构的合理调整，原有的职业教育理论和实践需要不断更新、发展、完善和创新。

当前，我国职业教育正处在重要的机遇期，新形势对职业教育改革发展提出了新的、更高的要求，也为职业教育理论研究提出了许多新课题。我国发展已经进入新时代，经济社会转型对职业教育提出了更高更新的要求，教育发展也呈现出补齐薄弱环节、解决好结构性就业矛盾、实现多元化成长成才、顺应全民终身学习时代要求等特点。我国职业教育理论研究和学科建设与职业教育改革发展需要还有很大差距。职业教育工作者，特别是科研人员应加强理论研究和实践探索，不断创新，为建设中国特色职业教育理论和学科体系而努力。

由于作者水平有限，加之时间仓促，书中难免存在疏漏，敬请广大专家和学者批评指正。

目 录

第一章

职业教育的基本理论

第一节　职业教育的概念及内涵

一、职业的含义与特征

（一）职业的含义

在我国，"职业"一词，最早见于《国语·鲁语》："昔武王克赏，通道于九夷百蛮，使各以其方略来贡，使勿忘职业"。这里的"职"指执掌之事；"业"是古代记事的方法，把要做的事在木棒上刻成锯齿状，有多少事情就刻多少个齿，做完一件就刻一个齿，即"修业"，所以，"业"的含义是事。"职业"即为分内应做之事，与一定的社会分工和完成某件事所需要的技术、技能相联系。

从职业发展历史看，随着奴隶社会的不断发展，农业与手工业、畜牧业不断分离，导致脑力与体力劳动的逐渐分离，并出现了最早的职业。在古代，有"官有职，民有业"一说。这里的"职"与"业"主要指的是朝廷人员与老百姓所从事的主要工作，"职"指的是官事，"业"指的是农、牧、工、商，也就是今天所指的行业。可见，在我国古代，"职"与"业"是分开赋予含义的。较早地完整使用"职业"一词是在《荀子·富国》："事业所恶也，功利所好也，职业无分，如是，则人有树事之患而有争功之祸矣。"到了近代，随着社会的进步，社会分工日益精细化与复杂化，"职"和"业"逐渐地被一起使用，主要含义是指个人在社会中所从事的并以其为主要生活来源的合法工作的种类。

现代的"职业"是指人们在社会中所从事的、相对稳定的、作为主要生活来源的，并以此为社会服务和体现自我价值的专门合法工作。可见，职业是参与社会分工，利用专门的知识和技能，为社会创造物质财富和精神财富，获取合理报酬作为物质生活来源，并满足精神需求的工作。它包含五个方面的内涵：第一，职业必须是社会分工产生的，为社会所承认的有益的工作，与人类的需求和职业结构相关；第二，职业必须是相对稳定的，不是可有可无的，也不是临时的，有一定的连续性，与职业的内在属性相关，强调利用专门的知识和技能；第三，职业必须是为群众服务的，是服务于社会也是社会所必需的，从而也是个人发展和实现人生价值的主要渠道；第四，职业与社会伦理相关，强调创造物质财富和精神财富，获得合理报酬；第五，职业是能够为己谋生的，是个人愿意以此获取生活资料的主要来源，与个人生活相关。

（二）职业的特征

职业作为一种劳动，它既有一般劳动形式的特征，也在产生和发展的过程中逐渐形成了可以与其他劳动形式相区别的特征。当代职业的特征主要表现如下。

1. 目的性

职业以获得一定的回报为目的，这种回报不一定仅限于物质、金钱等报酬，还可以是理想的实现、个人价值的实现、兴趣爱好的满足等。

2. 规定性

职业对从业人员素质具有一定的规定和内在要求。从事特定职业的从业人员必须达到职业所要求达到的专门素质，同时，从业人员必须在其中承担一定的职责。

3. 社会性

职业是从业人员在特定社会生活环境中所从事的一种与其他社会成员相互关联、相互服务的社会活动。

4. 稳定性

职业在一定的历史时期形成，并具有一定的生命周期。

5. 规范性

职业必须符合国家的法律，符合从业标准和社会道德规范。

6. 群体性

职业具有一定规模，它是群体的共同行为。达不到一定数量的从业人员的劳动不能称为职业。

7. 可变性

职业的内涵与种类并不是一成不变的，它会随着社会经济、产业结构的变化而发生改变。

8. 经济性

对个人，职业是个人获取生活资料的主要途径；对社会，个人从事职业是促进社会经济发展的重要环节。

9. 技术性

不存在没有知识、技术的职业，特别在进入知识经济时代后，各种职业的技术含量在不断增加，技术性更加突出。

10. 专门性

任何一个职业都是要不断发展和完善的，因此，它的专门性会越来越强，专业化程度也会越来越高。

11. 时代性

职业是不断发展变化的。新的职业不断产生，旧的职业不断消亡，每个时代都有自己的特色职业。

12. 多样性

社会分工越来越细，职业的种类也必将越来越多，且具有多样性的特点。

13. 发展性

职业是人类发展的舞台，任何人的发展都离不开职业。

二、职业教育的概念

职业教育是一种复杂的教育活动，对其概念的认识也是复杂多样的。下面将从广义与狭义、外部与内部四个角度对其概念进行归纳和分析。

从广义的角度理解"职业教育"的概念包括三层含义：所有的教育和培训都具有职业性，均有职业导向，因为所有的教育都影响着个人的职业；职业教育和培训包含了所有类型的技术传授；职业教育既可以在家庭中传授，也可在工作单位或正规院校传授。从狭义的角度理解"职业教育"的概念也包括三层含义：职业教育就是培养高级工匠的教育；职业教育和培训仅包含操作性技能之类的技术传授；职业教育是同普通教育相对的，以专门培养中级专业技术人才为目的的学校教育，它处于大学层次之下，反映了教育体系内部的结构与分层。显然，广义的"职业教育"的概念混淆了职业教育与其他类型教育的差别，未区分出职业教育所传授的特定技术类型，而狭义的"职业教育"的概念又把职业教育局限于操作技能训练和中等层次的程度上，因此，二者都没有真实地、全面地反映出现代职业教育的真谛。

2001 年，联合国教科文组织修订的《关于技术和职业教育的修订建议》认为，技术与职业教育是作为一个综合术语来使用的。它所指的教育过程除涉及普通教育外，还涉及与学习、经济和社会生活各部门的职业有关的技术与各门科学，以及获得相关学科的实际技能、态度、理解力和知识。技术与职业教育被认为包括五层含义：① 普通教育的一个组成部分；② 准备进入某一就业领域及有效加入职业界的一种手段；③ 终身学习的一个方面及成为负责任的公民的一种准备；④ 有利于环境的可持续发展的一种手段；⑤ 促进消除贫困的一种方法。联合国教科文组织所提出的上述解读，主要从职业教育的外部关系阐述了职业教育的外延和作用。这样的表述更易于被大多数国家的政府接受，并重视职业教育，这正是其用意所在。

职业教育还需要从其内部来审视其内涵。有学者论述了职业教育应该是一种不同于普通教育的独特的教育类型，应该把职业学校真正办成遵循职业教育规律和特性，体现职业教育价值的教育机构，而不是作为低于普通学校的"二流"学校。还有学者将职业教育的概念表述为："职业教育是培养技术应用型、技能型人才的一种教育或培训服务"，并将其理解为五个要点：职业教育是教育的一种类型；职业教育培养的是技术应用型、技能型职业的人才，而不是培养所有职业的人才；职业教育是一种服务业，它为准备成为技术技能型人才提供教育服务；职业教育培养的是人才，是在普通教育基础上进行的；职业教育具有层次之分，旨在培养技术应用型与技能型两类人才。

作为独特教育类型的职业教育，在课程方面，是以就业能力为导向的能力本位课程或工作过程课程；在教学方面，实施行动导向教学，实行工学结合的人才培养模式；在学生评价方面，要求以学生获得职业胜任能力和职业资格为依据，重行而不唯知；在教师评价方面，要从重升学率和学术成果转向重就业导向的课程开发和教学应用与转化；在管理制度方面，要建立起符合职业教育规律与特色的管理制度：在教育体系方面，职业教育是横向"结成"体系，而普通教育纵向"自成"体系。

综上所述，职业教育是终身学习的重要组成部分，是全民教育的主要承担者，是以培养符合职业或劳动环境所需要的技能型人才为目标的一种教育类型。它以职业需要为导向，以实践应用型技术和技艺为主要内容，传授职业活动必需的职业技能、知识、态度，并使学习者获得或者扩展职业行动能力，进而获得相应的职业资格。职业教育所培养的人才是技能型人才，进一步可以分为技术应用型人才和操作技能型人才，两者都需要具备一定的理论技术、实践技术、心智技能和运动技能，都需要在生产或服务的一线通过行动将已有的设计、规范和决策转化为产品或服务成果。

三、职业教育的内涵

职业教育是终身教育体系中在基础教育之上，引导学生掌握某种特定职业或职业群中从业所需的实际技能、知识和认知的教育服务，是使受教育者获得某种职业或生产劳动所需要的职业技能、知识、职业道德的教育，其目的是培养技能型应用人才与具有一定文化水平及专业知识技能的劳动者。

职业教育是社会发展的产物，是人类文明发展的产物，是人自身发展到某个特殊时期的产物。职业教育受益于社会，促进社会发展是职业教育的应有之义和神圣职责。职业教育应包括两部分内容：① 职业技术学校教育，即学历性的职业教育，分为初等、中等、高等职业学校教育；② 职业培训，按照职业需求或劳动岗位的要求，以开发和提高劳动者的职业技能为目的的教育和训练活动，是非学历性的短期职业教育。职业培训的形式多种多样，目前，我国的职业培训包括从业前培训、转业培训、学徒培训、在岗培训、转岗培训及其他职业性培训。根据实际情况，也可以将职业培训分为初级、中级、高级职业培训。因此，我们必须从下面五个方面准确把握职业教育的内涵。

（一）职业教育是终身教育体系的一个组成部分

职业教育是相对于其他教育存在的，没有其他类型教育也就不存在职业教育，并且职业教育是教育的重要组成部分，它对人的职业化、经济社会发展、消除贫困等具有重要价值。就个人而言，人对教育有基本需求、从业需求和闲暇需求，而职业教育可以满足人的从业需求。因此，职业教育是人终身教育和人全面发展的一个方面、一个阶段、一个重点。

（二）职业教育是建立在基础教育之上的

接受职业教育需要以一定的科学文化知识为基础，受教育水平是接受何种层次职业教育的重要准入依据。高等职业教育以普通高中教育为基础，中等职业教育以初中文化教育为基础，初等职业教育以小学文化为基础。

（三）职业教育是职业定向教育

定向教育是以职业或职业群为主要依据的专业类别培养人才的方式。无论是全日制职业教育、部分时间制职业教育，还是职业培训，都是给予学生或在业人员从事某种特定职业或职业群所需的实际知识、技能和态度的教育，是为就业、转业做准备的，就是使"无业者有业，有业者乐业"。完成职业教育课程后，可以获得所在国家的主管当局（教育部、雇主协会等）认可的在劳务市场上从业的资格。

（四）职业教育面向部分人群

职业教育主要面向技术型、技能型职业者。非技术型职业者、学术型职业者、工程型职业者等，均无须接受职业教育。由于国度不同，时代不同，技术型、技能型职业的声望和社会地位不同，职业教育的地位与作用差别较大。

（五）职业教育是一种服务

职业教育过程分别由教育、教学、管理和服务构成，职业教育过程的结果是转变学生。学生是顾客，职业教育机构向学生提供了学习、生活、劳动的设备设施，通过教职工的教育、教学、服务过程为学生提供特定职业或职业群所需的知识、信息、方法，提高学生从业的实际技能、知识、认识水平，以及认识世界、改造世界的能力。因此，职业教育是一种高尚的服务业。

第二节　现代职业教育的基本理念

一、现代职业教育的属性

（一）现代职业教育是一种主体教育

传统职业教育追求的是对受教育者进行某种技能教育，强调受教育者对教师、学校和社会的机械服从和顺应。这种见物不见人的教育把受教育者当作教育的客体加以塑造，而不是当成教育的主体来加以培养，其塑造出来的人，人味很淡，物性十足，缺乏主体意识和创新精神。因而，职业教育也要和其他教育一样，全面贯彻党的教育方针，而且要面向全体学生，要注意学生的个体差异，促进人的个性在职业领域里的全面发展。

（二）现代职业教育是一种全民教育

由于职业教育是一种就业教育，所以它同时也是一种大众化的教育。职业教育在满足社会上个人的需要和开发个人潜能的同时，为所有人提供了技能的教育，尤其是为在职人员和失业者提供培训、再培训，使他们获得受教育的均等机会。职业教育的普及与其提供的学习技能，将会促进全世界所有公民接受教育。

（三）现代职业教育是一种文化教育

"文化教育"在这里指的是一种理念文化，包括价值观念、道德观念和思维方式。实施职业启蒙教育阶段，职业教育渗透到基础教育，大力开展劳动技术教育，培养中小学生的劳动意识和劳动习惯，可使他们从小就树立劳动至上的价值观，为学会做事奠定良好基础；实施职业准备教育阶段，在传授一定文化知识和技能的同时，加强职业道德教育，培养学生学会做人，使其日后上岗就业能够热爱本职工作，无私奉献，为个人服务社会从而为社会作出贡献奠定基础；实施职业继续教育阶段，由于树立了劳动的价值观，可以使人懂得作为社会人应与社会及其他社会人和谐相处，并依靠自己的双手创造财富。

（四）现代职业教育是一种终身教育

正如《学会生存》报告中说的，不应该培养青年人和成人从事一种特定的、终身不变的职业，而应使他们有能力在各种专业中尽可能多地流动，并刺激他们自我学习和培训自己的欲望。随着生产力的发展和社会的进步，人的职业、岗位职业能力会经常变动、更新，这就需要不断地参加这样或那样的职业技术学习，接受继续教育或培训。因此，职业教育是一种终身教育。

二、对职业教育功能的理解

（一）由单纯地针对职业岗位扩展到着眼于整个职业生涯

在现代社会中，社会就业人员的利益导向和价值走势使其职业经常变更，一个人一辈子固定在一个行业或一个岗位上的时代即将消失。我国自改革开放以来，人才流动已逐渐成为一种常见的社会现象，社会成员正由"单位人"逐渐走向"社会人"。这种就业需求，必然对职业教育的目标和内涵产生影响。

（二）由满足上岗要求走向适应社会发展

职业能力不仅指操作技能或动手能力，而且指综合的、称职的就业能力，包括知识、技能、经验、态度等，即为完成职业任务所需的全部内容。在职业能力的内涵中，应十分注重合作能力、公关能力、解决矛盾的能力、心理承受能力、竞争能力等非技术的职业素质；同时，随着科学技术的迅猛发展，社会职业岗位的内涵与外延处于不断变动中。因而，职业教育的教学计划不能仅着眼于当前上岗能力的需要，还应注重学生对职业岗位变动的良好适应性和就业弹性的需要。

（三）由提供学历和文凭向多方面延伸

职业教育体系总体上分为学历教育、非学历教育与培训两大部分。学历教育主要是以较长的连续时间，系统地培养基层一线的技术型人才为主。学历教育有中等职业教育和高等职业教育两个层次。在非学历教育与培训中，一部分是资格证书教育、工人技术等级培训，另一部分是岗位培训、在职进修培训和短期就业培训。随着我国加入 WTO，实施"走出去"的战略，职业教育的功能还将由培养国内人才扩展为培养国际人才。

三、职业教育应有的理念

（一）新的职业理念

1. 动态的职业观

随着世界经济的发展，产业结构、行业结构和技术结构都发生了深刻的变化。行业的兴衰导致职业的存亡，而技术结构的变化又直接影响着职业结构的构成。为了适应职业的动态变化过程，职业教育工作者要有长远的眼光，不仅应当了解过去和现在社会职业的状况，还应当看到五年、十年甚至更长时期内职业教育的发展方向。对社会职业变化的高度敏感性和适应性将是职业教育在变化的时代立足和兴旺的根本。因此，高职院校必须十分关注社会职业的变化，不断加强办学条件建设，增强发展潜力，及时调整教学计划、教学内容、教学方式及教学要求，以增强人才培养工作的适应性。

2. 整体的职业观

工业社会过细的劳动分工使人的职业发展变得单一化，人的一生往往被束缚在一个零件的制造或某道工序的操作上。为了改变这一状况并增强学生对工作和未来生活的整体适应性，职业教育必须树立整体的职业观，扩大教学与训练的辐射面，培养学生多方面的工作能力，尤其是分析、判断、决策和行动的能力。

3. 人文的职业观

职业至上论和人文教育之争在普通高等教育领域由来已久，在高等职业教育中两者之间的矛盾更是特别突出。长期以来，中外高等职业教育都存在"唯职业论"的声音。人们以为，职业教育的宗旨就是为学生将来从事某种职业做准备，因此，高职院校围绕职业技术组织教学与培训工作是天经地义的事情。帮助学生获得职业技能本身并无不妥，但如何认识学生将要从事的职业，如何培养学生具备承担完成职业使命的能力却值得人们深入地思考。

职业并不是孤立存在的。从根本上说，职业是人类社会分工的产物，职业的本质不在于职业所要求的技术，而在于职业的社会价值。职业的社会价值的实现离不开技术，但仅依靠技术是远远不够的，它还要求从事职业的人具有正确的社会价值观、人生观，具有必要的人际交往能力及其他社会生活能力。对于个人而言，职业与人们的生活更是有着不可分割的联系，职业不仅是人们谋生的渠道，还是人们实现人生社会价值的舞台。现代工商业生产与服务把各种职业有机地融合在一起，信息技术的发展不但强化了各种职业之间的联系，更强化了人与人之间的联系。因此，职业教育不能单纯地着眼于技术的训练，还要从职业的人文性出发，加强学生的人文素质教育，提高学生的人际交往能力、社会价值判断与审美能力、社会组织与协调能力等。

（二）人本理念

1. 学生中心观

高职院校是学生开始职业生活和社会生活的桥梁，他们只有在这里获得了全面、自由而充分的发展，才能在一个变化万千的时代，在职业生活和社会生活中游刃有余，与时俱进。为此，高职院校必须树立起以学生为中心的观念，以学生的发展为自己的根本目标。在考虑学生整体特点的情况下，注意学生的个体差异，做到因材施教，为学生当前的生活，以后的生存和发展打下基础。

2. 素质教育观

职业教育不是一种终结性的教育，而是服务于学生发展的终身教育。职业教育不仅要适时地根据受教育者的需求特点在办学方式上做出一定的调整，更主要的还是要为受教育者以后的发展打下扎实的基础，培养良好的素质。这种素质不仅表现在过硬的专业技能上，还应表现在深厚的理论基础上。受过职业教育的学生能够根据社会和职业的变化及时地对自己做出相应的调整，并实现个体持续的良性发展。

第三节　现代职业教育的基本特征

一、职业性

职业性是指职业教育培养生产、服务、技术和管理所需要的高素质劳动者和技术型、技能型人才的特性，其具有以职业为导向，为就业服务的特点。

职业是职业教育的基础，是规范职业教育的专业、课程和评价的标准。正如杜威所讲："一种职业必须是信息和观念的组织原则，是知识和智力发展的组织原则。职业给我们一个轴心，它把大量变化多样的细节贯穿起来，它使种种经验、事实和信息的细目彼此井井有条。"

职业教育是现代社会培养生产、管理、服务所需的具有综合职业能力的应用型人才的实践活动。职业教育以学生能够就业，并能使学生在未来的职业实践中得到发展为主要目标，教学内容以学生就业岗位需要为导向，教学环境强调与真实的环境相同或相似。

职业性并不排斥文化修养、人文道德，而是将知识、技术、技艺、工作任务和过程与行动、道德、价值、精神等融为一体。同时，职业教育重视培养学生良好的职业道德、职业意识、职业纪律、职业习惯，以及忠于职守的敬业精神，其教学计划、教学过程、教学方法、教学组织、生产实习、教学实习等，都与社会职业需要，与学生的职业活动、文化修养紧密联系。

二、技术性

技术通过职业教育内化到劳动者身上，才能转化为现实生产力，发挥出它的功能。技术的演变会影响职业教育发展的结构、层次、规模、课程、方法等。技术结构及产业结构的变化推动着职业教育结构的演变。技术革命及其引发的社会生产方式的变革决定着职业教育思想的发生和发展，技术革命导致了职业教育技术制度的变革。

技术可分为经验型技术、实体型技术和知识型技术。它们都是职业教育课程的主要内容。职业教育的教学过程也充分体现了技术的属性、技术传授的规律和要求。技术的学习需要重复，但重复不排斥创新。

技术的进步推动了职业教育办学模式和人才培养模式的改革。职业院校应该紧跟技术的步伐，通过产教结合、工学结合的基本途径，使得教育与训练并重，促进学习者对新技术和新工艺的掌握，提高其就业能力。

三、社会性

世界各国的职业教育各具特色，但凡成功模式的职业教育都与本国社会实际紧密结合。社会环境适宜职业教育的发展，职业教育就能有效地促进经济社会的发展，服务社会是职业教育的宗旨。职业学校，从其本质说来，具有社会性；从其作用说来，就是社会化。职业学校的基础，是完全构筑于社会需要之上的。职业教育不可能脱离社会环境，因为它与劳动就业直接联系，而劳动就业又是高度综合性的社会工程，涉及国家和地区的资源、人口、经济、政治、科学、文化、社会习俗观念、有关制度措施等各个方面，所以，这些都牵动着职业教育的办学。另外，职业教育诸如联合办学、定向、委托培训等办学途径，也使得职业院校必然受社会多方的制约。

职业教育又是一种社会需求制约型的教育。其培养目标、发展规模、结构和速度，既受社会需求的推动，又受社会需求的约束。在不同的历史时期，随着社会需求的变化，必然会引发职业教育的发展与变革。

职业教育对社会环境的高度依存性，要求其办学必须是开放的、灵活的。职业教育只有吸纳全社会的力量，才能办好。除在培养目标的确定、专业的设置、教学内容、教学方式的选择等方面要紧贴社会实际需要之外，在教学、课程、评价、管理等实施过程中，职业教育也需要行业企业的参与和支持，必须广泛吸纳社会力量，与生产劳动和社会实践紧密结合，走工学结合之路，实行灵活多样的人才培养模式，只有这样，职业教育的培养目标才能实现。

四、实践性

教育部《关于深化职业教育教学改革全面提高人才培养质量的若干意见》中要求，要加强实践性教学，实践性教学课时原则上要占总课时数一半以上。职业教育过程就是实践的过程，实践贯穿于职业教育的始终。

（一）教学内容突出实践性

职业教育在教学内容的选择上不过分强调专业的学术性、系统性、完整性和理论性。基础理论课的内容以必需和够用为原则，重理论知识中相关结论的使用而轻其推导过程。教学内容的着重点在实践操作和专业技能的培养上，丢弃了那种学生听得多、看得多，重理论、动手少的教学方法，而采用以实践为重、为先的方法，先做后学、先学后教、以需定教。

（二）教学方法上突出实践性

在课程安排上先建立实践教学体系，后建立理论教学体系；先进行专业课教学，后进行基础课教学。在具体教学中，尝试先让学生动手做一做，然后归纳总结，再有针对性地开展理论学习。

（三）教学过程突出实践性

国内职业教育的教学过程，都无一例外地选择了突出实践性的工学结合、产教结合的教学模式。在整个教学过程中，院校的教学实训与企业实习交叉进行，从而使教学更具实践性、应用性，也更贴近企业对学生技能的要求。

五、大众性

职业教育的大众性即职业教育的人民性。职业教育是面向人的教育。因此，职业教育必须有教无类，必须代表人民群众的教育利益，最大限度地满足广大民众的需要，以服务民众为宗旨，保证人人享有平等的接受职业教育与培训的机会，使职业指导和职业咨询面向社会所有成员。在当今社会，绝大多数的社会职业都需要经过一定的职业训练，并由获得职业资格的人来从事，这就决定了每个公民都必须接受一定的职业教育。

六、终身性

职业教育贯穿于人的一生，是实现终身教育的一种形式。一个人在一生中只有接受多次职业教育，才能不断地具有胜任各项工作的能力。在基础教育阶段，可以对儿童进行包括职业意识、劳动光荣等最基本的职业素质教育；进入初中阶段后，接受职业教育的机会越来越多，既可以通过普通教育教学内容的渗透接受初级职业教育和培训，也可以通过分流接受以就业为导向的职业教育；进入社会以后，人们也必须根据生产科技发展的需要，接受各种职业培训，以完善自己；当人们到达一定年龄，离开职业岗位，仍然可以根据自己的特点和需求，选择职业教育的内容和类型，以充实自己、完善自己，满足自己对教育的需要。职业教育应以更加开放和宽阔的胸怀，更加灵活多样的课程和教学模式，提供终身学习的机会和途径。

七、市场性

职业教育要满足市场对人才的需求。如果只是按教育规律办学而不考虑人才市场的需求，那么培养出来的学生，无论质量有多高，都无法实现就业；而如果只是按人才市场需求办学，在教育过程中不尊重教育规律，那就培养不出高素质的人才。因此，职业教育既要按教育规律办学，又必须按市场规律运作，这就是说，职业教育要具有市场性。

职业教育在办学指导思想上应确立以人才市场需求为导向的运作模式。市场的需求就是设置专业的依据，企业对岗位或岗位群的具体要求就是职业教育课程和教学内容的要求，具体目标是教学要求与职业岗位要求零距离。因此，职业教育要注重相关专业领域的最新技术发展，并根据发展实际调整课程结构和教学内容，做到教学内容及时反映本专业领域的新知识、新技术、新工艺、新方法，使教学内容与经济发展相适应，与技术改革相同步。

八、多样性

职业教育对象的多样性和教学内容的技术性、实践性，决定其教学方法应该是灵活的、多种多样的。在具体的教学过程中，应该打破传统的教室与讲台的课堂模式，根据不同的教育对象和教学内容，采取具有实效性的教学方式，多角度、多方位地拓宽课堂、搞活课堂。除了讲授、讨论、问答等方式外，更多的可以采用观摩、动手、模拟操作、双师型教师指导、技师带徒弟、实际工作岗位锻炼、心理考验和心理锻炼等方式。职业教育教与学的场所，可以不受校园圈子的限制，可以在工厂车间、在田间地头进行；可以不受普通学历教育和传统上所要求的学制年限的制约，而是根据教育对象所学内容的不同有较大的弹性；在时间上可以是几年、几个月，可以是全日制也可以是利用业余的时间。

九、直接性

职业教育是一种产业，是产业就要讲求效益，就要讲投入与产出。职业教育的投入与产出的循环周期较短，也就是说，职业教育的效益体现得比较直接。职业教育的教学内容直观而实际，具有较强的针对性和实际操作性。不论是高层次的职业教育，还是针对性较强的职业培训，接受教育和培训的个人都能很快地把自己学到的技术和技能运用到生产实际或经济建设的实际中去，发挥所学知识与技能的作用，提高劳动生产率，在短时间内创造出物质财富和扩大经济收入，投入者能很快从中受益。因此，不论是提高在岗人员的知识和技术水平，还是为下岗人员创造再就业的条件，或是为广大的农业劳动者传授农业科学知识，都能够直接地从职业教育中很快获得收益。

十、适应性

职业教育的适应性就是随着社会经济的变化，特别是生产技术水平的提高，而变化自身特性或发展方式的能力。它区别于普通教育的规定性，是其独有的特征。职业教育的适应性表现在两个方面。① 职业教育制度的适应。国家发展职业教育，建立健全适应社会主义市场经济和社会进步需要的职业教育制度，包括办学方向、办学层次、教学内容、职业培训机构、对职业教育的管理等，始终处于主动适应的位置，适应社会经济发展的需要。② 职业教育对象的适应。受教育者不应只是具有过于狭隘的职业性质或局限于一种技能的掌握，因为瞬息万变是这个时代的特征，所以，未来职业教育的主要目的必须使青年有很强的适应性。

十一、中介性

职业教育是把人力优势转化为智力优势，再把智力优势转化为生产力的重要桥梁，它还是教育与职业之间沟通的渠道。"教育不与职业沟通，何怪百业之不进步""要发展社会，革新教育，舍沟通教育与职业无所为计"，这表明，职业教育的中介性就是指职业教育在人的发展和社会发展之间、教育和职业之间的特殊位置。就是说，职业教育促进人的个性发展和社会进步，不是普遍性或者特殊对象性的，而是直接对应于社会需要和个人生存的，是促进科学精神与人文精神的结合，是促进社会发展需要的个性素质，是使人的个性更适应社会直接需要的发展的、提高的、更新的中介加工。

十二、产业性

职业教育兼具教育性、产业性的双重特性，其与市场经济的有机融合，主要是通过人才供需关系的平衡协调来实现的。职业教育的产业化运作是指职业教育的运行机制和管理模式要面向市场，进行投入与产出分析，并对其成本进行严格核算。职业院校要在国家的宏观调控下，按教育规律和市场规律办事，成为自主管理、自主办学的法人实体，逐步形成"原料采集（招生引资）—生产（教育教学）—销售及售后服务（推荐就业及业后培训）一条龙的自主运行机制。

第四节　现代职业教育的目的与任务

职业教育以实现技术技能强国、全面发展、人人成才、尽展其才为目的；以实现合理的人力资源结构支撑国家产业发展，培养具有良好的思想道德、知识技能和人文素养的技术技能人才，让每个学生都成为有用之才，回应农村和城市低收入家庭对美好生活的期盼，形成以实践和贡献评价人才、全社会尊重技术技能人才的文化价值观。

一、职业教育的目的

（一）职业教育目的的内涵

现代职业教育是适应现代科学技术和生产方式，系统地培养生产服务一线技术技能人才的教育类型。社会对职业教育的要求就是对人才规格和质量的要求，即职业教育目的。

职业教育的目的是根据不同社会的政治、经济、文化、科学、技术发展的要求和受教育者身心发展的状况确定的，它反映一定社会对受教育者的要求，是职业教育工作的出发点和努力方向，是制定教育规划、编制课程、开展教育活动、评价教育效果的价值尺度和根本依据，是进行教育教学改革，确定未来发展方向的基本指南。

一个国家的职业教育的目的，是这个国家教育总目的和教育方针在职业教育系统中的具体反映，也是各级各类职业技术院校确定培养目标的依据。

职业教育目的具有明显的时代性、适应性、前瞻性、相对稳定性和连续性。至今，关于职业教育的教育目的，虽还没有一个完整而公认的表述，但综观我国各个历史时期对职业教育目的的阐述，它应包含以下内容。

（1）全面发展。不同时期、不同层次、不同专业的职业教育目的，无不要求接受职业教育的对象能够全面发展。

（2）人才类型是技能型和技术型。

（3）人才层次是初、中、高级专门人才。目前，职业教育呈现层次高移的趋势，人才层次主要以高级专门人才为主。

（4）工作场合是基层部门、生产一线和工作现场。

（5）工作内涵是将成熟的技术和管理规范变为现实的生产和服务。

（二）职业教育目的的结构体系

职业教育目的是指国家总的职业教育目的，即国家对职业教育应培养什么样的人的总要求。各种类型职业技术院校，无论具体培养什么社会领域的人才，也无论培养哪个层次的人才，都必须使其培养的对象符合国家提出的教育总要求。我国现行的职业教育目的是培养一大批有一定科学文化基础和较强综合职业能力的，德、智、体、美等全面发展的，在生产、技术、服务、管理等一线工作的各级各类专门人才。

1. 教育目的

教育目的是国家对培养的人的总要求，是对所有受教育者提出的，具有高度概括性的总体性说明。不同类型教育的目的，在总教育目的的规范下，分别侧重为社会培养所需要的人。

2. 培养目标

培养目标是各级各类院校对培养人的要求，是教育目的的具体体现，是针对特定的对象提出的，是根据院校性质对培养人提出的特定要求。

3. 教学目标

教学目标是教育者在教育教学过程中完成某一阶段工作时，希望受教育者达到的要求或产生的变化结果。它是课程教学目标及教学过程中的教学目标，是指导、实施、评价教学的基本依据。

4. 课程目标

课程目标是指导整个课程编制过程的最为关键的准则。确定课程目标，首先，要明确课程与教育目的、培养目标之间的衔接关系，以便确保这些要求在课程中得到体现；其次，要对学生的特点、社会的需求、学科发展等各方面进行研究。教学目标是课程目标的进一步具体化。

在职业教育目的的层次结构内部与上下层之间抽象与具体的关系方面，

上层教育目的必须落实到一系列下层目标的行动上，而每一项教育行动又是构成上层教育目的必不可少的一部分。教育、教学目标循序渐进地积累，不断向培养目标和教育目的逼近，最后达到教育目的的要求。需要指出是，目标与目的有习惯上的区别，相对而言，目标比目的更精确、更具体。教育目的对教育实践具有方向性的引导作用，适用于一个较长的时期；而教育、教学目标则为师生实现教育目的提供工具、启示方法和指导步骤，它往往是为一定的学校、专业、课程和个人设定的，容易在短期内实现。目标可以检测，而目的不能检测，但在教学中必须领会目的。

二、职业教育的任务

职业教育的任务是职业院校为达到教育目的和学习培养目标而设计的教育、教学活动的对象，是教育目的的具体化，上承教育目的、下启教学内容，并对教育教学方法、组织管理都有直接的影响。

（一）坚持育人为本，德育为先，把立德树人作为根本任务

职业教育坚持立德树人，就是要全面贯彻党的教育方针，遵循职业教育规律和技术技能型人才的成长规律，培养德、智、体、美全面发展的社会主义建设者和接班人。立德树人，重在全面发展，使技术技能人才具备三个方面的素质：一是体现社会主义核心价值观要求的思想道德素质；二是以支撑职业生涯发展为重点的知识技能素质；三是以提升生活品质和审美情趣为重点的人文素养。

（二）使学生掌握一定的职业基础知识，具备运用知识解决实际问题的技能、技巧

首先是在某一职业领域具有相对稳定和广泛适应的职业基础知识的教育，如有关某职业领域的基本事实、基本概念、基本原理、一般规律、劳动常识、科学的工作方法等，这是职业教育中教学的基本任务。其次

是职业能力教育，包括技能和技巧两个方面：技能是指与学习相关的基础知识所必需的，按一定规则与程序完成操作的能力；技巧则是熟练化、自动化的技能。知识是内在的、静态化的，而技能、技巧是运用知识完成一定任务的能力。技能、技巧不仅表现在动作方面，还表现在心智方面，如智慧技能（读、写、算的技能）、感觉技能（听觉、触觉、嗅觉、视觉等技能）。

（三）围绕提高学生的职业能力发展其智力、体力

提高学生的职业能力是职业教育中教学的主要任务，职业能力是一种综合实践能力，是职业活动的核心，这是由教育培养目标和其教学目的所决定的。一个受过职业教育和培训的人，应该具备适应岗位工作的能力，能够独立工作并具有进一步提高工作效率的能力，同时，要具备与职业相关的知识和态度，以及实践经验、动手能力和自学、自我评价能力。

职业教育中的教学，一方面，追求职业适应能力这一基本目标；另一方面，旨在开发学生潜在职业能力和一般能力，其中智力和体力是发展职业能力的两大支柱。发展学生的智力必须对前人的知识、经验合理地吸收、消化、提炼，同时，要点燃学生创造的激情，培养良好的思想和心理品质。身体健康是人一切发展的基础，没有健康的体质就难以胜任职业岗位的需要。全面发展学生的身体素质和运动能力，提高身体适应外界变化和抵御疾病的能力，提高学生自我保健的意识与能力，养成良好的卫生习惯和锻炼身体的习惯，是职业教育教学中不能轻视的重要任务。

（四）加强职业道德和劳动审美教育，促进学生全面和谐发展

以职业道德为基础，学会立业。做人以德为本是中华民族的传统美德，也是世界各民族和平共处、共同发展的必然要求。社会公德、家庭美德、职业道德和个人良好的修养构成了道德教育的基本要素。在职业教育中，应突出和加强对职业道德的教育，对学生进行系统的职业道德教育，树立

行业平等意识和通过从事一定职业为社会服务的职业观念。良好的职业素质是在长期的培养和实践中形成的。要培养学生敬业、乐业的精神，讲究效率、效益、精益求精、团结协作的精神，使他们具有丰富的美感、乐观的态度、顽强的意志、坚韧的性格，养成惜时、守时、诚实、自尊、自爱、自强、自信、平等待人等优良品质和认真、严谨、踏实、谦虚、进取的良好作风；要具有正确的职业态度、顽强的职业意志、积极的职业情感、高尚的职业志趣和强烈的职业责任感，养成质量至上、遵纪守法、爱护环境、科学管理、优化服务等自觉意识和行为习惯，视职业为事业的道德理想和信念。

培养学生正确的职业审美观是职业教育的一项不可或缺的任务。要从技艺美、产品美、服务美体验到心灵美、精神美，让学生获得健康丰富的职业美感；要通过直接教学、渗透性教学等方式，提高学生的职业思想修养、科学素质修养和职业艺术修养，为形成正确的职业观打下牢固的基础；要实现德、智、体、美、劳、心（理）各方面的和谐发展，达到"在做事中学做人，在做人中求发展"的良性教育状态。

第五节　现代职业教育的地位与功能

一、现代职业教育的地位

（一）职业教育地位的基本认识

职业教育的地位，是指职业教育作为一种客观存在并正常发展时，在社会关系中、地区内经济建设和社会发展中应处的位置。

职业教育地位的内涵应该有四层意思。一是指职业教育在人们心目中的位置，即职业教育在人们的心目中所受到的重视或尊重程度的综合反映。二是指职业教育在地区内经济建设和社会发展中应处的位置。职业教育是一种在经济建设和社会发展过程中起重要推动作用的社会活动。各国关于职业教育地位的阐述，一般也是指在经济建设和社会发展中应处的位置。三是职业教育作为一种教育类型，它在整个教育体系中所处的位置。职业教育在教育体系中到底应处于什么位置？与其他类型的教育是什么关系？职业教育是不是某些人所认为的一种地位"低下"的从属于其他教育类型的教育？这些问题既影响职业教育本身的发展，也影响整个教育事业的发展。四是指在人的发展中所处的位置。从根本上讲，职业教育是培养人的，它在经济建设和社会发展中的作用也是通过培养人来实现的，然而以往有意无意地忽视了这个方面的研究。

（二）职业教育的地位

职业教育是国民教育体系和人力资源开发的重要组成部分，是广大青年打开通往成才大门的重要途径，它肩负着培养多样化人才、传承技术技能、促进就业与创业的重要职责。《国家中长期教育改革和发展规划纲要（2010—2020年）》把加快发展现代职业教育摆在更加突出的战略地位，要求切实把握发展机遇，着力解决突出问题，努力实现更大规模、更好质量、更高水平的发展，为实现中华民族伟大复兴的中国梦提供强有力的技术技能人才支撑，推进职业教育科学发展。

1. 职业教育是促进人的个性发展，直接适应经济、社会发展和个人生存需要的主要中介

职业教育的中介地位，是指职业教育在人的发展中的特殊位置。职业教育促进人的个性发展，不是普遍性的或者特殊对象性的，而是直接对应于社会需要和个人生存需要的，是促进社会发展需要的个性素质，是使人的个性更适应社会直接需要的、更新的中介加工，是其间最主要的、最基本的桥梁，其特点是适应需要的直接性的中介。

2. 职业教育是在基础教育之上的与普通（专业）教育相对应的一种教育类型，是继续教育、终身教育的主要内容

职业教育的类别地位，是指职业教育在整个教育体系中所处的位置，是国家教育事业和现代教育的重要组成部分。《中华人民共和国宪法》规定："国家举办各种学校，普及初等义务教育，发展中等教育、职业教育和高等教育，并且发展学前教育。"可见，高等教育、中等教育和职业教育并列，这种列举是为了表述上的方便，而不是各种教育之间的相互独立。《职业教育法》规定："职业学校教育分为初等、中等、高等职业学校教育。"1994年7月，国务院颁布实施的关于《中国教育改革和发展纲要》的实施意见指出："有计划地实行小学后、初中后、高中后三级分流，大力发展职业教育，逐步形成初等、中等、高等职业教育和普通教育共同发展、相互衔接、比例合理的教育系列。"由此可以看出职业教育与普通教育是作为不同的教育体系存在，包括三层含义：第一，职业教育是在基础教育之上的教育，基础教育的水平和年限随着经济、社会的发展和教育水平的提高而高移；第二，职业教育是相对于普通教育的分类，是按社会职业、经济社会发展的岗位分类培养学生；第三，在社会需求和人的发展总体规划中，职业教育更具有终身性和广泛性。因此，职业教育在整体教育中具有十分重要的地位。

3. 作为与经济社会联系最为紧密的教育，职业教育在经济社会发展中具有优先地位

相较于普通教育，职业教育与经济社会的联系更为紧密，主要原因有三点。（1）职业教育直接为经济社会培养生产、服务、技术和管理第一线的应用型人才。在澳大利亚，职业教育和培训完成学业的标志是获得职业资格证书。我国《面向二十一世纪深化职业教育教学改革的原则意见》明确规定："职业教育要培养同二十一世纪我国社会主义现代化建设要求相适应的，具备综合职业能力和全面素质的直接在生产、服务、技术和管理第一线工作的应

用型人才。（2）经济社会对职业教育的大量需求。《中共中央关于教育体制改革的决定》指出，社会主义现代化建设不但需要高级科学技术专家，而且迫切需要千百万受过良好职业教育的中、初级技术人员、管理人员、技工和其他受过良好职业培训的城乡劳动者。（3）职业教育具有转化现实生产力的功能，是先进的科技、设备和人力资源转化为现实生产力的直接桥梁。国务院《关于大力发展职业教育的决定》明确指出，职业教育是工业化和生产社会化、现代化的重要支柱，所以，职业教育在经济社会发展中应该优先发展，适当超前。

职业教育的优先地位，是指职业教育在经济社会发展中的位置。职业教育的地位，教育的基础性、导向性、重要性及效益的滞后性决定了教育事业应该优先发展，适度超前。超前的幅度，随不同类型的教育而异。政府统筹规划经济建设和社会发展时，应把职业教育摆到比较重要的位置上，既要从经费、人力、物力上落实，也要从政策上落实，做到先培训、后就业，先培训、后上岗；发展新行业，建设新产业时，职业教育先行。

4. 作为一种决定人的职业并与人相伴终身的教育，职业教育在个人的发展中处于重要地位

马克思指出："大工业的本性决定了劳动力的变换、职能的变动和工人的全面流动性。"随着生产力的发展和社会的进步，人的职业、岗位、技能会经常变动、更新，这既是客观环境变化的必然，也是人的个性发展的需要。这就需要经常不断地从事这样或那样的职业，并接受职业技术教育或培训。1999年，在联合国教科文组织召开的第二届国际职业教育大会上，教科文组织助理总干事科林·鲍尔发言指出，技术和职业教育与培训，是人的整体教育的一个组成部分。技术和职业教育应能使社会所有群体的人都能入学，所有年龄的人都能入学，应该为全民提供终身学习的机会。它是一种终身性的教育。因此，职业教育在个人的发展中处于重要地位。

二、现代职业教育的功能

（一）职业教育的经济功能

职业教育是现代经济和社会发展的必要条件，是生产工业化、信息化、产业化和现代化的重要支柱，在经济社会发展中起着重要的战略性、基础性和先导性作用。

1. 职业教育为经济发展创造了必要的基础条件

《国务院关于大力发展职业教育的决定》指出："职业教育的规模和水平影响着产品质量、经济效益和发展速度。"职业教育为经济与科技相结合提供了桥梁和纽带。

2. 职业教育具有直接将人由潜在劳动力转变为现实劳动力的作用

职业教育是教育与经济的结合点，是增加物质生产过程中智力因素的重要手段，是培养受教育者直接从事某种职业的一种专门化教育，在开发和提高人的劳动能力方面以直接、快捷、效果明显而著称。

职业教育直接将人由潜在劳动力转变为现实劳动力，是通过对劳动者进行职业能力与职业素质的教育来实现的。一方面，通过职业教育使学生掌握必要的文化基础知识、专业理论知识、实践技能、职业道德等职业能力和职业素质，将学生以其特有的方式从"学校人"向"社会人""岗位人"转化，为其就业做好充分的准备；另一方面，随着科学技术的发展和知识经济的兴起，新知识、新技术大量涌现并不断产生新的职业，即使是某些已有的职业，也在不断地注入新技术。职业教育对已经走上工作、生产岗位或需要转换岗位的人员，以及正在谋求就业的人员进行履行岗位职责所必需的文化知识、专业技术和实际能力教育与培训，使受教育者以职业技术培训的方式从"社会人"向"新岗位人"转化，使其具有综合运用专业知识解决具体问题的能力，具有解决现场突发性问题的应变能力和一定的操作能力，以及将职业道德等技能转变为现实劳动力的能力。

3. 职业教育是提高劳动力配置效益的重要方法

职业教育，尤其是适当的职业指导，能将不同能力倾向、兴趣爱好的人导向相应的职业岗位，使个性特征与社会需要相结合，充分发挥人的潜能，从而提高劳动力的配置效益，促进经济的发展。职业教育通过专业结构、层次结构的调整及继续教育，促进劳动力的合理流动，促进社会经济的发展。在经济发展缓慢期，对劳动力需求缩减时，通过职业技术对劳动力的培训可以暂时将劳动力储存起来，减轻劳动力过剩对经济发展产生的压力，调节劳动力与经济发展之间的供求矛盾，为经济健康发展服务。

4. 职业教育是提高劳动生产率的重要措施

职业教育通过培养劳动力的专业素质，发展劳动力的智能，塑造其思想品德、人格，传授生产技术来提高劳动者的劳动生产率，进而促进生产由简单劳动密集型向复杂劳动密集型，即技术密集型转变，实现职业教育对经济的促进作用。职业教育依据人的身心发展规律，传授系统的技术知识，训练科学的生产技能，循序渐进地开发个体在职业方面的潜力，使个体获得职业所必需的知识、技能及自我学习的能力，促使个体在职业岗位上提高劳动生产率。职业教育通过提高劳动力的技术水平，发展其智能，使劳动者提高运用新技术、新工艺、新设备的能力，并能使劳动力有更多的技术革新和生产创新。职业教育通过培养劳动力的安全意识、设备保养和维修能力来减少生产事故，降低生产工具和设备的损坏率。职业教育通过塑造劳动者的政治观念、职业道德、专业思想，影响劳动者的劳动态度，从而间接影响劳动生产率。职业教育通过塑造劳动者的现代人格，实现劳动力的现代化，使劳动力能认同现代企业文化，能与现代管理要求相一致，提高管理的效能，从而提高劳动生产率。

5. 职业教育是提高经济管理水平的重要因素

经济组织中能否进行现代化的管理，管理的有效程度大小是与劳动力的素质有关的。职业教育通过塑造劳动者的现代人格，实现劳动力的现代化，从而使劳动力能认同组织文化，能与现代管理要求相一致，并积极配合管理的施行，提高现代管理的效能。经济管理者的来源之一是生产服务第一线的人员，这是职业教育的主要对象。职业教育还可通过对政治、文化、职业道德等因素的影响，进而对经济发展产生间接作用。

职业教育要想有效地促进经济发展，自身发展必须适度，其规模要与经济发展要求相一致，要与经济发展的承担能力相符合。这就要求加强职业教育规划与预测工作，提高职业教育决策的科学性。同时，要引入市场调节机制，通过劳动力市场的供求关系来实现对职业教育规模的调节。

6. 职业教育是科学生产和再生产

职业教育是科学知识转化为直接生产技术的重要途径，具有将科学技术直接转化为推动经济发展动力的作用。

职业教育具有传递、积累、发展和再生产科学技术的社会经济功能。职业教育具有使科学转化为生产技术的中介环节的作用。职业教育也是科学知识再生产和科学转化为生产技术最为有效的形式。随着时代发展和科技进步，这一作用将更加凸显。

科技发展使生产劳动中的技术含量增加，推动了人们接受职业教育的需求。职业教育具有把科学技术转化为直接生产力的作用。它通过对科学技术知识的传授，使受教育者掌握现代科学技术成果，以科学技术知识的利用和推广的方式，将其转化为直接的生产力，从而保证科学技术再生产的顺利进行。职业教育的特征之一就是它的技术性。职业教育的过程就是对科学技术再生产的过程，职业学校的学生或从业人员，通过接受职业教育及训练，对传统的科学与理论、技术与方法有所了解，对新的科学与理论、技术与方法进行普及、应用和推广，把科学技术知识内化为教育对象自身的科技素质和能力，并通过各种实践对新的科学与理论、新的技术与方法进行新的探索研究，进行新的总结和概括、新的发明和创造，以促进科学技术的进步。

7. 职业教育具有转化现实生产力的功能

职业教育是先进的科技、设备和人力资源转化为现实生产力的直接桥梁，可以促进社会经济增长方式的转变和社会的可持续发展。

职业教育是促进经济、社会发展直接的、基础性的要素。根据马克思主义的观点，经济社会发展的根本是生产力的提高，而掌握科学技术、运用劳动手段、作用于劳动对象的生产者是生产力的核心要素，而实践型人才和直接生产者的培养基础在职业教育。所以，《中国教育改革和发展纲要》指出，职业教育是工业化和生产社会化、现代化的重要支柱。当前，世界经济社会发展的新变化，以及中国的资源、能源、环境、人口等方面的制约，都要求我们把经济增长方式转移到依靠科技进步和提高劳动者素质上来。这就要靠职业教育把我国的人口压力转化为人力资源，促进科学技术向生产力有效转化。

8. 职业教育是走新型工业化道路的纽带和桥梁，是中国制造向中国创造迈进的有力支撑

新型工业化道路主要是指科技含量高、经济效益好、资源消耗低、环境污染少、人力资源得到充分发挥的工业化道路，它的发展离不开足够数量的技术技能人才、高素质的劳动者。只有大力发展职业教育，才能普及和提高全社会劳动生产技术的整体水平，提高全社会劳动力的整体技能素质。

若想实现"中国制造"走向"优质制造""精品制造"，实现价值链与产业链的升级，核心需求是人才，是数以亿计的高素质劳动者和技能型中高端人才，而实现这一需求的关键在于职业教育。根据国家产业优化升级的部署，职业教育需要调整专业结构，加强课程体系建设，与时俱进、不断拓展，培养大批中高端技能型人才，为实体经济与现代产业、新兴产业的发展提供重要支撑。

9. 职业教育对区域经济社会发展的促进作用

区域经济社会的发展取决于该区域拥有的物质资源、自然资源和人力资源，但根本上取决于该区域人力资源的质量，即劳动者的综合素质。高素质的劳动力资源和合理的人力资源结构是经济和社会发展的决定性因素。职业教育作为人力资源开发的重要渠道是培养现实的、直接的生产力，解决就业难问题，提高经济增长率，改变经济增长方式的有效途径；是劳动人口转化为现实生产力的最佳途径。另外，职业教育在促进区域经济繁荣和改善贫困人口福利方面起着重要的作用。因此，职业教育发展的规模、质量和结构将直接影响区域经济和社会发展的总体水平。具体说来，职业教育在促进区域经济社会发展方面，主要有以下四点功能：一是促进区域较快地改造传统农业，提高农业劳动生产率，促进农村劳动力的转移，消除二元经济特征；二是促进区域产业结构的调整升级，职业教育对于培养短缺的技术技能型人才，促进产业结构的调整和升级具有显著的作用；三是提高区域吸引外资的能力，职业教育在提高人们知识和技能的同时，还能够调动人们的积极性和主动性，培养和激发人们的道德精神，使其从事健康、有益的活动，改善外商投资所需的社会、经济、制度、文化等环境，为外商投资创造一个自由、宽松和合理的空间；四是降低区域对自然资源的消耗，实现可持续发展。大力发展职业教育，提高劳动者素质和技能水平，可以直接促进科学技术的吸收、转化和创新；通过人力资源能力的提高对物质、能量和信息的结构增效、替代增效、转化增效和产出增效，将有效地克服传统生产力要素投入的边际效益递减规律，进而提高可持续发展的能力。

（二）职业教育的社会功能

1. 职业教育是人力资本形成的重要途径

（1）职业教育能将人口资源转化为人力资源

职业教育必将为人口资本的转化和人力资源的提升发挥巨大的作用。只有将人力资源作为第一资源，大力发展教育，开发人力资源，才能将人口资源优势转变为人力资源优势，把潜在的优势转化成现实的优势，才能实现全面建设小康社会的目标。

（2）职业教育是提高人力资源质量的最佳途径

大力发展职业教育和职业培训能够迅速提高劳动者对技能的掌握，进而提高人力资源的质量。一是职业教育通过培养人的职业道德、职业行业规范、敬业精神等来提高人力资源的质量。二是职业教育可提高人力资源的职业素质。职业教育是职业素质教育，对人的身心健康有极大的影响，作为就业准备教育，其重点是培养人的专业技能和各种职业能力，因而在提高人的职业素质方面具有其他教育形式所不具备的独特优势。三是职业教育规模的扩大，可以提高整个劳动群体的素质。职业教育和职业培训具有针对性强、教育周期短和收效快的特点。具体体现是教育效益比较直接，接受教育和培训的个人都能很快地把自己学到的技术和技能运用到生产实际或经济建设的实际中去，并发挥所学知识与技能的作用。

（3）职业教育是促进人力资源有效使用和合理配置的有效手段

职业教育是在经济发展计划中实现劳动力资源平衡的一个杠杆。国家通过对各类职业教育发展的速度、规模进行有计划地调控，提高群众的就业能力，提供就业指导、职业介绍，影响群众就业方向和储备人才资源，实现劳动力资源平衡。职业教育具有社会福利功能，即通过职业教育提高处于不利地位的社会群体的就业能力，扩大他们的就业机会，有利于相关社会问题的解决。可见，职业教育肩负着开发、调节、储备社会劳动力资源，促进经济发展、社会安定的重大使命。

2. 职业教育具有为促进就业和再就业提供服务和保证的功能

就业是民生之本，也是长期困扰我国社会经济发展的突出问题，其直接关系到广大民众的根本利益。职业教育是解决我国就业问题的重要手段之一，虽然从辩证的角度来看，就业和再就业是制约职业教育发展的"瓶颈"问题，但反过来，职业教育具有为就业和再就业提供服务和保证的作用。首先，要尽力发挥职业教育以就业为主的作用，突出职业教育的特色和优势，形成集学历型和非学历型、职前与职后培训于一身的职业教育机制，使受教育者有机会并有能力适应现有工作岗位及随时变化的工作岗位需要；其次，职业教育具有实施就业课程开发、职业资格的预测和指导咨询的作用，即职业教育必须围绕就业状况及再就业发展变化趋势进行课程和培训计划的开发与制订，并进行科学预测，为受教育者提供有使用价值的职业指导与咨询，实施教学与培训行为，促进各阶层人才更好地就业、再就业和自主创业。

3. 职业教育是推进城市化进程和农村现代化进程的重要动力

城市化是人类社会发展的一条客观规律，城市化的根本特征是农村人口向城镇转移，是农村劳动力从第一产业的农业转移到第二产业、第三产业。进城寻求职业的农民有一部分只接受到初中教育，适应不了先进技能劳动的需要，加强他们的职业技能培训是一项长期而艰巨的任务。对此，教育部提出了农村转移人口教育培训工程，在农村人口较多的城镇，设立专门面向农村转移进城人员、灵活多样、具有较强针对性的普及高中阶段教育和实用性的教育培训项目（包括中、高等职业教育与技能培训）。该培训工程有效地提高了这部分人的学习能力、就业能力、工作转换能力和创业能力，使农村转移进城市的初中文化程度以上的人员拥有与城镇人口一样的发展机会和受教育水平。目前，职业教育和培训在农村劳动力转移的城市化进程中发挥着越来越重要的作用。

在我国，农业、农村和农民问题是关系改革开放和现代化建设全局的重大问题，而农村现代化建设是中国式现代化建设的关键。推进农村现代化建设首先必须加快农业生产的现代化。要加快农业机械化和现代化速度，就必须让广大农民掌握从事机械化生产的技能。因此，必须大力发展农村职业教育。农村职业教育或农业职业教育如何为发展农业、改造农村、富裕农民提供有效的智力和技术支持，一直是政府倡导、社会关注、教育界参与的重要问题，也是我国职业教育和成人教育的重点和难点。

4. 职业教育是创建终身教育体系和学习型社会的重要支柱

社会发展无止境，科学技术和生产力的创新同样无止境。终身教育、终身学习和学习型社会是 20 世纪后期及 21 世纪国际社会和教育领域影响力最大的现代教育思潮。职业教育和培训既是与经济和市场直接联系的，培养应用型、技能型人才的就业教育，又是面向不同层次学生和全体社会人员的全民教育，是终身教育体系和学习型社会的重要支柱。因此，只有大力发展职业继续教育，才能为建构终身教育体系和形成学习化社会奠定基础，即在建构终身教育体系和形成学习型社会中，职业教育发挥着不可替代和不可或缺的重要作用。

5. 职业教育能提高人民生活水平

职业教育能提高人们的物质生活水平与精神文化生活水平。用于职业教育的投资可以带来巨大的而且是长期的社会效益与经济效益，从而不断地增加物质财富，提高人们的物质生活水平。同时，由于职业教育体系渐趋完善，中职与高职教育实现衔接，中职学生能够实现获取高层次学历的愿望，这一定会吸引更多学生进入职业教育院校学习，从而促进文化教育的消费，起到推动经济发展的作用。

（三）职业教育的文化功能

职业教育不仅是在一定的政治、经济条件下进行的，同时，也处于一定的文化背景之中。一定的文化背景与职业教育之间必然产生一定的联系。这主要表现在职业教育发展过程中，文化以其特有的约束力，以一种潜在的方式影响着职业教育，职业教育则通过选择、传播、整理等方式促进文化的发展。

1. 职业教育具有保存、传递、更新、创造文化的功能

职业教育是随着人类社会生产和社会活动的发展而发展的，并与人类的

政治伦理文化、科学技术文化、审美艺术文化、习俗文化等有着特殊的密切联系。职业技术院校进行的职业道德、职业纪律、职业责任和敬业精神教育，都弘扬着具有鲜明时代特色的政治伦理文化；工业、农业等专业的职业技术传授，都继承和发展着科学技术文化；工艺美术、建筑等专业的教学活动，传递着审美艺术文化；服装、饮食、旅游服务等专业，继承和发展了具有民族特色的习俗文化。职业技术院校在教育、教学活动中，通过选择、整理，去粗取精，使不同类型的文化更具民族性、地方性、时代性、科学性，使下一代成为以掌握某类文化为职业的专门人才。人类文化可以通过职业教育媒介向社会传播、普及，进行广泛的社会交流，进而推进建立与现代经济结构、与政治制度相适应的文化形态和文化结构。

2. 职业教育具有吸引和借鉴世界先进文化的功能

《中国教育改革和发展纲要》提出，要大胆吸收和借鉴人类社会的一切文明成果。这里，不仅十分明确地肯定了教育具有吸收、融合世界先进文化的功能，而且要求充分发挥教育在这方面的功能，有力地排除那种保守的排斥异种文化的观念和做法，以创造和发扬本民族灿烂辉煌的新文化为宗旨。职业教育更是如此。近些年来，随着我国改革开放的深化，职业教育开展了多方面的国际交流和协作活动，通过考察、引进，丰富了文化传递的内容，有力地推动了我国社会主义文化的发展。就职业教育本身来说，近年来，我国大量借鉴了德国、日本、法国、英国、东南亚各国等发展职业教育的经验和做法，并结合我国现状进行了创造性的研究与实践。

3. 职业教育对企业文化的促进作用

现代职业教育与企业有着天然的联系，这种联系表现在文化上，一是聚合企业文化，反映一定历史时期企业文化的精髓，用现实生产力与生产关系的内核决定教育的方向和内容；复制企业的优秀文化，然后进行优化、强化，进而渗透在教育中。二是选择企业文化。企业文化有地域之分、绩效之分，甚至优劣之分，定向服务的职业教育必须根据人才培养的规律和自身面临的社会政治、经济、文化背景，从易于与校园文化相融合的角度来选择最合适的企业文化，这才是有效的。三是传递、传播企业文化。企业文化都有一个形成和发展的过程，在时间上职业教育通过传递使之延续，在空间上使之流动，可以让足够多的人接受企业文化，发扬和发展企业文化。四是创新企业文化。职业教育把现有的企业文化不断转化为学习者的知识、能力、行为规范后，又创造性地反作用于客观的企业文化，赋予企业文化以新的内容和特质；同时，在这一过程中，不同产业、不同行业、不同企业，甚至不同国度的文化通过职业教育相互交融，彼此促进。

（四）职业教育促进人的全面发展

1. 职业教育促进个体的全面发展

职业教育是实现人的全面发展的一种具体形式，并为实现人的全面发展提供了具体方式和手段；职业教育也是现实生活中实现人的全面发展的基本途径之一，对于人的成长价值有着三个层面的作用。

（1）最基本的层次：关注人的生存

职业教育对人的价值首先表现为满足人们生存的需要。从人的需要层次理论来看，生存是最基本的需要。从职业教育自身的发展水平来说，这也是最基本的层次。

（2）较高一级的层次：持续提升人的职业品质

这是建立在人的生存（生活）需求基本得到满足的基础上的。职业教育在满足人们生存需要之后，它还具备更高层次的价值，即培养具有良好的思想道德、知识技能和人文素养的技术技能人才，职业教育自身的发展也走向了这一步。

（3）最高层次的发展水平：实现人的成长

职业教育作为一种教育，它的核心功能仍然在于促进人的发展，让每个人都成为有用之才，回应人们对美好生活的期盼。这也是职业教育所追求的终极目标，自然也是最高层次的发展水平。

职业教育最大限度地满足社会的发展需要，其实质就是最大限度地满足个体全面发展的需要。

2. 职业教育促进人的个性差异发展

职业教育的根本意义在于强调人与人之间的个性差异和性格特征，以人为本位，以个体为本位，对不同类型学生进行关注和探求，满足人的个性差异发展和需求，为社会不同的人提供广阔的选择和发展空间，实现自我价值。

（1）职业可以满足人们展示个性和发展个性的需要

人的个性差异有先天生理与心理上的原因，更主要的是受后天教育、环境，特别是职业影响所形成的。人们可以通过对职业的选择，发挥自己的特长，满足自己的兴趣爱好，实现自己的理想。人的一生大部分时间都是在职业生涯中度过的。职业教育是以每个个体的具体的职业发展为目标，通过不同的专业或工种、不同的教育内容与形式来挖掘人的个体潜能，激发和张扬个体的特殊潜能。

（2）职业教育的专业或工种设置

职业教育以社会的职业分工为基础，较为具体地反映了社会中不同职业岗位对人才素质的不同要求。职业教育按专业或工种实施教育，为不同个性类型的个体提供了发展的选择性，有利于扬人所长、避人之短。人的各种能力模式和人格模式总能与某些职业相关，一旦个体找到并进入与自身个性相宜的职业发展轨道，其天赋潜能必然得到最大限度的发挥。

（3）职业教育多层次、多规格的办学形式

职业教育可以通过定向教育与培训，开发个人潜能，发展学生的特殊兴趣与才能，促进和发展学生与所选职业有关的才能，充分发挥人的个性特长，使之顺势成才。职业教育多层次、多规格的办学形式可满足个体各种水平、各种目的的发展需要。

（4）职业教育有目的、有计划的系统训练

由于人的可塑性很大，兴趣、能力、性格是可以培养的，职业教育能够通过有目的、有计划的系统训练，弥补学生在某种职业上才能的不足，有助于人的多方面发展和职业的流动与转换。这是职业教育在人的个性发展方面的特殊功能。

另外，职业教育能使每个受教育者都有充分的选择和发展的平台，充分体现个性化与人性化。

3. 职业教育促使自我价值的实现

职业教育是通向职业的必由之路，它以帮助个体就业、乐业、创业、立业为宗旨，自然对个体的价值实现有着重要的作用，具体表现在以下三个方面。

（1）职业教育赋予个体职业能力，使其成为现实的职业者

职业教育担负着把不具备任何职业知识和技能的劳动者转化为能够满足社会某种职业需要的现实职业者的任务，尤其是那些尚未找到自身社会角色的新增劳动者，职业教育是责无旁贷的引路人。职业教育通过对在职人员提供更新、更高水平的知识技术的教育和培训，增强应变能力，使其能够承担在知识、技能、态度等方面要求更高的任务。

（2）职业教育的德育

除了具有与普通教育所共有的目标、内容、途径之外，职业教育还承担起了帮助学生了解心理知识、培养健康心理、增进心理能力的义务；帮助学生培养健康职业心态和职业道德；培养学生学会与人和谐相处、与社会和谐相处、与自然和谐相处的能力。职业教育以就业为导向，以岗位技能为目标，可以有针对性地引导学生规划职业生涯，树立正确的职业观念和职业意识。

（3）职业教育促进个体价值的实现

首先，职业教育是通向就业的必由之路，它以帮助个体就业、立业、创业为宗旨。通过职业教育可以提高个体的职业能力、提升其职业地位，

引导、培养其形成正确的职业观，实现更高层次的自我价值。其次，职业活动是人生活中最重要的实践活动，职业教育在给予学生职业知识技能的同时，也给予了学生职业生活的体验，进而增进对职业意义的理解。职业教育倡导这样一种境界：一个人从事某种职业，不只是为了获得物质利益，也是对社会的贡献；不只是获得兴趣的满足，也是个人理想的实现；每个人的职业可以有所不同，而作为理性的生命个体，价值、尊严、精神是同等的。最后，职业教育体现在使人获得归属感与满足感。职业使人获得对社会、对集体、对行业、对单位的归属感，满足人对归属和爱的需要。择业的成功和职业上的成就，能够满足人们实现个人社会价值的需要，满足受到社会尊重的愿望。

4. 职业教育促进个体就业的功能

职业教育能使人掌握某一特定的职业技能，或获得某类职业中从业所需的实用技能和技巧、专门知识和技术，获得就业准入资格，以及具备从事某种职业的资格。职业教育这种满足个体基于生存目的的需要，就是职业教育的就业功能。

首先，职业教育是以就业为导向，继而与企业合作让学生在职场中学习技能、知识、职业价值观等，最终促进学生就业。职业教育采取"订单式"培养，企业把人才培养纳入自身的发展计划之中，职业院校依托企业有的放矢地进行培养，形成合理的产学链，促进了职业教育的优化发展，使职业院校培训的学生实现充分就业变为可能。其次，职业教育要培养学生的从业能力。在现代社会，个体要成为一个职业人，要融入社会，就必须承认和适应这种职业的规定性。

5. 职业教育促进人的职业生涯发展

职业生涯是指一个人一生连续从事和担负职业、职务、职位的过程，是人一生中最重要的历程，是追求自我、实现自我的重要人生阶段，它对人生价值起着决定性作用。职业生涯专指个体职业发展的历程，美国的职业指导专家萨帕把人的职业发展过程划分为五个阶段：一是以幻想、兴趣为中心，对自己所理解的职业进行选择和评价的成长阶段（出生至 14 岁）；二是逐步对自身的兴趣、能力，以及职业的社会价值、就业机会进行考虑，开始进入劳动力市场或开始从事某种职业的探索阶段（15～24 岁）；三是对选定的职业进行尝试，变换工作，到逐步稳定的确立阶段（25～44 岁）；四是劳动者在工作中已经取得了一定的成绩，提升自己的社会地位的维持阶段（45～64 岁）；五是职业生涯接近尾声或退出工作领域的衰退阶段（60 岁以后）。我国专家也提出与之相似的划分方法，即萌发期、继承期、创造期、成熟期和老年期。职业生涯是一个动态的过程，不论职位高低，不论成功与否，每个工作的人都有自己的职业生涯。职业教育通过开设职业生涯规划课程可以完成受教育者对自己人生的规划。

6. 职业教育为就业者提供职业保障或再就业帮助

个体在接受一定的职业教育或获得了职业资格并顺利就业后，还会面临新的职业挑战，这种挑战主要包括三个方面：第一，新技术、新工艺的不断出现，需要从业者具备从简单劳动向复杂劳动跃迁的素质，即由仅具备单一的从业能力向复合能力转化，而在这种转化的过程中，必定会发生个体对职业岗位新要求的不适应；第二，因现代社会的进步和经济的发展，职业的流动和变换已成为一种趋势和必然，这就要求个体必须具有多种职业技能；第三，从个体自身出发，生存问题解决后就会有发展的要求，个体希望要求职业状况或处境的改善，想要通过某种手段和途径实现社会地位的变动，尤其是那些处境不利或不好的个体要求更强烈，那么，最直接的方法就是通过更换职业来改变身份。职业教育能使个体较快地掌握新技术、新工艺和新的职业技能，这样就可以满足个体适应职业内涵变化或工种变换的需要，也可以满足个体对于职业的流动和变换的需要。通过职业教育与培训，劳动者的劳动能力能够不断得到提升和增强，这样，在面对职业变化和转换时就能更主动，更具有适应性，从而使个体的职业生涯及发展得到保障。

第六节　现代职业教育的培养目标

职业教育的培养目标，就是通过职业教育把受教育者培养成为什么样的人。培养目标规定了受教育者培养的方向、规格与内涵，它是职业教育实践活动的出发点，也是检验职业教育实践活动是否富有成效的标准。

一、确定职业教育培养目标的依据

职业教育培养目标在形式上是某一类型院校的办学性质与教学任务的集中体现。因此，在确定职业教育培养目标的过程中，必须认真分析、研究把握，从而确定职业教育培养目标的依据。

（一）党和国家的法律和教育政策

法律和政策是影响职业教育培养目标的根本因素。职业教育的政策和法规主要是为了实现职业教育目的而制定的，其内容包括指导思想、人才的培养规格、实现培养目标的基本途径等。

（二）社会经济形态及产业结构发展的需要

社会经济形态及产业结构是确定职业教育培养目标的客观依据。职业教育虽受制于一定的经济发展水平，但它也在促进社会经济的发展。首先，社会经济形态的拓展要求职业教育注重培养学生的创业能力和竞争意识；其次，社会产业结构的调整要求各级各类职业教育的人才培养目标与人才需求相适应；再次，经济全球化的发展趋势需要各级各类职业院校培养大量"本土化""外向型"的中、高级技术应用型人才。

（三）学制、学历及国家职业分类与职业技术等级标准

培养目标的制定，不但要对应相关学制、学历及国家职业分类与职业技术等级标准，而且应有一定的前瞻性。这样才能使职业教育起到引领新知识、新技术、新工艺、新设备的作用。学制与学历要求是培养目标的具体表现。国家职业分类和职业技术等级标准是确定职业教育培养目标内涵的最重要的依据。

（四）受教育者个体发展的需要

受教育者个体发展的需要，是职业教育确定其人才培养目标的内在依据。职业教育既是面向社会整体的，也是面向每一个受教育者个体的，其培养目标的制定必须考虑如何满足受教育者个体发展的需要。这些需要包括受教育者个体终身学习的需要、受教育者个体就业与创业的需要、受教育者个体可持续发展的需要。

二、职业教育培养目标的定位

职业教育培养目标的定位，就是对职业教育培养的人才规格进行界定和规范。现代职业教育正在走向社会，面向市场，它的定位也从原来封闭式向开放式发展，整个培养目标定位系统也逐渐从静态转向动态。

各级各类职业教育在定位自身培养目标的时候，除了参照区域社会经济发展等要求外，还需要对社会人才结构的模型和理论加以认真分析，并从原来的感性思考向科学化的理性决定逐步发展。职业教育培养目标的定位主要建立在社会人才结构及职业分析等相关理论基础之上。职业教育机构根据人才结构模型，结合自身的教育资源优势，考虑自己的人才培养目标的定位，并对受教育者的终身学习及可持续发展设计可能的通道。职业分析可以克服职业教育的模糊性和随意性，为培养目标及整个教学设计提供准确的依据。

三、职业教育培养目标的基本内涵

职业教育培养目标的基本内涵就是培养目标构成的具体内容，即职业教育培养目标达成后受教育者所应达到的规格和质量，其基本内涵主要包括知、技、意三个方面：知，即知识，指职业教育过程中受教育者的知识素质要求，包括受教育者文化基础知识、现代科技知识、专业基础知识等；技，即技能，指对受教育者专业技术能力素质方面的要求，包括受教育者所学专业的技术能力、工作能力、社会能力以及创新能力等，这是人才培养规格的核心；意，指的是受教育者的态度和情感，即对培养人才心理素质方面的要求。这三方面构成了培养目标的整体，各层次、各类型的职业教育培养目标，正是通过这三方面的不同要求体现出来的。职业教育培养目标的基本内涵主要体现在以下层面。

（一）职业知识素质

职业知识素质主要包括个体的职业基础、职业资格、职业适应、职业发展等。职业知识素质是职业教育培养目标构成的核心层次，其核心部分为职业资格，因为这是由国家强制力作为后盾的一种职业标准，体现的是国家的意志。

职业资格由应知和应会两部分组成：应知是指从事某种职业必须掌握的专业知识；应会则是在应知的基础上必须掌握的操作技能。通过教学，学生通过了相应等级的资格考试，即可获得相应的资格等级证书。但是，这种职业资格标准往往有一定的局限：第一，标准的制定和更新有时间周期，这就容易滞后于新技术、新工艺的出现与发展；第二，作为标准，既原则又抽象，高度概括却不能涵盖某一职业必备素质的各个方面；第三，标准的执行受制于考核的指导思想、程序方法及具体内容，其信度、效度与标准执行应有的信度、效度存在一定的差距。

因此，如果职业教育仅围绕职业资格来进行，显然就演变成为一种新的应试教育。所以，职业资格教育应有自己的平台和发展空间。平台是职业基础，就是获取职业资格应当具备的专业基础理论；发展空间是职业适应和职业发展，就是职业资格对一定的职业活动的适应能力与岗位职业活动的自我提高能力，以及不同职业岗位之间的转换能力。

（二）职业能力素质

职业能力素质主要包括个体的认知能力、操作技能、技术分析和学习潜力。职业能力素质，既是个体职业发展的平台，又是职业素质的综合表现。其中，操作技能是这个层次的核心。操作技能，是指将认知所得成熟的工艺技术转变为实际职业活动并获得预期工作结果的能力。操作技能分动作技能和心智技能两种，以肢体活动技术为主的技能主要是动作技能，如厨师、钳工、计算机录入员等所需的操作技能；以推理判断技术为主的技能是心智技能，如营销员、维修工、会计员等所需的操作技能。所以，操作技能实际上是与职业资格密切相关的特殊能力。认知能力是一般能力，是学习与发展的基础。认知能力强，不但操作技能较易习得，而且操作技能中蕴含的技术成分也会较多，职业活动就会呈现较高的技术分析水平，从而使个体继续学习的潜力增大，职业发展的空间也随之被拓展。很多专业是需要受教育者具有较强的体能素质的，因此，受教育者个体必须结合相关专业所面向的职业岗位（群），对从业者体能方面的实际要求有选择地进行锻炼。

（三）职业心理素质

职业心理素质，是指个体顺利完成其所从事的特定职业所必须具备的心理品质，具体维度包括以下五条。

1. 职业动机

职业动机主要是指个体从事职业的内在动力与兴趣。人们往往选择适合自己需要和感兴趣的职业，以实现职业岗位与自己职业需求的匹配。但由于受社会就业供求情况等因素的制约，职业需要有时也会与职业实践产生一定的冲突，进而影响人的职业心理。因此，职业教育应培养学生对专业的兴趣与热爱，并使之内化为从事该职业的动力。

2. 职业效能感

职业效能感主要是指个体对自己能否适应某种职业的自我评价，包括学习专业理论与实践进程中的感受、经验，以及对以后学习过程中可能遇到困难的估计和迎接挑战的信心。要使学生对所从事的职业抱有积极的态度和正确的价值观，并认识到自己将来所从事职业的社会意义，正确对待可能遇到的困难、挫折，就需要在平时的学习中培养其耐挫折的能力，做到克服心理障碍及各种可能的干扰，锐意进取，勇于开拓。

3. 职业价值观

个体价值观在职业选择上的体现是个人希望从事某种职业的态度倾向，也是个人对某种职业的愿望。任何人在进行职业选择时，都会对自己将要从事职业的价值进行判断，对可能取得的成就和社会回报的满意程度进行估计。在职业心理素质教育与培养过程中，要注意引导学生对将要从事的职业有恰当的评价，正确看待职业的社会地位、职业的待遇、职业的苦与乐。

4. 职业道德感

职业道德感主要是指个体对职业道德标准的认识和体验，是社会公德在行业生活中的具体化，包括职业的荣誉感、幸福感、义务感、责任感等。职业道德义务感和责任感是一个人职业道德倾向性的核心。职业院校的每个专业都是与具体的职业、工种相对应的，其职业道德规范不尽相同，但其实质都是调节职业生活中人与人之间的关系、判断是非与善恶。因此，职业教育的人才培养过程中，应根据各行业、岗位的实际特点，进行有关行业相应的职业道德规范教育，使学生在将来的职业生活中能自觉规范自己的行为，实现职业发展。

5. 职业理想与追求

职业理想与追求主要是指个体对将来所从事职业的前途与目标的追求，即学生对前景的规划与展望。职业教育具有职业定向性，学生从入学那天起就初步确定了未来的职业。这样，职业理想变得具体化和现实化了。职业理想是人们实现职业愿望的精神支柱和力量源泉，也是人前进的动力。人们往往通过职业活动去追求社会理想的实现，并在职业活动中体现自己的道德理想，借助职业活动取得的报酬实现物质、精神生活水平的提高，去实现自己的生活理想。因此，应要求学生较早地树立职业理想，培养责任心、进取心、自尊心、自信心，同时，也应拓宽专业的适应面，使学生成为复合型人才，增强他们对人才市场和劳动力市场需求变化的心理承受能力和应变能力。

第二章

职业教育课程改革理论研究

第一节 职业教育课程概述

一、职业教育课程的特征

（一）定向性

职业教育培养的人才，都有具体行业、专业或工种的职业方向要求，同时，职业教育中的普通文化课程也要求体现出一定的职业性，因此，职业教育课程定位于特定的职业或职业群，具有职业的定向性。区域经济发展的差异与行业技术水平的高低，对同一职业领域的人才规格又有特定的要求，使得职业教育课程带有区域和行业特色，具有区域或行业的定向性。职业教育课程定向性的特征，要求采用职业分析的方法来制定相应的课程方案和课程标准。强调职业教育课程的定向性，并不意味着否定课程的适应性，而是要在课程开发中注重学生适应性从业能力的培养。这也意味着离开行业、企业参与的职业教育课程的开发、实施和评价是难以有效果的。

（二）适应性

适应性主要体现在两方面。一是要适应经济社会不断发展的需要。根据社会需要培养实用人才，是职业教育的根本任务。社会需要是不断变化的，因此，职业教育课程必须适应这种变化，并能根据需要的变化及时调整课程内容。这就要求职业教育课程开发必须进行劳动力市场需求分析，以使各专业课程的内容与地区、行业的实际需求相适应，与技术的变迁相适应。二是要适应不同学习者的需求。职业教育课程要与不同学习者的需求相适应，直接帮助学生形成广泛的知识、技能和良好的学习态度与价值观，增强学生的就业能力。

（三）应用性

职业教育作为从事职业的准备教育，是一种以学习将来的职业生活所需的知识和技能为目的的教育，要求学以致用，学以谋生。在课程内容设置上，要紧密联系实际生产、服务和管理等职业实践，注重实际工作经验的积累和职业领域中所涉及的职业道德、职业规范和职业技能的整合，注重知识的实际运用，关注运用的条件、方法、手段、效果的评价等，而不是过分强调原理分析和理论推导，具有应用性的特征。强调职业教育课程的应用性，并不意味着否定课程的基础性。在注重职业教育课程具有职业活动应用性特征的同时，要在课程开发中注重个性发展所必需的共通性的基础技能、知识和行为方式。

（四）整体性

职业教育课程的实施和评价具有整体性的特征。表现课程的实施和评价，以及学生相应的学习过程应该是一个包括观察、思考、行动和反馈的整体系统。整体性是与职业活动系统的过程紧密相关的，因此，与之相应的课程的整体性，体现为课程的计划、实施和评价是一个相互联系的总过程，是一种在传授技能与知识的同时，培养学生具备独立地制订计划、独立地实施计划、独立地评估计划的能力的过程。强调职业教育课程的整体功能（整体性），并不意味着忽略课程的各个阶段，即计划、实施和评价的局部功能（局部性）。

（五）实践性

职业教育课程是一种包含了实验验证、实训模拟、代岗实习、代岗作业、创作设计等内容的课程。毕业就能顶岗工作或经过短暂的适应期后就能适应岗位工作是社会用人单位对职业教育毕业生的要求。职业教育作为为具体工作做准备的教育，培养的学生必须能有效地完成工作任务。学习知识最为有效的途径是实践，因此，职业教育学生的学习过程应尽可能与工作实践过程相结合。把工作实践过程设计成学习过程，是职业教育课程的内在要求，是职业教育课程实践性的重要体现。

（六）灵活性

职业教育培养模式不但要适应职业领域和各地区劳动力市场的迅速变化，而且要满足学习者的多样化需求，因而在课程设置、课程结构上要求具有灵活性。职业教育的课程要及时实现专业方向的调整，灵活地实现教学内容的新陈代谢，激发学生学习的积极性和主动性，增加学习的灵活性，使学生根据就业需要和个人兴趣随时转换方向。灵活性还要求职业教育课程有极大的弹性和应变性以提高其适应性，职业教育课程模块化的趋势正是这种灵活性特点的反映。

（七）综合性

职业教育课程的内容以职业活动内容为主，以工作岗位所需技能为准则进行开发，某一门课程可能涉及多门学科知识，具有兼容性的结构特点。职业教育课程的形式是多种多样的，一般分为理论课和实践课。其中，理论课通常分为文化基础课、技术基础课和专业课，课程类型多，各种课程内容的呈现方式也多种多样，尤其是一些动作技能课，需要多种形式的教学媒体来传递。另外，职业教育课程的教学对象具有综合性，各种层次、各种年龄段的人都是其课程内容的接受者。

二、职业教育课程的类型

在职业教育课程理论与实践中，用不同的维度可以区分出不同的课程类型。

（一）按课程教学形态可分为学科课程与活动课程

学科课程以学习学科知识为主，教学形态以课堂教学为主。学科课程在内容的组织上注重纵向的顺序及系统性、连贯性，通常偏重理论，强调形式训练和知识的迁移，传授知识的效率高。但学科课程往往对学生的技能训练、情感陶冶等较为忽视，因而较难达到使学生自觉地将理论知识应用于实践的目的。从职业教育课程形态的现状来看，主要还是学科课程，所以必须大力改革。

在职业教育实践中，活动课程是指有计划、有目的地组织、安排一项或若干项实验、实习、设计、操作等专业性实践活动，使这些活动本身成为一种课程或一个课程单元。

活动课程以让学生增加感受、体会为主，教学形态以走出课堂为主。活动课程打破了学科逻辑组织的界限，重视学生学习的主动性，注重学习同实际生活的联系，重视直接经验的作用，强调从做中学，培养学生手脑并用的实际应用能力，重视学生的个性差异，因而有利于克服学科课程的某些弊端。

活动课程的目的主要是通过活动巩固所学的知识和技能，同时，通过主体与客体的相互作用将彼此割裂的分散知识、技能进行整合与协调，使原先学到的知识、技能具有更广泛的迁移性，使学生在真实或模拟的职业工作情境下能够灵活地运用学过的知识和技能，创造出有效的工作方式。

（二）按课程管理和设置的要求可分为必修课程与选修课程

必修课程是由政府或院校规定的，学生必须学习而且要达到规定标准的课程；选修课程不是由政府或院校规定必须开设的，学生可以在一定范围内选择学习。选修课程又可以分为两类：一类是院校规定学生必须在若干课程中选择学习一门或几门课程，称为限定选修课程；另一类是并不规定选择范围，院校允许学生在院校开设的所有课程中选择学习，称之为自由选修课程。

（三）按课程组织方式可分为分科课程与综合课程

分科课程通常又被称为科目课程，是一种单学科的课程组织模式。科目课程强调分科，强调不同学科门类之间的相对独立性和学科逻辑体系的完整性。

综合课程是指运用两种或两种以上学科的知识观和方法论去考察和探究一个中心主题或问题的课程。如果这个中心或主题源于学科知识，那么这种综合课程即是学科本位综合课程（或综合学科课程）；如果这个中心主题或问题源于社会生活实践，那么这种综合课程即是社会本位综合课程；如果这个中心主题或问题源于学生自身的需要、动机、兴趣和经验，那么这种综合课程即是经验本位综合课程（或综合经验课程）。综合课程是一种多学科的课程组织模式，它强调学科之间的关联性、统一性和内在联系。综合课程不是作为分科课程的对立形态出现的，二者各有其存在的价值，相互不可替代。

职业教育是一种以培养学生解决问题的能力和实际操作技能为主要目标的教育，因此，职业教育课程要以综合课程为主。在课程内容组织上，可以采取以下两种方法。

一是以问题为轴心，将原先分属于各学科的知识分离出来为回答或解决某一问题服务，或者为围绕某问题获得相关的实用知识服务。职业教育的某些专业课程，如设备的故障诊断、维修课程等，比较易于组织成问题中心型综合课程。某些带有提高、扩展、更新性质的专题研修课程，也宜采用此类课程。

二是以职业能力为轴心，将形成某项职业能力所需的知识、技能、态度等要素，按职业能力本身的结构方式进行组织。能力中心型的课程强调内容的实用性和针对性，它将那些与职业能力要求相关性较低的知识、技能和态度排斥在课程之外，缩短了与实际工作的距离。在设计综合课程时，一般将这些知识、技能、态度分别编成一定的课程模块，如 CBE 课程模式和 MES 课程模式就是典型的能力中心型综合课程。

（四）按课程表现形式或影响学生的方式可分为显性课程与隐性课程

显性课程是指院校情境中以直接的、明显的方式呈现的课程。大多数情况下，显性课程是以院校教育中有计划、有组织地实施的正式课程或官方课程的方式呈现。

隐性课程是指院校情境中以间接、内隐的方式呈现的课程。隐性课程时常带有非预期性、非计划性，以非正式的、非官方的课程方式呈现，具有潜在性，因此，隐性课程也被称作潜在课程。隐性课程是教育过程中由物质、文化、社会关系等要素构成的教育环境，大体可分为四种：一是制度型隐性课程，如院校所制定的各种规章制度、校训、校风、校服、告示；二是关系型隐性课程，如院校中师生关系、生生关系、社会上的人际关系；三是校园文化型隐性课程，指校园文化产生的影响，如文化活动的价值取向、文化活动的氛围；四是校园环境型隐性课程，指校舍及各种功能场所的设计分布，以及校园的美化、绿化和宣传设计。

隐性课程具有潜移默化的教育功能。我国的职业教育先驱黄炎培先生在实践活动中早就注意到了运用校风、校歌、校训和校徽的作用，来对学生进行职业道德教育和职业意识的培养。

（五）按课程实施阶段可分为建议课程、书面课程、感知课程、教授课程、体验课程和评价课程

建议课程是指由研究机构、课程专家提出的应该开设的课程；书面课程是指教育行政部门规定的教学计划、教学大纲；感知课程是指教师感觉到的课程；教授课程是指课堂上实施的课程；体验课程是指学生实际体验到的东西；评价课程是指评价者能够评价到的内容。

（六）按课程设计、开发和管理主体可分为国家课程、地方课程与校本课程

国家课程从广义上讲，是指国家有关部门制定和颁布的各种课程政策。比如，教育部制定、颁布的课程管理与开发政策、课程方案，各类课程的比例和范围，教材编写、审查、选用制度等。从狭义上讲，国家课程是指国家委托有关部门或机构制定的基础教育的必修课程或核心课程的标准或大纲。国家课程集中体现了国家的意志，是决定一个国家基础教育质量的主要因素，因此，国家课程具有统一规定性和强制性。

广义的地方课程是指在某一地方实施和管理的课程，既包括地方对国家课程的管理和实施，也包括地方自主开发的只在本地实施的课程；狭义的地方课程专指地方自主开发、实施的课程。在一般情况下，人们所谈的地方课程都是狭义的地方课程。

广义的校本课程指的是学校所实施的全部课程，既包括院校所实施的国家课程、地方课程，也包括院校自己开发的课程；狭义的校本课程，即院校在实施好国家课程和地方课程的前提下，自己开发的适合本校实际的、具有院校自身特点的课程。目前，人们习惯上将院校自己开发的课程称之为校本课程，以区别广义的校本课程。

（七）按课程的功能可分为公共基础课程与专业课程

公共基础课程指偏重人格修养、文化陶冶及艺术鉴赏的课程。它与专业

知识相配合，兼顾学生继续教育的需求。公共基础课程一般包括德育课程（含职业素养课程、活动课程、社会实践等）、文化课程、体育与健康课程、艺术类课程，以及本专业有别于其他专业的基本能力培养。

专业课程提倡理论实践一体化，以实践为核心，辅以必要的理论知识，兼顾学生就业或继续进修学习所需的基本知识和能力培养，一般包括专业基础课程、专业（技能）方向课程、专门化实训和顶岗实习。

第二节　职业教育课程的理念与模式

一、职业教育课程的理念

（一）学科论

坚持在职业教育中保持学科课程的必要性，围绕知识的系统性组织课程。

（二）普通论

职业教育课程内容不应局限于某些特定的职业领域，而是要充分考虑个体适应多变社会的需要，以及人性本身完善的需要，充分体现出普遍性。

（三）职业论

削减理论课程课时的比例，增加实践课程比例，用围绕职业岗位的工作任务组织课程。

（四）专业论

职业教育是一种服务于个体就业与经济发展需要的教育，这是其核心价值所在，课程体系不应过多地受普通课程的干扰，应当突出满足岗位需要的职业能力的培养。

（五）基础论

基础性是职业教育课程设计的主要思考维度，课程内容不应仅以眼前的实用为取向，关键要为后续学习或发展奠定基础。

（六）实用论

实用性是职业教育课程设计的基本价值取向，职业教育课程要摆脱简单移植普通教育课程模式的倾向，降低课程内容的理论难度，关键要给学生提供对就业有价值的知识和技能。

二、职业教育课程的模式

（一）学科式课程模式（又称单科分段式或三段式课程模式）

三段式课程模式即将各类课程按（知识内容）顺序分阶段排列，组成各门课程相互衔接又各自为主的结构庞大的体系。三段式课程模式通常把职业教育课程划分为三类，但究竟划分为哪三类，不同观点之间的差别很大。比较常见的是划分为文化基础课、专业基础课和专业课这三类；另一种常见的观点是划分为文化基础课、专业理论课和实践课三类课程。此外，在不同的观点中，这几类课程的名称也不尽相同。比如，文化基础课有文化课、普通文化课等名称；专业基础课有技术基础课等名称；实践课有技能训练、实习、实训等名称。目前，多数职业院校仍采用三段式课程框架。

三段式课程模式注重学科体系的完整性，关注学科基础理论与实践课程并列，重视文化基础知识，实践课单独设课自成系统。这种课程模式的优势在于：教学上循序渐进，课程安排上力量集中，逻辑性强，有利于学生有效地掌握已为人类所获得的知识；系统性强，有助于学生系统地继承和接受人类的文化遗产；多以传授知识为基础，较易于组织教学和进行课程评价，可用较低的投入，获取较高的效益。缺点为：学科中心的倾向明显，并相对忽视了各学科知识在实际运用中的整体性；学生灵活、综合运用知识的能力不足，无法在工作岗位上解决所遇到的实际问题，易造成理论与实践脱节；在技能培训方面，没有形成完整的技能培训体系，难以培养学生的工作过程知识和基本工作经验；在教学方法上容易偏重知识的传授，而忽视学生健全人格的形成和身心的健康发展；梯形课程排列的方式还增加了基础理论学习的难度，也不利于理论与实践的整合。

（二）核心阶梯课程模式

核心阶梯课程模式是德国双元制中采用的课程模式，因此也叫双元制课程模式。双元制的根本标志是：学生一面在企业（通常是私营的）中接受职业技能培训，一面在部分时间制的职业学校（公立的）中接受包括文化基础知识和专业理论知识在内的义务教育。这种双元特性，主要表现为企业与学校、实践技能与理论知识的紧密结合，每一"元"都是培养一个合格的技术工人过程中不可或缺的重要组成部分。

核心阶梯课程模式是一种建立在宽厚的专业训练基础之上的、综合性的、以职业活动为核心的课程结构，分为普通课程、专业课程、实践课程。其中，专业课程由专业理论、专业计算和专业制图三门课组成。所有专业课程、实践课程的内容都按培训条例的要求，划分为基础培训、分业培训、专长培训三个逐级上升的层次。这种课程结构称为核心阶梯式。

核心阶梯式课程模式由学校和企业合作，共同负责人才培养工作，共同制订课程学习计划。其优点在于能够保证学生在广泛基础培训的前提下逐渐分化而最终达到掌握专长技术的目的，非常适合企业对人才多能和多层的需要；同时，由于避免了过早分化，学生不但有机会选择适合自己兴趣与爱好的职业，而且拓宽了他们的就业范围，增强了他们转岗的能力。

双元制课程体系注重实践能力的培养，突出操作技能的训练，采用综合课程方法形成核心阶梯式课程结构，知识量宽且浅，实用性强并可学以致用。双元制课程特别强调完成综合性工作任务所需的各种关键能力的发展与培养，非常有利于培养宽基础复合型的职业技术人才，有利于增强学生对企业生产、管理的广泛适应性，便于其迅速就业和转岗。

（三）实践导向职业教育课程模式

实践导向职业教育课程模式是我国职业教育工作者目前正在积极探索的一种课程模式，如任务引领型课程、项目课程开发模式等。

1. 任务引领型课程

（1）定义

任务引领型课程指按照工作任务的相关性进行课程设置，并以工作任务为中心选择和组织内容的课程。它的工作任务需要根据工作岗位的实际情况进行选取或设计，它不同于以学科边界进行课程设置并按知识本身的逻辑体系选择和组织内容的学科课程。

（2）特征

① 任务引领。以工作任务为中心引领知识、技能和态度，让学生在完成工作任务的过程中再学习相关理论知识，发展学生的综合职业能力。

② 产品（服务）驱动。任务引领型课程主张把关注的焦点放在通过完成工作任务所获得的产品上，以激发学生的成就动机。以"解剖麻雀"的方式，通过完成典型产品或服务，来获得某项工作任务所需要的综合职业能力。

③ 目标具体。任务引领型课程要求对课程目标做出清楚、明确的规定，以更好地指导教学过程，也可以更好地评价教学效果。

④ 内容实用。任务引领型课程强调紧紧围绕工作任务完成的需要来选择课程内容，不求理论的系统性，只求内容的实用性。

⑤ 学做一体。任务引领型课程主张打破长期以来的理论与实践二元分离的局面，以工作任务为中心，实现理论与实践的一体化教学。

（3）结构模式

任务引领型课程根据任务之间关系的不同可分为三种结构模式：递进式，即工作任务按照难易程度由低到高排列；并列式，即工作任务之间既不存在复杂程度差别，也不存在明显的相互关系，而是按照并列关系排列的；流程式，即工作任务是按照前后逻辑关系依次进行的。

2. 项目课程开发模式

这是一种带有中国特色的工作过程导向的课程开发模式。项目课程的出现，源于我国职业教育改革中，提升学生职业能力、激发学生学习积极性和满足企业对人才素质要求的需要。它将成为我国当前和今后职业教育课程改革的方向，并能形成本土化且具有中国特色的职业教育课程开发模式。

项目课程以职业能力的培养为目标，以岗位需求为依据，以工作结构为框架，以工作过程为基础组织教学过程，突出任务中心和情境中心。项目课程综合运用相关的操作知识、理论知识来完成工作任务，以工作任务整合理论和实践，加强了课程内容和工作之间的联系，形成了在复杂工作情境中进行判断并解决问题的能力，提高了学生的综合职业能力。

工作过程导向的综合课程开发是一个客观分析与主观设计相结合的过程。分析和描述工作过程是确定学习情境和设计教学项目的基础。课程开发的任务就是将这些有教学价值的工作过程描述出来，并将其设计成具体的学习情境，且尽量以教学项目的形式呈现。要想深入分析工作过程，必须首先详细描述工作过程的各个层面，这些层面包括基本工作对象、重要的工作组织方式，以及社会、企业和顾客对该职业（专业）的期望与法律标准。可以看出，工作过程导向课程一般为开放性的课程计划，适合作为高职院校的校本课程。

项目课程具有以下主要特点：① 保持学习中对工作过程的整体掌握，学生可在完整的和综合的行动中进行思考和学习；② 以学生为中心，课程面向每一个学生，关注学生在行动过程中的学习体验和个性化创造；③ 合作式学习培养了学生解决实际问题的能力；④ 强调对学习过程的思考、反馈和分析，课程评价标准具有多元性，行动的过程和结果具有开放性；⑤ 重视典型工作情境中的案例，以及学生自我管理式学习。

项目课程作为突破我国学科系统化课程模式，建构体现我国职业教育特点的，具有工作过程导向式课程开发模式的一种有效方法，在课程改革中被看好。当然，它在实施中也遇到了一些困难和问题，主要表现在四个方面：① 一些学校和专业在现有条件下很难找到和开发完全满足要求的项目；② 现有的师资水平还无法适应项目课程教学的要求；③ 项目课程教学给以班级授课制为主要形式的教学秩序带来了挑战；④ 需要有充足的场地、设备、现代化教学手段和资金投入。

第三节　职业教育课程的开发

课程开发是指通过需求分析制定课程目标、确定课程结构、选择课程内容，组织相关教学活动并进行计划、组织、实施、评价、修订，最终达到既定目标的整个工作过程。

一、职业教育课程开发的原则

（一）以创新教育为核心，以全面素质教育作为指导思想

素质是人在先天生理基础上经过后天教育和社会环境的影响，由知识内化而形成的相对稳定的心理品质。也就是说，素质是知识的稳定、内化和升华的结果，具有理性的特征。知识是素质形成和提高的基础，但只有知识并

不等于具有较高的素质。素质又是潜在的，通过外在的形态（言行）来体现，相对稳定地影响和左右人们对待外界和自身的态度。

素质教育从整体意义上讲，是提高人的身心健康和发展水平的教育，是强调潜能的发挥，以及心理品质的培养和社会文化素养训练的整体教育。一个人的素质的养成与发展是一个逐步提高的过程，因此，应该根据不同学习阶段的生理、心理和社会文化素质的实际情况，进行富有时代特征的综合素质教育。

创新教育是根据创造学的理论方法，兼容现代心理学、教育学、哲学、思维科学的最新成果，应用于教育教学实践中的一种以开发学生创造力，培养创造型人才为目标的现代教育。创新教育对学生品格的形成和能力的提高具有不可替代的重要作用。创新教育是全面素质教育的核心，没有创新，就没有发展。我们要对培养目标、教育模式、课程体系、教育内容、教学方法，乃至教材进行重新审视，构建新的课程体系。

（二）以纵向沟通和横向衔接为课程编制的原则

课程的编制也称为课程设计。从认定目标到教材的选择，以及教学的实施，都要精心设计。课程编制过程中，应遵循的原则，按编排的形式可分为纵向组织原则和横向组织原则。

纵向组织原则。其核心是序列，传统的序列原则是按由简到繁的序列编制学习活动。这一原则的基本含义包括：由简到繁意味着涉及从已知到未知，由浅入深的学习活动；从具体到抽象意味着先呈现直观的教学内容，然后进行提炼归纳。这一原则适用于逻辑系统非常严密的学科课程编制。

横向组织原则。整合是横向组织原则的核心概念。采用跨学科的方法来组织课程，就是横向组织的整合化。整合化意味着打破固定的学科界限和传统的教材内容，强调的是广度而不是深度，注重的是知识的应用，而不是知识的形式。通过整合原则可加强学科问题联系，加强课程与个人兴趣和需要的联系，加强课程与外部经验和社会需要的联系。横向组织原则包括联系性与综合性。横向组织原则要求把组织要素应用于广泛多样的情境之中。

当设计的课程同时具有纵向和横向连续性时，其内容会互相强化，学生可以更深刻、更广泛地理解和掌握所学课程的基本内容。

二、职业教育校本课程的开发

校本，即以学校为本，以学校为基础。其含义是基于学校、在学校中、为了学校。其中，基于学校是指要从学校的实际出发，所组织的各种培训、展开的各类研究、设计的各门课程等都应充分考虑学校的实际，挖掘学校的种种潜力，让学校资源更充分地被利用起来，让学校的生命活力释放得更彻底。

（一）职业教育校本课程开发的含义

职业教育校本课程开发，是指在国家规定的课程计划范围内，以学校和企业为课程开发的主要场所，依据学校的性质、特点、条件，以及学生的需求和可利用的课程资源，由学校校长、教师、企业技术人员、行业相关人士、课程专家、学生、家长，以及社区人士共同参与学校课程计划制订、实施、评价的活动。其核心是致力于打破自上而下的课程运作方式，主张把课程的决定权还给学校、教师、学生以及家长，是一种自下而上的课程运作方式，其强调课程的适应性，关注学生的差异性。

（二）职业院校校本课程开发的理念

职业院校进行校本课程开发，必须首先明确其指导思想。

1. 目标观：以就业为导向

从主动适应社会、经济发展的需求来看，职业教育就是就业教育。以就业为导向，提高就业率，是职业教育的核心目标。职业教育的课程应能直接地反映社会和企业的需要。因此，职业校本课程的开发应以就业为导向，以促进毕业生就业为目标和根本指南。

2. 课程观：以能力为本位

从职业教育人才的培养目标和以就业为导向的教育方针出发，职业教育能力型课程开发应以职业能力为本位。职业能力是人们从事一门或若干相近职业所必备的本领。它由专业能力、方法能力、社会能力三个方面组成。围绕职业能力这个核心，在进行课程体系设置时，必须确保各项能力目标都有相应的课程或课程模块相对应，即以能力为本位构建理论教学体系和实践教学体系，拓宽基础，注重实践，加强能力培养，提高学生的综合素质。

3. 教学观：以学生为主体，以教师为主导

在教学过程中，学生是学习活动的主体，要靠学生自己主动地建构知识、形成能力、调整态度来发挥自身的主动性。教师的职能由以教为主变为以导为主，教师应该成为课程的设计者、教练、指导者、导师和顾问，以全面建立"以学生为主体，以教师为主导"的教学观。要切合学生的资质与兴趣上的个别差异，使每一位学生的潜能都能得到充分发挥。同时，教师不能毫无选择地教授教科书的全部内容，而是要配合学生的背景及需要、学校与社区的条件，选择、调整或改编教科书的内容，甚至自行编撰，以适应学生的学习需要。

（三）职业教育校本课程开发的模式

职业教育校本课程开发模式是在一定课程理论指导下，依据校本课程开发的规律而形成的，校本课程开发过程中比较系统或稳定的操作程序及其方法的策略体系。建立合理的开发模式是职业教育校本课程开发的关键环节。

1. 建立职业院校校本课程开发的基本组织结构

职业教育校本课程开发，是一个基于专业教师结合行业发展实践，在不断总结教学经验基础上连续修正完善的过程。从一定角度说，它是全体教师和学生共同探求的结晶。职业教育的校本课程开发要根据行业的发展不断有所改进。它需要大量的市场调研和前沿数据，这些工作不是简单的资料收集和理论撰写。因而，调动一切可以调动的人力，开发和利用一切可能的课程资源，建立由校级领导、专业处室负责人、骨干教师、行业在职人员等为基础的职业院校校本课程开发的基本组织结构是必须的，也是必要的。它能使资源的配置和利用达到最大化，也能增强教师间的凝聚力和归属感，只有多股力量有效结合，校本课程开发才能完整地体现院校的教学本位，体现以培养符合市场、行业需求人才为目的的教学思想。

2. 开拓和尝试多种行之有效的校本课程合作途径

职业院校独有的办学特点和课程上的实践性与时效性，使得在开发校本课程方面不能闭门造车，要广开思路，寻求多方面的合作途径，如校际的合作。相关院校间相同课程上的合作开发，可以降低课程开发成本，可以利用兄弟院校的资源，学习彼此之间的长处；专家与院校的合作，可以充分借助专家在此领域内的深厚造诣和所获得的全新信息，开发较为前沿的课程，但要避免忽略职业院校本身现状和不足的问题；研究机构与院校联合的合作，可以借用研究机构良好的科研设备和专业人员，开发出理论先进、资料详实的课程，但要考虑课程本身的特点，强调它的实用性和可操作性；教育行政部门与院校联合的合作，是资源最为强大的一种开发途径，它往往能够得到很好的支持，对院校知名度的提升有很好的推动作用；领导与教师合作是目前大多数职业院校所采取的校本课程开发模式，领导及教师对本校的情况最为了解，他们合作开发出的校本课程在一定程度上最适合院校自身的需要。

上述这些校本课程开发的方法不是单一的，也不是固定不变的，而是需要各个职业院校根据实际情况综合考量，选择最合适的开发渠道。

（四）职业教育校本课程开发的策略

校本课程开发的目的是让所有的学校都"动"起来，让所有的教师都"站"起来，让所有的学生都"飞"起来，让所有的教育参与者都"沟通"起来。要成功地开发校本课程，必须注重开发策略。

1. 建立校本课程开发的基地

由于职业教育职教性的作用，校本课程的开发，不仅要在院校内部完成人、财、物三个方面的配置，而且必须与所属行业内的企业密切合作，使之实现资源共享。目前，一些高职院校成立组建了高职教育研究所来承担这一职能，这个做法是值得借鉴的。

2. 建立课程开发的保障体系

为了保持校本课程开发的连续性，职业院校应实现校本课程开发的规划性，即评价机构的学术化与制度化，以及不受领导更迭影响的相对独立的资源配置制度。

3. 明确课程开发的基本特征

在校本课程的开发过程中，应注重课程的四个方面：① 结构性，即所选课程要有一个传递信息的最佳知识结构与话语结构；② 一致性，即课程中各种观点的关系要明晰，从一个观点到另一个观点具有逻辑关系；③ 完整性，即课程的每一个单元要实现一个明确的目标；④ 适时性，即课程要符合与适应现实的知识基础与背景。

4. 明确课程开发的操作流程

在突出应用科学的逻辑性基础上，设计制定出一整套可行性调研方案（提纲），具体包括：学科带头人与团队的组成；课程开发的计划制订；经费的申请、划拨与使用；专业知识所在产业发展、行业界定及政策的研讨；与相关企业的战略伙伴关系及项目合作。

5. 明确课程开发的定位与范型

定位是指行业所需的专业学科、职业岗位群的分布。范型包括问题中心课程范型、技术中心课程范型、训练中心课程范型、项目中心课程范型、体验中心课程范型、证书培训中心课程范型及其他形式。

6. 重视课程开发的方法研究和成果借鉴

制定科学规范的校本课程开发方案，重视综合运用先进实效的研究与分析方法。例如，行业分析方法（国家或地区层面）、专业设置方法（国家、地区、学校层面）、专业课程开发方法（院校层面）、单元课程开发方法（院校层面）、课程评价方法（国家、地区、学校层面）；又如，在具体科学研究方法上，可以选择综合运用文献研究法、比较研究法、实地研究法、访问研究法、调查研究法、实验研究法、社会网络分析法、同期群与事件史分析法、统计分析法等。

7. 重视课程开发的理论构架

只有通过各种不同的理论流派和学术观点的交流、碰撞与争鸣，才能不断地澄清课程开发中矛盾运动的特点，掌握课程开发中矛盾运动的基本规律，从而推动课程改革健康顺利地开展。这是普教课程开发的一般规律。此外，职教的课程开发，还应遵守课程结构，符合人才培养目标的要求，课程的设置要落实对职业能力的培养。应强调的是，在课程开发全过程中应重视专业剖析的内容和标准，重视专业设置和专业培养目标。

8. 加强课程开发的学科预见性与超前性

这需要开发者对市场与国家的政策、法规等深入长期地研究，进行战略性的考虑。主要涉及内陆地区与沿海经济发达地区的职业就业岗位比对研究，国内与国外发达国家的职业就业岗位比对研究，对本地区具有地域特色的行业的深入研究等问题。

9. 突出课程开发的创新性与规范性

课程开发的创新性是一项综合性体现，它包括指导思想、体例、专业等诸多方面的创新。同时，也应符合《高职高专院校人才培养工作水平评估》标准的规范性。并且，这种创新的关键在于紧扣市场，敢于打破旧有专业划分的思维惯性与限制。

第四节　职业教育课程改革与发展趋势

一、职业教育课程改革的对策

（一）确立课程开发的研究意识

许多人把课程开发简单地理解为编大纲、编教材，而"编"往往又只是"抄"或"拼凑"。同时，又犯了过于关注操作方法，忽视理念建设的错误。因此，必须改变课程开发的工作方式，把课程理念研究与课程产品开发结合起来，以创造性的设计思维去完成每一步开发工作，着力树立起课程开发的研究意识，努力形成每个专业乃至每门课程的创立理念。

（二）提高对开发成果的精细化要求

职业教育课程开发只有加强精细化，才能提高对每一个环节的开发意识，才能把笼统的要求细化成最终可执行的教学方案。然而，目前许多院校的课程开发多数情况是未能精细地把握某些关键的开发环节，这就必然影响课程目标功能的实际发挥。要改变这种状况，除了按照精细管理思想要求改变工作态度外，还必须加强对课程开发者的优选，在专家引领下通过课程开发提升教师的分析能力。

（三）加强对课程开发过程的控制

职业院校在课程开发行动之前，要制定详细的课程开发方案，细化课程开发过程，确立每一个环节的质量标准。在课程开发过程中要实施过程控制，努力控制每一个环节的质量。当然，课程开发是一个呈螺旋式上升的过程，情况往往是当教师完成后面的开发步骤后，回过来才能更好地修改先前完成的步骤。因此，加强对课程开发过程的控制，不能机械地理解为只有按要求完成了一个步骤，之后才能进行下一个步骤，而是要清楚地意识到每一步的质量标准。

（四）建立深度的校企合作机制

课程开发环节和项目体系的建立需要企业的深度参与和广泛支持。校企合作项目课程既有模拟项目，也有真实项目。模拟项目只是训练基本职业能力，学生要进一步获得真实的职业能力，还必须依托直接来源于企业的真实项目。模拟项目比较稳定，而真实项目是开放的，二者相互补充，构成了完整的项目体系，形成了学生职业能力发展的完整阶梯。尤其是真实项目，在学生职业能力发展中具有非常重要的价值，是职业教育课程的特色所在，应当予以重点开发。

（五）创业教育融入课程体系

基于工作过程的课程设计方法，遵循设计导向的职业教育指导思想，打破了传统学科系统化的束缚，将学习过程、工作过程与学生的能力和个性发展联系起来，不但重视学生适应工作环境的能力培养，还特别重视构建或参与构建工作环境的能力培养。在课程体系设计中必须贯彻这一理念，而在学习领域中融入创业教育模块是实现这一理念的最佳途径。

总之，在更加科学、系统、精细的层面上构建课程体系，是职业教育课程改革的重要跨越。相对于以打破学科体系为核心内容的初级阶段来说，实现这一跨越的难度更大,也更具实质性。要实现这一跨越,就必须把课程开发与课程研究结合起来。

二、职业教育课程开发的发展趋势

目前,我国正处于推进第三次职业教育课程改革的过程中,特别是基于工作过程的工学结合课程模式,正在成为引领和推动整体性职业教育课程改革的主流模式。同时,在学习先进国家的职业教育理念和课程开发方法的基础上,形成具有中国特色的职业教育课程体系,应该成为职业教育课程改革的发展趋势。

(一)课程导向能力化

从知识本位转向能力本位,从能力本位转向全面素质发展与能力本位结合,是职业教育课程发展的重要趋势。以知识为本位的传统职业教育课程比较注重学科体系的完整性,而课程内容与产业界对劳动力职业能力要求之间的相关性不高,以致常遭产业界诟病,探索一种能够更有效地训练职业能力的课程模式成为职业教育课程发展的迫切需求。在这一背景下,能力本位教育自 20 世纪 80 年代以来,在美国、加拿大、澳大利亚、英国等国家得以迅速推广和应用,从而成为当前世界各国职业教育课程发展的重要趋势之一。

(二)课程目标多元化

随着工业化时代向信息化时代的转变,职业教育课程目标也从单纯地注重培养专门技能和专业能力向注重培养社会适应能力、综合职业能力、创业能力,以及情感、态度、价值观等多种素质相融合的方向发展,并追求工具性、效用性和发展性的价值统一。这种发展趋势必然促成各种课程观的有机融合,使得职业教育课程观逐渐从原先单一的技能型向以综合职业能力为核心的多元整合型发展,呈现出学科本位—能力本位—人格本位的发展态势。这种发展态势说明，当代职业教育课程改革的一个重要指导思想是要把职业教育课程目标由培养单纯的技术劳动者变为培养技术人文者。这一多元整合型的课程观，客观上要求将以人为本的思想贯穿职业教育课程发展的全过程。

（三）课程范围广域化

随着科学技术转化为直接生产力的速度日益加快，且社会职业转换频率的提高使学习者为某一具体职业做准备的传统的职业教育课程模式受到了巨大冲击，终身职业教育理念迅速为世界各国所接受。从学习者个体职业生涯发展的角度来开发课程，成为必然趋势。同时，由于工作性质的变化，当前多数工作的完成不能单纯依靠从业人员娴熟的技能，而必须凭借他们广博的专业基础知识、精湛的解决问题的能力、富有团队合作精神的职业态度等职业综合素质。这就要求职业教育必须尽可能地拓展课程内容的范围，注重培养学习者的非专门化技术能力，即关键能力。

（四）课程实施实践化

精湛的职业能力并不是通过理论性知识的学习而获得的，更多地要依赖经验性知识的掌握。虽然，学生在校期间也要通过具体的实训课以获得经验性知识，但这种模拟学习情境毕竟有别于真实职业情境。为此，职业教育在发展上由以学校为本向以校企结合为本的方向转移，相应的职业教育课程实施模式也由单一的学校向以校企结合的方向转移，进而采用企业与学校合作、生产与教学配合进行的产教结合、双元教学的职业教育课程实施模式。也就是说，职业教育在课程实施上十分重视实践性，用以培养学生娴熟的实际操作技能和快速解决实际问题的能力。

（五）课程开发系统化

学习是一个终身持续的过程，是使人不断适应变化的过程。终身教育观的确立改变了终结性、一次性的职业教育观。"只有终身学习、终身受教育，才能终身就业"已成为现代劳动力市场的一条基本规律。在这种背景下，当代职业教育课程开发自然就成为一个系统工程，课程开发的整体性和连续性特征越来越显著。课程开发由现在的阶段单向型渐次转变为连续多向型。在课程设计上，注重不同学科、不同层次内容间的衔接，尽可能地拓宽专业口径，为受训者提供继续学习的接口；在课程结构上，采用弹性化的单元模块式；在课程计划上，富有灵活性和开放性；在课程开发主体上，由企业、学校与行业其他经济部门共同开发。

（六）课程结构模块化

结构模块化是职业教育课程发展的重要趋势，如 MES 课程模式、能力本位课程模式、行动导向课程模式等，在课程开发中都显示了这一特点。"模块"一词最初是建筑、家具、计算机等行业的术语，其内涵有三：它是一个部件、组件，其大小介于整体与零件之间，是整体的基本组成部分；每一个模块本身是独立的，可以将其进行不同的组合；每一个模块都是标准化的，有严格的指标要求，否则就无法对模块进行不同组合。这三个方面同样也是模块课程的核心内涵。

（七）课程管理弹性化

为适应不断变化的劳动力市场，满足人们接受终身教育的需求，推行个别化教学，职业教育课程管理必须由刚性走向弹性，用学分制替代学年制是实现这一转变的重要手段。此外，在英国、澳大利亚已经得到普遍应用的"对先前学习的认可"，旨在通过建立一个系统、有效的评价过程，正式认可个体已有的技能和知识，而不考虑他是如何、什么时候或为什么会获得这些知识和技能的。当然，这些知识和技能一般不是通过学校的正式学习获得的。

（八）课程评价标准化

职业教育课程评价是以行业的就业标准为依据的，通过确立统一的国家职业资格标准来实现。国家职业资格标准的确立为职业教育课程目标的制定、课程计划的编制、课程内容的选择与组织，以及课程评价提供了可遵循的依据。这也意味着职业教育课程评价标准化的形成，预示着职业教育和职业培训的质量评估体系向标准化、全球化的水平迈进，而这种趋势自然要求职业教育课程评价也应该以相关的职业资格标准作为课程评价的依据与准则。

第三章

职业教育对治理体系现代化的影响研究

"十年树木，百年树人"，教育是民族振兴和社会进步的重要基石。坚持把教育放在优先发展的战略地位，是我国现代化建设的一个重要指导思想。我国经过几十年的持续快速发展，要想跨过这个坎，就需要在继续发挥后发优势的基础上，创造自己在新时期新阶段的先发优势，依靠科技创新打造竞争新优势，从而提升自身在国际产业价值链条中的位势。近年来，伴随着我国社会的快速转型，产业结构也在不断地优化升级，对劳动力的需求也是逐渐向着高端方向发展，如有着更高附加值的技术用工转变。纵观很多发达国家走过的历程发现，经济结构的调整往往与人才结构的调整同频共振、相互倚重。我国当下正在推行的创新驱动发展战略，对劳动力的整体素质、人才结构都提出很高的要求，劳动力的升级提质也需要与国家整体战略去进行同步调整、与之匹配，而职业教育作为人力资源开发的重要组成部分，对此责无旁贷。

政府对职业教育工作做出的一系列安排和部署，实际上也提出了一个事关全面治国理政的重要问题，其理论和实践意义已经远远超出职业教育本身范围。首先，"建设职业教育体系。推进产教融合、校企合作，推进现代学徒制试点、集团化办学、校企一体化办学、"双师型"教师队伍建设，推进终身职业技能培训制度，培养数以亿计的高素质劳动者和技术技能人才。其次，优化学科专业布局和人才培养机制。适应国家和区域经济社会发展需要，鼓励具备条件的普通本科高校向应用型转变，重点扩大应用型、复合型、技能型人才培养规模。这些论断为今后职业教育的快速健康发展提供了思想武器和行动指南，为职业教育更好地为国家治理现代化提供积极作用指明了方向和重点。

第一节　发展职业教育与保障政治稳定

进入 21 世纪以来，我国职业教育得到持续快速发展，在促进社会公平、改善民生、维护稳定方面发挥了重要作用。职业教育作为面向人的教育，为很多有志于走技术技能成才道路的青年学生提供了实现自己理想、顺利融入社会的机会和可能。据调查，很多职业院校学生的家长对孩子接受系统的职业教育有着非常务实理性的目标诉求，其出发点大都是盼望孩子能够通过几年的系统学习，丰富知识，开阔眼界，提高涵养，可以学到真本事，在走向社会的时候，能够自食其力、自力更生，独立自主地走好自己的人生路。对孩子的期望大多是基于能够自食其力、勤劳勤勉的普通劳动者，这代表着广大民众最为朴素的心声。这些理念有利于广大毕业生以更加平和的心态融入社会，从基层做起，脚踏实地、一步一个脚印地投身国家和社会的建设中去，有利于从根本上夯实社会稳定的民意基础。此外，国家从 2007 年秋季开始，正式推行"中等职业教育国家助学金"制度，为中职学校大部分农村学生和贫困学生提供每人每年 1 500 元的国家助学金，这对中低收入家庭来说，是一场"及时雨"，一定程度上讲，国家为广大普通民众提供了较为适合对路的公共服务，为切实减轻群众负担、普通家庭子女通过职业教育实现社会流动创造了较为公平的机会和条件。今后，还需要政府继续以促进公平公正为要求，发挥政府保基本、促公平的重要作用，为来自基层群众的子女提供更多公平的接受职业教育的学习机会，享有同等的接受职业教育的权利，在同等的社会规则面前进行公平竞争。同时，政府需要继续加强对城乡间职教资源的统一调配，地区之间进行相互帮扶，确保职业教育在解决"零就业"家庭中持续不断地发挥重要作用。这样很多接受职业教育的学生能够承载着很好的希望去积极进取，人心思稳，人心思进，对未来有着更为理想的期许，增加对社会发展目标的政治认同度，促进社会的和谐发展。这样，职业教育就会起到很好的政治稳定器的作用。

在职业教育发展的实践中，存在着应然和实然的反差。国家层面，从年年上演的就业季大战和技术技能型人才严重短缺问题出发，出台了一系列配套推进职业教育的制度、政策、法规等举措，彰显了越来越重视职业教育的决心，从理论上讲应该是有很好的发展空间和前景的。由于观念的影响深刻久远，一旦某种观念融入我们的思维深处，就会演变为一种思维定式，融入我们的文化当中，观念层面上一直受到"学而优则仕""有科无技""述而不作"等文化观念的影响，就造成了事实上对职业教育事业发展空间的不公。人们往往从实用主义视角来分析职业教育的功能，关注的是它的经济功能和社会功能，淡化了职业教育的政治功能、科技功能和文化功能，忽视甚至轻视职业教育对人的全面发展的功能。杨金土认为："促进人的发展是教育的第一价值，职业教育的发展使整个教育的第一价值得到提升。"在职业教育的诸多价值中，经济价值是外在的、表层的，社会价值是中间层的、核心的价值，而人的价值才是最为本原性的、最根本的价值。

教育作为改变个人命运最重要的手段，在发挥其重要作用的过程中，需要秉持好公平原则。通过对教育资源进行合理配置，既符合社会发展和稳定的要求，也符合社会成员对个体发展的需要，这包括：人人享有平等的受教育权利，接受相对平等的受教育机会，以及教育成功机会和教育效果相对均等。教育公平是机会公平的关键。教育资源配置不合理，导致受教育机会不平等，使得一部分人面临由此带来的一系列不公平。美国心理学家霍华德·加德纳在 20 世纪 80 年代提出了多元智能理论，他认为智力是由相对独立、相互平等的八种智力构成的，即音乐智能、身体—动觉智能、逻辑—数学智能、语言智能、空间智能、人际智能、自我认知智能和自然智能。这些智力是同等重要的，不存在高级与低级、先进与落后之分，是全人类都能够使用的学习、解决问题和进行创造的工具。每个个体都具有这八种智力的潜能，只不过在每种潜力上表现不同而已。由于每个人多元智力表现迟早、表现领域程度和水平不同，也就存在了一定的差异性。也可以说，人人都在某个方面有潜质，有能够发挥出个人才能的领域。教育一定程度上就是善于在学习实践中发现和拓展学生们某方面的优势智能，扬其所长，然后带动其他方面潜能的拓展，促进整体潜能的不同发展和提升。多元智力理论所揭示的真理就是人人都是可塑之才，只是闪光点不同而已。只要方法对路，能够及时发现学生们擅长的领域，及时给予他们合适的空间和机会，每个人都可以得到最适合自己潜能的发展。这种拓展已经远远超越了以往传统的语言—数理逻辑能力的智力观，认为仅凭借一方面的高低去评估判断学生优劣，是对学生最大的不平等。现实中发现，很多职业院校的学生在创新创业能力、动手操作能力、社会交往能力、心理承受能力等方面有很大的潜质，以往的高考试卷一个标准"一刀切"的做法存在一定的局限性，并没有完全把学生的其他能力测试出来。近年来，国家逐步推行开的技能型高考模式，为多元化人才成长提供了一个较为客观公正的人才选拔培养渠道，通过高考制度的改革，可以为选择职业教育的学生找到最佳的成才成功之道，接受职业教育，发现自身的闪光点，依然可以找到一条符合自身实际的成才成功之路。人无全才，人人有才，只要能够找到适合自身智力特点的路子，每个人都可以成才，做最好的自己。在接受系统职业教育之后，很多高职高专毕业生普遍认为自己在"人生态度、进取心、包容精神、公益心、责任感、法纪观、健康观、成才观等方面有很大的进步和提升"。他们在接受适合自身职能特点的教育过程中，逐渐提高实践智慧，悟得隐性知识，为以后的社会实践打好基础，以自己的潜在优势和实际能力赢得社会的尊重和认可，为更好地营造"崇尚一技之长、不唯学历凭能力""三百六十行，行行出状元"的氛围做好示范，为实现更广泛意义上的社会公平和正义奠定坚实的基础。每个人都在社会上找到适合自己的发展道路，积极融入社会，拓展个人素质，用自己的优势去服务现代化建设，这非常有利于提升人们的社会认同感，促进社会稳定。

第二节　发展职业教育与改善民生

就业是民生之本，通过接受职业教育，掌握一定的技能帮助顺利就业，融入社会，职业教育成为解决民生问题的一个法宝和调节器。

我国是人口大国，就业问题也始终存在。《中华人民共和国国民经济和社会发展第十三个五年规划纲要》指出，实施更加积极的就业政策，创造更多就业岗位，着力解决结构性就业矛盾，鼓励以创业带就业，实现比较充分和高质量的就业。随着我国经济进入中高速增长阶段，就业的宏观环境也开始发生了很大变化，就业形势又面临着新的形势和考验。在全面放开二孩儿生育政策的实效显现之前，这种劳动年龄人口下降的趋势将持续一段时间，就业总量的矛盾相比较以前将有所缓解。但总体上看，就业总量的压力依然不小。预计到 2030 年以前，劳动力规模始终保持在 8 亿人以上。与此同时，在国际金融危机深度影响下，随着经济发展方式转变、产业结构调整、技术革新步伐的持续加快，劳动力供求不匹配的结构性矛盾依然非常突出，主要表现为：失业与下岗人员劳动技能、技术水平与市场岗位需求的不适应、不匹配，"就业难""招工难""技工荒"和高校毕业生及部分人员就业难并存，且愈加明显。近年来，随着企业经营运转状况的好转，很多企业在招聘新员工时候更加务实理性。那些学历适中、能力突出、肯吃苦耐劳、职场适应能力强的人才，是企业最看重、产业转型最适合、社会发展最期待的人才。社会上要有多元的价值坚守，不管在哪个年代，培养人才，同样也是高校的使命和职责。

随着新技术、新产业、新业态不断涌现，产业优化升级对各类人才尤其是技能型人才的需求会进一步增加，但技能型人才供给存在很大的缺口和不平衡，影响到产业的升级换代。近年来，随着中西部经济发展的提速，技工紧缺现象呈现了从东部沿海到内陆地区的扩散态势，从季节性缺人到经常性的缺人。近年来高校毕业生虽是持续增加，但创新能力和专业技能、技术水平相对较弱，学非所用、用非所学，这也反映出了另一面的就业结构性矛盾。此外，受各种不确定因素影响，经济下行压力不减，小微企业失业人员技能与市场岗位需求不匹配，再就业难度增大。同时，部分年龄大、知识储备不足、技能偏低的农民工等传统产业工人失业风险增加。以上都是现实中存在的就业结构性矛盾的表现。而继续广泛开展职业教育和培训，大力提升各类劳动力的就业创业能力能在一定程度上改善这些状况。因此，职业教育在我国经济社会发展中将拥有更加重要的位置。通过对处于相对弱势的就业困难群体进行必要的及时帮扶，提升其自身的素质和职业技能，为他们真正融入社会提供机会和可能，可以有效拓展他们的就业生存空间。

职业教育不但寄托着他们全家提升经济收入与社会地位的梦想，还可以实现孩子们在家门口上得起学的愿望。通过接受系统的高职教育，学生们的专业技能得到了提升。这些学生的成才历程会产生很大的传导示范效应，这就为社会和谐稳定无形中增添一份正能量。

高等职业教育的发展，使更多孩子圆了大学梦，成为家庭第一代大学生，获得改变个人和家庭命运的机会。劳动力市场对高职高专毕业生的需求在不断增长，主要有两个方面的原因。一是，毕业去向已经从"单一出口"（即受雇全职工作）向"多口径分流"（即受雇于半职工作、自主创业、毕业后升本）转变。其中，自主创业比例从 2.2% 增长到 3.8%，读本科的比例从 2.6% 增长到 4.2%，这表明《国家中长期教育改革和发展规划纲要（2010—2020年）》出台后，鼓励大学生自主创业及建立职业教育体系（尤其是高职高专与本科的课程衔接）的各项相关举措取得了初步成效。二是，产业升级对高技能劳动力的需求增长。高职高专毕业生的就业率在大部分专业大类都有所提升。根据麦克思调查，12 个专业大类中有 11 个都呈上升趋势，尤其是医药卫生大类、艺术设计传媒大类和电子信息大类组成了拉动高技能人才需求增长的"三驾马车"。这些都有力地表明，高职高专毕业生已经有效地适应和满足了经济社会发展对技能型人才的需求，解决了就业与产业结构调整升级转换的矛盾。

第三节　发展职业教育与"新四化"布局

经济社会越是发展，就越是需要高质量的职业教育。从国家今后整个发展大战略来看待职业教育发展的历史作用，就可以知晓其在整个现代化建设布局中的重要位置，无形中增加重视职业教育政策的必要性与紧迫性。"坚持走中国特色新型工业化、信息化、城镇化、农业现代化道路，推动信息化和工业化深度融合、工业化和城镇化良性互动、城镇化和农业现代化相互协调，促进工业化、信息化、城镇化、农业现代化同步发展。"这是我国新时期现代化建设的发展取向，也是国家整个治理体系布局的关键一步，是关系到实现"两个一百年"奋斗目标和民族复兴中国梦的战略部署。"新四化"协调发展，与十八届五中全会提出的创新、协调、绿色、开放、共享的新发展理念有着内在统一性。在推进"新四化"过程中，对职业教育的发展提出了新的需求。

第一，大力推进工业化与信息化的深度融合，可以推动信息网络技术广覆盖，加快制造模式向着数字化、网络化、智能化、服务化转变，能够发挥以信息化带动工业化、以工业化促进信息化的融合优势，利用信息技术和先进适用技术改造传统产业，提高研发设计、生产过程、生产设备、经营管理的信息化水平，提高传统产业创新发展能力。伴随着信息技术、制造革新、能源技术、材料技术的交叉融合和群体兴起，第三次工业革命孕育着新的生产组织方式和商业模式，可以有力地助推我国产业转型升级和结构调整。推进工业化和信息化深度融合是大势所趋，其中不仅需要生产先进的技术和设备，也更需要与之相适应配套的高素质劳动者。第三次工业革命，无论是绿色能源革命还是数字化制造，对人力资本提出了更高的要求，社会需要拥有具备驾驭数字化和智能化设备的人才。这就需要从国家战略的高度认真考虑怎样才能够去不断提高人力资本。除了需要培养大量的创新型复合型人才，还要着眼于培养高技能的技术人才，为工业化和信息化的融合提供源源不断的人力支持。这些人才，不仅是高效的劳动者和创造者，而且也是在观念系统和行为习惯上脱胎换骨、头脑更加开放、能够与时俱进、不断互助合作的新型人才。只有劳动力素质过硬，具有较强的学习能力，能够很快适应新技术、新设备的要求，根据新科技的发展及时补充调整和优化自己的知识与技能，才能够把新技术、新设备这些"硬件"的作用充分发挥出来，提高生产效率，保证产品质量，不断带动产业升级，增强企业的市场竞争力。

第二，大力推进工业化与城镇化的良性互动，可以使两者相互倚重，充分发挥城镇化为工业化创造有效需求、而工业化为城镇化提供有效供给的作用，能够实现产城互动，有效衔接和融合，促进"四集一转"，即企业（项目）集中布局、产业集群发展、资源集约利用、功能集合构建，农民向城镇转移，以工业化引领提升城镇化水平、以城镇化支撑工业化转型升级。在促进产业聚集、城市布局、人口分布相互衔接的过程中，同样少不了职业教育的作用。通过接受系统的职业教育和岗前技能培训，在产业集聚区附近的居民可以拥有一技之长，掌握新知识，开阔眼界，积极投身于集聚区建设，紧随工业化发展的趋势，实现转型发展，离土不离乡，服务于企业发展、转型升级的需要。只有他们实现身份的接纳，即在政治经济、文化教育、社会心理、权益保障等方面拥有平等的权利，才算是真正融入城镇成为新市民。这样既可以从根本上解决好制约企业长远发展的人力资本问题，也可以产生示范带动作用，促使更多的居民去转变生存和发展理念，进行理性妥善安排，顺应新形势，主动学习新知识、掌握新本领，去投身工业发展大潮中，这样可以真正实现产城互动、资源组合、优势互补，实现工业化、城镇化和周边民众长治久安的协同发展。

第三，通过大力推进城镇化和农业现代化协调发展，充分发挥工业化和城镇化对农业现代化的带动作用，加强发展规划、产业布局、基础设施建设、劳动就业等方面的城乡统筹，缩小城乡差别，促进城乡协调发展。要真正解决好"三个一亿人"问题（即促进约一亿农业转移人口落户城镇、改造约一亿人居住的城镇棚户区和城中村、引导约一亿人在中西部地区就近城镇化），就必须在进城长期稳固发展和留在农村培养新型农民上面下功夫。城镇化是需要突出以人为核心的城镇化。让上亿人实现真正城镇化不是个小任务，其中涵盖升学、参军、城镇就业创业或者举家迁徙的农业转移人口，为他们提供及时有效的教育、就业培训和指导、社会保障、医疗保障等公共服务就成为当务之急。这就需要继续依靠职业教育，加强城镇新增劳动力、城市失业转岗人员的培训，依托职业院校做好新兴城镇居民素质提升工程，促进农村富余劳动力向第二产业、第三产业和城镇转移就业。办好市民学校和社区道德讲堂，增强新增劳动力尤其是来自农村劳动力的城市融入感和适应能力，培育现代市民意识和文明生活习惯，让他们在心理上进城、技能上进城、文明习惯上进城，实现新老市民的素质不断提升，使城镇化真正实现以人为本，成为一个增强正能量和社会凝聚力的过程。职业教育已成为促进中小企业集聚发展、区域产业中高端发展、城乡协调发展的一支生力军。

此外，全面推进农业现代化，要想让农业成为有奔头的产业，不仅需要现代的科学技术、产业体系、经营方式和发展理念，更需要培育大批有文化、懂技术、会经营的新型农民。新形势下，新型职业农民包括种养能手、家庭农场主、农民合作社带头人、公司化农场主等，他们具有较为系统的科学文化素质、掌握现代农业生产技能、具备一定的经营管理能力，以农业生产、经营或服务作为主要职业。普遍有较为明显的五个特征：一是一心一意想搞好农业；二是爱学习、肯学习，有文化，是学习型农民；三是懂技术，有专业技术特长，是农业领域的行家里手；四是会经营，有经营管理才能，善于投资理财；五是讲诚信，有高尚的职业道德。这些新型农民需要经历一个系统的教育培训、认定管理和政策扶持的过程，这样才可以为走出高效、产品安全、资源节约、环境友好的农业现代化道路夯实基础，从根本上提高农业质量效益和竞争力。通过以上分析，可以得知，职业教育质量的好坏，关系到为社会培养人才素质的高低，影响到很多行业的健康发展，甚至与"四化同步"的战略构想密切相关，关乎中华民族实现伟大复兴的整体目标。

第四节　发展职业教育与促进经济发展新常态

职业教育在我国一开始正式出现，就与经济发展密切关联。从最初的职业教育的发展可以看出，职业教育与经济社会相得益彰、互为倚重。当前，我国发展仍然处于重要的战略机遇期，面对复杂多变的国际政治经济格局的调整和国内改革发展稳定的各项任务要求，需要充分认识到自身所具备的难得机遇和有利条件。从历史的纵向坐标来看，我国正站在新的历史起点上。但与此同时，我国经济发展出现了新态势、新特征，受到内外部压力影响，进入矛盾增多、爬坡过坎的关键阶段。一定程度上讲，呈现经济增速换挡期、结构调整阵痛期、前期刺激政策消化期"三期叠加"的复合型特点，这些都正在深刻影响和改变着我国的经济发展走向。首先，从经济发展总体来看，经济发展进入"增速换挡期"。产业结构方面，一些不适合发展需要的产能严重过剩，低端产业亟待升级优化重组；区域发展方面，几大经济板块的发展态势均衡不一，部分区域面临空心化困扰；在要素方面，刘易斯经济拐点已经出现，人口老龄化趋势加快，人口红利渐行渐远，各种生产成本持续上升。总体上看，长期积累的结构性矛盾凸显，结构调整势在必行，"阵痛"也在所难免。其次，我国经济发展进入"前期刺激政策消化期"。2008年，为及时应对国际金融危机对我国造成的不利影响，我国政府出台了4万亿元拉动内需、产业振兴等一系列刺激计划。这些政策当时确实为我国经济迅速企稳回升发挥了重要作用，对世界经济起到"压舱石"作用。但毋庸置疑的是，也容易带来通胀压力大、金融资本脱实向虚、地方债务凸显、产业发展畸形等隐患，为新一轮宏观调控增加了难度。

全球范围来看，2008 年金融危机之后，发达国家纷纷提出了"再工业化"战略，陆续兴起回归实体经济的高潮，试图实现从"产业空心化"到"再工业化"的回归。我国外部发展的环境更加趋于复杂多变。首先，全球供需结构正在发生深刻变化。许多新兴国家加入对外开放的大军之中，采用很多优惠政策去吸引投资，以促进其内部产业结构的调整升级，而有着独特资源优势的国家也正在进行产业链条的适度延伸，要求更大的利润空间，世界范围内的市场竞争将会更加激烈。世界已经进入一个大发展、大变革、大调整的关键期。其次，科学技术越发重要。新一轮科技革命和产业变革正在发生突破性变革，带动关键技术的交叉融合、整体性提升。各国都在立足本国国情积极实施科技和人才战略，力求抢占未来发展制高点。要想实现经济社会持续健康发展，实现"两个一百年"奋斗目标和中华民族伟大复兴，就必须去正视今后发展征途中存在的制约因素，这样才可以提前化解掉很多风险，消除不稳定、不确定性因素。当前我国经济发展面临的主要挑战有：资源环境的约束不断加剧、生产要素成本持续上升、就业总量大、就业结构性矛盾突出等，这些都需要我们去正确认识新时期职业教育在化解以上矛盾中的重要作用，充分认识到职业教育是转方式调结构、实施创新驱动发展战略的重要抓手，促进职业教育办学规模、层次结构、布局与经济社会发展的要求协调互动，立足于当前和今后发展实际需求，站位全局，去助推经济发展长期稳定，实现发展职业教育、培育适用人才，促进经济发展的整体性目标。

培育适用人才和经济增长之间有着密切的互动关系。首先，经济增长是人才发展的坚实基础。经济增长对人才的开发和发展具有决定性作用。一是经济状况决定了人才资源的供给和需求关系。在近代社会化大生产建立初期，经济增速缓慢，经济总量也不大，最先发展起来的是劳动密集型产业，产业的技术有机构成不高，对普通劳动力需求大而对人才需求量小。随着科学技术的进步，劳动生产率快速提高，经济增速逐渐加快，社会对普通劳动的需求不断下降，对高素质人才的需求不断提升。二是经济增长制约着人才资本结构的变动。经济增长和发展状况决定着人才的文化教育层次及部门、地区和职业的分布结构。三是经济增长带动了人才的相应迁移和社会流动，人才资源根据经济增长的需要在地区、产业和职业间进行适时适量的运动变化。其次，人才发展是经济增长的源泉。人才是决定经济增长的关键性因素。新经济增长理论认为，人力资本的差别，是导致各个国家经济增长率差异的主要原因。从生产过程角度看，人力资本在生产过程中发挥着要素和效率两方面的功能。作为要素，人力资本在生产过程中不可或缺；后者指人力资本投入质量和比例的提高，是生产效率提高的关键要素。人力资本素质的提高可以提升经济增长的速度和质量。从我国长远健康发展的角度来看，发展人才事业，提高全民族人口的素质，把沉重的人口负担转化为人力资源乃至人才资源的优势，这是实现中国梦的一条必由之路。由此可以得知，发展是第一要务，人才资源是第一资源，人力资本质量是经济发展质量的关键。

据来自人力资源和社会保障部的一项统计显示，中国 2.5 亿第二产业就业人员中，技能劳动者总量仅为 119 亿人，仅制造业高级技工一项的缺口就高达 400 余万人，这种高级技能人才的供需矛盾十分严重，已经影响到了企业的技术升级，我国很多产能过剩一定程度上是自身劳动力素质不高、科技含量不高导致的，很多产品质量难以再有提升的空间，导致同质竞争，出现部分产业产能过剩现象。而输送技能型人才中等职业教育招生数目也是令人担忧。由于职业教育的社会吸引力还不太高。近年来，经济合作与发展组织国家提出了"培训优先"的理念，美国、英国、法国、澳大利亚等国家纷纷制订职业培训计划，及时出台相关法案，旨在抓紧时间培养制造业复兴发展紧缺的高级技工。同样，在我国要想实现由工业大国向工业强国的转变，推动经济提质增效升级，也需要适应经济转型升级对劳动者素质的新要求，及时抓住职业教育和培训的关键，培养中高端技术技能人才，全面提升广大劳动者的职业素质。在通过发展职业教育提升经济发展质量方面，我国近十年来也积累了新的宝贵经验。自 2005 年以来，我国职业教育领域不断解放思想，突出中国特色，加强产教融合、校企合作，特别是在制造业、高速铁路、城市轨道交通、民航、现代物流、电子商务、旅游服务、信息服务等快速发展的行业中，新增就业人口的 70%都是来自职业院校的。可以说，职业院校毕业生已经成为产业大军的主要来源，成为我国推动实体经济健康发展的中坚力量。近年来，我国服务业快速发展，第三产业中就业人口的比重越来越多，而文化创意、体育健身、家政、养老服务等需要大量的专业技能人才，培养经济新的增长点，塑造服务业新优势，第一产业更加集约高效，实现中国经济的升级换代，实现以上目标，需要有大规模的技能人才来支撑其健康发展，全面提升人力资源的整体素质。

第五节　发展职业教育与构建学习型社会

终身教育思想在联合国教科文组织及其他有关国际机构的提倡和推广下，已在全世界广泛传播，成为许多国家制定教育方针、政策的理论依据，并把其视为提高国民素质，促进经济发展，增强国际竞争力的战略手段。我国学者认为，终身教育是人们在一生中所受到的各种培养的总和，它包括一切教育活动、一切教育机会和教育的一切方面。国际上对终身教育比较认同的理解是："它是社会所有有目的、有计划的教育与培训的总和，其中囊括了各个年龄阶段和各种方式的教育，如学校和准学校的教育（早期的学校教育、社区教育等）；在内容上，它既包括基础教育，也包括职业教育和专业性教育，以及社会、文化、生活方面的教育。"相对于传统教育来讲，终身教育在纵向和横向上都有拓展。纵向上，延长了人的受教育年限，贯穿于人一生的婴儿期、婴幼儿期、青少年期、成人期、老年期等各个阶段的教育，使人的受教育权利贯穿一生；横向看，表现为对社会各种资源的重新整合，不仅是学校教育，也表现为一些"准学校"教育模式，如社区教育、职业培训及两种以上教育形式的整合。终身教育之父保尔·朗格朗曾经指出，终身教育表明了这样的一种努力，它把不同阶段的教育与培训统筹与协调起来，个人不再处于这样一个分段状态。在职业生活、文化表现、个性发展及个人表现和满足自我的其他方面需求与教育培训之间将建立起一种永久性联系。教育越来越被视为一个各个部分相互依赖，并且只有在相互联系中才有意义的整体。终身教育为实现教育机会的平等和教育民主创设了平台，在空间上打通了学校与社会、家庭的阻隔，实现了多元的立体的整合，保障了每一个人终身学习的机会，使得实现教育民主化成为终身教育的一个基本追求。20 世纪 90 年代中期，我国参考借鉴国际社会倡导终身教育、终身学习、学习型社会等理念，通过教育立法确认了终身教育基本理念。进入 21 世纪以来，我国综合国力和国际竞争力显著增强，促进新型工业化、信息化、城镇化、农业现代化和生态文明同步发展，都对深度开发人力资源、增强劳动年龄人口乃至全民族素质提出更为多样化的要求。为了适应终身学习时代或者学习型社会的要求，需要改革传统的教育思想和观念，注重培养学生的实践能力，让其开动脑筋，使他们充分发挥自身智慧和潜力，焕发出强烈的求知欲望和创新意识，增强自信，进而培养他们的创造性思维能力和综合素质。着眼于提高学生的人文素质，培养学生获取知识的兴趣，激发学习的积极性主动性，使其思想处于主动、活泼、思维富有创造性的状态；从未来职业岗位需要出发，使其具备较强的学习能力，通过网络、新媒体等最新手段，培养自主教育能力、自主学习能力和自主管理能力，以便在职业岗位多变的社会环境中做到终身学习，不断调整自己，适应不断发展的社会。

第四章

职业教育与经济发展理论研究

第一节 职业教育改革与市场机制

一、职业教育是现代化生产的组成部分

职业教育是生产社会化、商品化、现代化的重要支柱。职业教育伴随着人类的产生而产生，与社会进步、经济发展休戚相关。

古代职业教育发展相当缓慢，规模不大，专业化程度不高，这是由当时的社会经济发展状态决定的。古代的生产力是以农牧业为主，因此职业化程度相对较低。尽管有官吏、教师、手工业者、商贩等，但人们进入这些职业的社会需要很少，个人能争取到这样的机会也是很有限的，这些职业多为世袭或半世袭。此外，由于古代社会职业流动十分有限，也就没有必要建立开放的、社会化的职业教育体系，只要在各职业圈内对少数人进行职业教育就能满足社会的需要。这种职业教育主要有两种形式：一种是直接满足官场需要的官学；另一种是零星地散布于民间的学徒制。

到了近代社会，随着经济社会的发展，工商业逐渐繁荣，从业人员才逐渐增加。在工业革命后，机械化的大工业生产取代了以前的手工业作坊，旧的学徒制已经不能满足规模化的集体生产的需要，同时，随着机械化程度的进一步提高，对从业人员素质的要求也日益提高。在这种社会背景下，职业教育受到了空前的重视，获得了快速的发展，职业教育体系也得到了进一步的完善。

社会发展到了当代，职业教育体系进一步完善，职业教育在整个教育体系中发挥着越来越重要的作用。它造就了大批经济发展工艺型、应用型的专门人才和成千上万素质高、技术强的劳动技术大军，为当代社会的发展做出了巨大贡献。职业教育与生产力、产业结构和经济发展有直接密切的关系，有很强的直接参与经济活动的主动性、能动性。劳动力是生产活动要素中最具有活力和能动性的因素，而职业教育的规模和结构对劳动力数量、质量、形态等方面都具有决定性的作用，从而对经济发展的速度和经济结构的优化升级起着重要的推动作用。

从以上分析不难看出，职业教育与社会经济相互依赖、相互制约，职业教育与经济协调发展是职业教育发展进入良性循环的必要条件。

二、职业教育的产业属性

从教育经济学的角度看，教育是一种生产和再生产劳动力的活动。

教育经济学指的教育是包括了各级各类教育的大教育。它与大生产、大经济、大科技相联系，是一个多样、开放、综合的大系统。相对于其他类型的教育而言，职业教育与社会经济联系更直接、更紧密，故其本身所具有的产业属性也更加明显。

（一）职业教育是直接进行劳动力生产和再生产的产业

职业教育培养目标的性质决定了它会成为社会经济活动中的一个重要环节。职业教育必须积极主动地适应社会经济对其提出的要求，它的培养目标、专业设置、修业年限、教育教学形式等方面都必须根据经济活动的要求灵活地进行调整。相对于其他类型的教育而言，职业教育是最为直接的劳动力生产和再生产的活动，是直接进行劳动力生产和再生产的产业。

（二）职业教育是促进科学技术等潜在生产力转化为现实生产力的桥梁

职业教育除了培养少量的技术员、技师、工程师外，主要是培养大量的直接从事第一线生产的熟练劳动力。因此，在教学过程中，职业教育十分重视学生的实际操作技能的训练，这种实践性教学在整个教学过程中占有相当大的比重。

传统观念认为，生产力只有三大要素，即劳动者、劳动资料和劳动对象。但是，在现代生产条件下，生产力的组成要素在不断扩大，它还包括科学技术、生产管理和信息。马克思曾明确指出，生产力中也包括科学，生产力的发展也来源于智力劳动，特别是自然科学的发展。

一项新的科学技术从其发明到应用于实践有一个周期。职业教育重视生产环节，重视实验实习的操作，其教育教学过程的实践性，有利于科学技术从理论走向应用。从一定程度上来说，职业教育是科技等潜在生产力转化为现实生产力的桥梁，它能大大缩短这个周期，从而使科技为社会带来更多的财富，推动社会经济的发展。因此，从这个意义上说，职业教育是一种无形的高效益的产业。

（三）职业教育是具有重大社会价值的服务性产业

从层次上看，我国的职业技术学校分为初等、中等、高等，可以满足不同文化层次的人对职业教育的需求，从而大大拓宽了接受职业教育对象的范围。从功能上看，我国的职业教育包括就业准备、在职提高、转换职业三种不同类型的职业教育。从办学形式上看，既有正规的学历教育，如中等专业学校、技工学校、职业高中等；也有非正规的非学历教育，如上岗培训、短期培训、转岗培训等。这种多层次、多规格、多形式的职业教育，增强了职业教育对社会的服务功能，其产业属性也得到了进一步的体现。

三、职业教育产业化的内、外部条件

（一）职业教育的内部条件

让职业学校具有独立自主的办学权，成为一个有法人地位的办学实体，是职业教育产业化最基本的内部条件。

《中华人民共和国职业教育法》规定，职业技术学校享有生产经营权，有权自己确定人才培养发展模式，制订人才发展规划和招生计划，调整专业结构和课程结构，以适应市场经济发展的需求。职业技术学校享有产业劳务定价权，能自主确定工资、学费和本校提供的社会服务及其他物质产品价格的权利，享有人事聘任和解聘权，从制度上保证了整个学校的教育和管理水平。职业技术学校享有联营兼并权，可以根据有关法规和自愿原则重新优化组合，形成具有规模效益和集团优势的"联合舰队"，对实现人才存量、物质资源调整、专业结构优化、加快市场急需人才培养等方面都具有极其重要的意义。这些权力的获得使职业教育从内部强化了市场机制，为职业教育产业化创造了良好条件。

（二）职业教育的外部条件

建立职业教育产业化运作的良好环境，是职业教育实现产业化的外部条件。

在计划经济体制下，政府对职业教育进行直接干预，职业技术学校的运作完全根据政府的指令进行，学校缺乏办学自主权，职业教育不可能走产业化道路。因此，必须转变政府职能，改过去对职业教育的直接干预为宏观调控，真正把学校作为商品生产者、经营者；把人财物、产供销等方面的权力让渡给学校，让学校积极参与市场，让职业教育真正成为自我净化、自我完善、自我革新、自我提高的办学实体和经营实体；同时，培养和发展市场体系（劳动市场、资金市场、人才市场），建立法律保障体系。这些都为职业教育走产业化道路提供了外部条件。

四、职业教育发展中市场机制的引入

市场机制是市场经济的内在调节机制，包括供求机制、价格机制、竞争与风险机制、主体利益导向机制等。所有的机制相互联系，共同促进市场经济的协调发展。在各种机制中，价格机制处于核心地位，它是供求涨落的指示器、资源流动的调节器、经济利益实现的衡量器。市场经济就是以价格机制为轴心，在供求机制、竞争机制、风险机制、主体利益导向机制的共同作用下，不断推动社会经济向前发展的过程。

在面向市场经济进行劳动力生产再生产的过程中，职业教育作为生产劳动力的产业，为了主动适应市场经济的需要，就必须大胆引进市场机制，依靠市场这只"看不见的手"来激发内部的活力。

（一）职业教育运作中的供求机制

在劳动力市场上，供需双方交换的商品是"提高了的劳动能力"。"劳动能力"的供方是学校，需方是用人单位。用人单位根据自己的人才存量和生产条件确定劳动力需求的规模和结构。作为人才供方的学校应根据自己"生产商品"的销路和需求情况及时调整生产决策。

市场供求是动态的，学校应通过市场调查和市场预测对毕业生进行跟踪调查，关注劳动力市场近期、中期、长期需求预测，稳妥、慎重地制定本校的专业方向和各类培训计划。职业教育办学如果不遵循供求机制，势必会使办学陷入困境。

（二）职业教育运行中的价格机制

价格是供求变动的指示器，是资源流动的调节器。当某产品所用个别劳动时间低于社会必要劳动时间时，它按市场价格出售便赢利，反之则亏损；亦即成本低于市场价格则赚钱，成本高于市场价格则蚀本；商品供给短缺，价格即上涨，供给过剩即下跌。价格涨跌反映的是商品的供求状况，生产者也以价格信号来确定生产资源的投向。

职业教育在劳动力生产过程中进行成本核算，若想力求降低成本，以较小的投入获得最大的产出，就必须强化成本意识，杜绝各种资源的闲置性浪费，加大管理力度，建立完善的核算制度。

职业教育必须密切关注人才市场价格变动情况，人才需求呈下降趋势时应停止或减少人才培养数量，人才需求呈上升趋势时应扩大人才培养数量，力求把人、财、物投入在市场急需的稀缺人才的培养上。此外，职业教育引入价格机制还要打破传统的行政工资模式，按教育能力和绩效付酬。根据市场等价交换的原则，培养学生的价格体现为交纳的学费和用人单位所付的有偿培养费用的总和。

（三）职业教育运行中的市场主体利益导向机制

经济效益和社会效益是职业技术学校从事经营活动的主要推动力。作为办学实体和经营主体，学校要提高知名度，以便在生源质量、贷款、捐赠、学费、聘请良师等方面居于优势；学校应改善办学条件，把高质量的毕业生和孕育科技含量的产品（产品和服务）输入劳动力市场和产品市场，以获得最大经济效益和社会效益，从而促进学校自身的良性运转。

（四）职业教育运行中的竞争机制与风险机制

竞争是市场经济的内在属性和固有机制。通过优胜劣汰、奖优罚劣，可对市场经济主体造成强大压力，也可使市场经济主体产生动力。职业技术学校在教师聘用上可引入竞争机制，采取竞争上岗、择优录用的措施。竞争必然伴有风险，竞争主体是责权利的结合，他必须对自己的行为负责，承担决策失误、经营不善、亏损破产的责任。因此，学校必须是自我负责、自我约束的实体，而不是"等靠要"的机构。学校在引入市场机制时要重视政府的宏观调控、政策导向、信息导向、法治保障，这些都是不可忽视的。市场变幻多端，供求涨落，价格变动，随时牵动着运行主体的动向，也是调节生产布局和产品结构的基本依据。但教育产业产品的生产具有长期性、周期性和效益的长效性、迟效性等特点，这往往使专业调整落后于市场变化，再加之信息不完全、不及时、不确定等因素，更加大了生产的风险性，如果盲目引进市场机制，缺乏准确的科学预测，常会处于难堪的境地。因此，必须遵循稳定性与灵活性相结合的原则，保持本校专业特色，拓宽专业服务面，建立短统结合、灵活多样的学制，增强专业的市场适应性。职业教育是特殊的产业，它的主要功能是育人，因此不能片面地追求经济利益，把学校办成工厂、公司，必须坚持以社会效益为主，兼顾经济效益的原则，把学校办成教育、服务、生产示范和科学推广相结合的多功能现代教育机构。

第二节　职业教育与劳动力市场

一、职业教育与劳动力市场的关系

劳动力市场是职业教育与市场经济的连接点和突破口。市场经济在发展过程中会发出各类劳动力需求信息，劳动力市场会将劳动力供求方面的信息全面、准确地采集、储存，并及时、高效地传递给供求双方，使供求双方联系在一起，以促进劳动力供求总量的结构性平衡。除此之外，劳动力市场还通过市场手段的优化组合，使劳动力得到优化配置，克服了供求双方信息采集不全、传递耗损大、传递不及时的弊端，因此受到劳动力供求双方的欢迎。

职业技术学校作为劳动力的生产与供给方，在先培训后就业、先培训后上岗、双证（毕业证、职业资格证）就业等一系列政策的促进下得到了快速发展。特别是产业结构的调整和升级换代，导致出现了大量新上岗人员、转岗人员、下岗再就业人员，这一巨大群体都对职业教育存在着强烈的需求，都为职业教育的大发展创造了客观条件。

随着劳动人事制度和工资制度的改革，劳动者就业、在单位的晋升和工资待遇等都必须与他自身的职业能力及由此产生的工作绩效挂钩，可见职业教育已成为就业、转业和晋升晋级的重要前提，所有这些都需要"人才市场"这一中介来实现。

人才市场各类人才信息的供求涨落和价格变动，必然成为每所职业学校关注的焦点，并以此来引导培训计划、内容、方式等做出相应的调整。同时劳动力市场竞争态势又将波及学校在生源市场、师资市场、资金市场及其他市场上的竞争，从而决定每一所学校的生存和发展。

由此可见，职业教育与劳动力市场关系密切，劳动力市场是学校与市场经济的连接点，是实现职业教育优化发展的突破口。

但也应该看到，劳动力市场总是处于不断变化之中的，它对劳动力规格、水平、素质等都有各种各样的要求。为适应这一要求，职业教育必须不断调整自己，包括内部调整和外部关系的调整，从而逐步建立一个从初级到高级，行业配套，结构合理，职前、职后一体化，同时又能与其他各类教育相互沟通的职业教育体系。建立这种体系的最终目标是与动态的劳动力市场紧密配合，协调发展，从而实现人与物的最佳配置，发挥最大的组合效益。

二、构建现代职业教育体系必须增强适应性

（一）与产业结构和技术结构的变化相适应

产业结构和技术结构的变化将引起劳动者职业技术结构的变化，进而影响职业技术学校的布局、专业设置、层次结构、数量质量结构的确立。由于教育的迟效性和产业结构变化、技术结构变化的加速性，在构建职业教育体系时，要求必须有计划性、预见性，既要看到产业结构和技术结构的现状，又要看到变化趋势，从而主动、自觉地适应结构调整带来的影响。

在农村，由于农业产业化进程的加快，以及实施剩余劳动力"离土不离乡""进厂不进城"的就业政策，特别是户籍制的改革、城乡二元结构的淡化、农村产业结构的变化等，对大力发展农村初等、中等职业教育与培训的需求

非常迫切。这就要求职业教育必须适应当地建设，调整专业结构，培养适合农村经济发展需要的职业技术人才。

（二）人才结构是构建职业教育体系的依据

技术结构变化要求人才结构与之相适应，因此，人才结构也就成了构建职业教育体系的依据。人才结构包括类型和层次结构：类型结构与产业类型结构相对应；层次结构一般指高、中、低级人才的比例，一般是 1:3:10 或 1:4:12。目前，我国的人才类型结构上还不尽合理，有待进一步改革，而层次结构上的欠合理也必须进行调整。

（三）职业教育有必要与普通教育相互衔接

职业教育要与基础教育、普通高等教育相衔接、相沟通，注意社会发展要求，加大高等职业教育的发展力度。要让职前教育与职后教育、学历教育与非学历教育相结合，以满足新增劳动力就业准备和就业者再教育的需要，为劳动力晋升、就业、转业创造条件。不论是企业办学校，还是校办企业，都必须明确职业技术学校的法人地位，职业技术学校是办学实体和经营实体的统一，在内部组织结构和功能运作上要逐步实行产业化管理，努力提高办学的社会效益和经济效益。

（四）职业教育发展必须走横向经济联合之路

随着经济一体化、市场一体化进程的加快，地区间、产业间出现横向经济联合的趋势，区域市场与国内统一大市场逐步形成。我国加入 WTO 后，又逐步形成了国际统一的大市场。职业教育将随着这一趋势走联合办学、联合经营的道路。通过建立学校间自愿互助联合，利用各校资源要素存量优化组合，建立起集团化和产业化的职业教育运行机制，以此来获取规模效益，并实现发展目标。职业教育通常以一个或几个骨干职业技术学校为主体组建技术教育集团，以稳定的组织规范为后盾，将不同地区、不同性质、不同水平，但有着内在联系的职业技术学校、企业和研究机构合为一体，扬长避短，互补互利，实现资金、技术、设备、师资等要素的最佳组合，不断扩展和加宽活动新领域，增强市场竞争实力，逐步实现集团的有序运作。

产业化和集团化的职业教育运行目标，从宏观上看，必须遵循劳动力市场对各类人才供求变化的规律，实现社会人才总供给与总需求的平衡。从微观上看，是通过集团内人财物资源合理配置，充分发挥各要素的生产潜力和组合效益，以最大投入获取最大产出，最终实现集团的整体利益，达到共同发展的目的。

第三节 职业教育与区域经济发展

一、办学定位与经济发展需求相对接

职业教育的根本目标是为经济社会发展培养技术技能型人才。服务区域经济发展是职业教育最基本的职责和功能。职业教育的办学定位必须与区域经济发展的需求目标相对接，立足现状，面向未来，科学合理地坚持办学定位，调整办学方向和目标，促进区域经济健康协调发展。

（一）服务区域经济是职业教育办学的前提条件

职业教育作为一种教育的类型，它的兴起与发展从来都不是孤立存在的，其发展也体现着不同的区域特点，是以区域经济发展需要为价值取向，与区域经济发展相互依赖，互为条件，相互推动。职业教育体系是区域经济发展的产物，服务区域经济是职业教育办学的前提条件。首先，职业教育的根本宗旨就是"以服务发展为宗旨，以就业为导向"。职业教育适应技术进步和生产方式变革及社会公共服务的需要，是推动经济发展、促进就业、改善民生、解决"三农"问题、缓解劳动力供求结构矛盾的重要途径。其次，服务区域经济发展是职业教育生存与发展的根本。目前，绝大部分职业院校的举办者都是政府或者政府所属的行业组织、企业，这就决定了职业教育的基本功能定位必须是面向社会，服务经济，满足区域经济社会发展的需要，只有这样，整个社会才会为职业教育的发展注入活力。最后，职业教育的办学定位、办学思想、办学理念、办学体制、办学模式等都要以区域经济发展对人才、技术和服务需要为前提。这样才能更充分地发挥职业教育在推进区域经济建设，加快区域经济在转方式、调结构、促升级中的重要作用，实现职业教育的功能定位。

（二）区域人才培养是职业教育办学的核心责任

职业教育是面向就业、面向青年、面向整个社会的教育，肩负着培养技能型人才的重大责任。要突出职业教育区域人才培养的核心责任：其一，职业教育要转变发展方式，强化职业院校基础能力和内涵建设，调整学校布局，优化专业结构，实现人才培养与区域经济建设需求的零距离衔接；其二，职业教育要深化教育教学改革，推动专业设置与产业需求对接、课程内容与职业标准对接、教学过程与生产过程对接、毕业证书与职业资格证书对接、职业教育与终身学习对接，提升职业教育整体实力和办学吸引力，促进职业教育的科学健康发展。

（三）区域经济发展是职业教育办学的目标归宿

建设职业教育中一个最重要的任务就是构建职业教育体系；构建职业教育体系的最终目标归宿，是实现职业教育服务区域经济社会发展，转变经济发展、调整产业结构、促进改革、保障就业和服务民生的需要，这对于区域内工业化、信息化、城镇化、农业现代化的实现具有重要作用。

二、专业设置与产业结构发展相衔接

（一）职业教育专业设置要以优化区域产业布局为根本

职业教育的专业设置是一项系统工程，关系到职业院校办学的宗旨和方向，反映的是与区域经济产业布局相匹配的程度。产业结构是地方经济发展的动脉，大力发展职业教育必须要跟随区域经济发展和结构调整的需要，根据实际需求合理配置资源，突出特色优势，创新改革发展，建立职业教育专业设置与区域产业布局相匹配的格局，不断提高和加强职业教育专业设置，优化区域产业布局。

（二）现代职业教育专业结构调整要以区域产业结构升级为目标

按照马克思唯物辩证论的观点，世界上任何事物都是不断变化发展的，职业教育也是如此。随着区域经济的快速发展和产业结构的不断升级优化，职业教育专业结构与产业结构发展不相适应的现象逐渐凸显。这就要求职业教育的专业结构调整要有不断提升服务产业结构升级的能力，根据区域优先和重点发展产业的战略部署，调整和适应新兴产业、现代能源产业、海洋产业、综合交通运输体系、生态环境保护等相关专业结构体系，保障职业教育专业结构调整要以区域产业结构升级为目标。

（三）职业教育专业建设要以区域技术技能型人才需求为导向

随着现代生产方式和产业技术的不断变革和进步，要求重点培养掌握新技术，具备高素质的技术技能型人才。区域经济建设要想提高市场竞争力，职业教育就必须适应区域经济发展的要求，加快完善人才支撑体系。第一，职业教育要统筹培养不同层次、不同类型的技术技能型人才，满足生产、建设、服务一线对人才的需求；第二，职业教育要不断深化自身专业内涵建设，加强设置专业、专业体系、专业内容与职业岗位要求的零衔接；第三，职业教育要不断提高技术技能型人才的培养质量和水平，重视培养人才的职业知识、职业技能、职业情感、职业态度、职业价值观等全方位发展。

三、课程内容与职业岗位情境相连接

（一）确定目标，产学研合作

职业教育要实现为区域经济服务的目标，使培养的人才、开发的技术等与区域经济发展需要无缝连接，必须要科学合理地制定课程目标，走产学研合作的路径。课程目标是课程设置、课程设计、课程开发和课程编制的第一步，其能否确定，直接关系到课程的成败。产学研合作是课程目标实现的载体和途径，课程目标的选定是产学研合作的前提，继而通过以区域经济产业、行业、企业等对人才和技术的需求为目标导向，选择和编制课程的内容。其中，课程目标要体现学生成长的需要、学科与职业的发展及经济社会的进步。

（二）校企合作，双主体育人

校企合作，双主体育人是职业教育人才培养模式改革和创新的重点，体现了区域经济对技术技能型人才的内在要求，是职业教育提升人才培养质量和水平的有效途径。具体做法是：学校和企业作为人才培养的两个主体，应注重学校和企业之间的双赢状态；在实施具体的课程和教学时，企业应参与学校对学生的培养任务，相互合作开发课程，共同制定人才培养方案、教学计划、课程设置、教学实施、组织考核评价等，实现校企主体化育人机制。

（三）课程衔接，情境化教学

职业教育的课程内容要体现与职业岗位之间的连接，适应经济发展、产业升级和技术进步的需要，体现具体的职业岗位工作情境；课程内容的设计，要考虑到实际工作的方式、内容、对象、方法、工具等；按照资讯、计划、决策、实施、检查、评估为流程设计教学，培养学生快速适应和胜任职业岗位需求的素质和能力。其中情境化教学，要求以实际工作过程所需要的工作目标、工作知识、工作能力、工作经验等为基准，构建适合职业教育学生知识、技能掌握的学习环境。

（四）综合评价，多元化考核

职业教育人才培养不仅要把技术技能作为培养的主要内容，还要将职业道德、人文素养教育贯穿培养全过程。这就要求在评价人才时，要把职业道德、技术技能水平、劳动价值和创造能力作为评价培养质量的核心指标。职业教育人才培养应建立以为区域经济发展培养高素质、高质量技术技能型人才为主的考核体系，并注重发挥行业、用人单位作用，形成社会各界共同参与的质量评价机制。

四、社区教育与终身职业培训相承接

（一）面向农村，承接农村劳动力转移培训

当前，随着城镇化进程的加快，区域经济产业结构调整和升级对人力资源的需求在逐步提升，农村转移就业人口的职业教育与培训问题日渐突出。一大批劳动者由农村走向城市，其中绝大部分的劳动者属于无技能从业的范畴。职业教育可通过整合社会各类培训资源，形成系统的、专门的培训机构，针对农村剩余劳动力开展专门的技术技能培训，使这些劳动者了解当前区域经济发展的现状和方向，解答劳动者面临的各种困惑和迷茫，提高劳动者的技术技能水平，使他们适应当前城镇化、市场化和现代化进程。

（二）面向城镇，承接再就业人员培训需求

随着区域经济体制改革力度的加大，区域产业结构不断调整和升级，对人才和技术的要求也在不断提高，对再就业人员进行培训是当务之急。职业教育可以从社区教育建设入手，对再就业人员开发相关课程，创新培训模式，

推动再就业人员的技术技能培养。同时，还可以针对未升学的初、高中毕业生、残疾人等，根据不同的年龄结构、文化程度、培训需求等特点，开展不同类型、不同形式的就业培训，满足各类人群学习的需求。比如，南宁职业技术学院为培养和培训残疾人就业，专门成立了广西残疾人高等教育学院，该校紧密依托地方政府、行业企业，实施校政企互融的一体化办学模式，搭建校政企合作平台，整合行业企业资源，并根据残疾人的不同特点，帮助残疾学生实现了就业和创业的梦想。

（三）面向未来，承接终身职业培训体系

职业教育发展的一个显著特点是要构建终身职业培训体系。面对当前区域经济发展对于稳增长、促转型、保就业、惠民生的要求，加快构建劳动者终身职业培训体系，不断创新技术技能型人才培养方式，建立健全技术技能型人才成长机制，承接劳动者终身职业培训体系，是职业教育面向未来发展的一个重要趋势。

第五章

职业教育的信息化发展

第一节 信息化是职业教育发展的必然趋势

人类社会步入 21 世纪后，以计算机、多媒体、通信网络等技术为标志的信息技术在世界范围内迅猛发展，特别是互联网技术的广泛应用，正在有力地推动着全球经济社会的深层变革，改变着人们的生存、生活、学习和发展方式。经济社会的信息化对人才培养提出了新的挑战，又为实现教育的跨越式发展提供了前所未有的崭新空间，教育信息化正在成为当今世界各个国家和地区经济社会信息化的最重要领域之一。

一、教育信息化与学习方式概述

（一）教育信息化的特征表现

（1）民主化。现代教育遵循的是全民教育的方针，受教育者更加广泛且平等。全民教育主要体现在两个方面：一是民主化，对于全民而言，教育机会都是均等的；二是普及化，教育的普及程度决定了民主化是否能够顺利实现，义务教育制度的普及能够促进教育民主化的发展。

（2）终身化。终身化的教育需要从制度和理念两方面把握，制度和思想的确立能够促进教育终身化向前推进。教育的终身化以终身教育的形式首次提出，随着人们对教育和学习认知的加强，逐步转化为终身学习的概念。这与教育为人们提供的客观条件分不开，教育技术的发展使人们能够更加便利地进行学习，这是终身学习得以实现的有利条件。终身学习逐渐成为现代社会普遍认可的教育观，其本质就是教育观念的扩展。

（3）多样化。学习机会的多样化与教育现代化分不开，现代教育技术的发展，包括多媒体、网络等的加入，使得学习方式向着多元化的方向发展，能够满足不同人群的需求，人们对教育也有了更多的选择。

（4）个性化。个性化教育成为目前教育改革的主流，是以学生为教育主体，合理化学生在教育中的角色，对学生的潜能进行挖掘，促进其发挥主观能动性，对创造性人才的需求是个性化教育的重要推动力。

（5）国际化。全球化大趋势下，国际交流与合作成为全球共识，对国际化人才的需求也逐渐增长。因此，培养国际化人才是未来教育的发展方向，与传统的封闭培养教育模式相比，信息时代对于人才的培养更为多元、开放。教育要与时俱进，全球化对教育产生的影响不可估量，在国际交流日趋加强的情况下，教育也在文化、社会、科技等方面参与世界交流，并不断进步。教育国际化的推进离不开现代教育技术的支持，教育技术的不断发展使得跨国教育交流、在线沟通联动等更为便利，教育模式也随之发生改变。教育国际化是全球化进程中的必然趋势。

（二）教育信息化学习方式的特性

随着网络信息技术在人类社会的普及，人们的学习观念发生巨大变化。现代学习方式主要以自主、合作、探究为主要特征，并逐步成为学习方式的主流；以学习方式多元性、多层次结构开放系统，培养人的主体性和创新性，推动人的终身学习、可持续发展。通常情况下，现代教育信息化学习方式主要包括以下六种特性。

1. 主动性

现代教育信息化学习方式主要培养人的自觉主动性，不同于传统学习方式中知识的被动接受，现代教育信息式学习在学习过程中激起学生的学习兴趣，让学生承担学习责任。学生的学习兴趣主要分为直接兴趣、间接兴趣。直接兴趣针对学生的学习过程，能够直接提高学生学习效率，而间接兴趣针对学生的学习结果。学习兴趣是推动学生求知的内在力量，促使学生专心持续地钻研某种学习活动，学生也能够从中获得心理上的愉悦、享受，提高学习质量。学生的学习责任是学习过程的重要品质。若学生能够将自己的学习、生活、成长联系起来考虑问题，拥有强烈的学习责任，便能够真正贯彻主动学习理念，使学生在学习活动中主动承担起自身应该担负的责任，实现有意义的学习。

2. 独立性

与传统学习方式中产生的依赖特点不同，现代教育信息化学习方式具有独立性。拥有学习独立性能够帮助学生增强判断能力和责任心，提高独立学习能力。每个学生都有独立的思想，现代教育信息化学习方式促使他们在学习过程中希望自己可以体现出独立学习的能力，满足独立性的学习要求。若在教学过程中只关注学生的知识接受程度，忽视甚至否认学生的独立学习能力，只会导致学生不善思考，丧失独立性。

在教学活动中，教师需要对学生的独立性给予充分关注，通过各种学习场景、教学方式的运用，鼓励学生独立思考、学习，充分发挥自身独立性，提高学生独立学习的能力。学习过程是动态发展的过程，教师应该与时俱进，注重培养学生独立思考、独立学习的习惯，逐步实现从教到学、从学习的依赖性到学习的独立性转变。在实际教学过程中，教师发挥的作用应呈现越来越小的趋势，从传统的传道授业解惑逐步转化为培养学生的综合素质能力，使学生在学习过程中实现完全独立。

3. 独特性

每个学生都是独一无二的，由于自身内在性格特征的不同和外部环境的影响，他们拥有不同的内在感受、精神世界、内心世界，并且拥有独特的思维方式、观察角度，促使他们在学习行为上有自己的个性，形成独特的学习方式。

每个学生都有独特的性格特点、个性化的学习方式、特有的行为习惯。在教学过程中，教师应为学生提供个性化的学习场景、发展空间，维护每个学生的独特性。学生的学习独特性主要表现在学习的认知基础、情感准备、学习能力差异方面，面对相同的学习内容，不同的学生存在个体差异，具有不同的接受程度，从而在学习过程中导致所用的学习时间、拥有的学习效率、需要的教学帮助产生差异化。现代教育信息化学习方式尊重每一个学生的独特性，并将其作为教育教学资源开发的基础，发挥学生的主观能动性。

4. 问题性

有了问题，才有学习的动力。在开展科学研究、学习讨论时，问题推动研究学习成果的产生，学生在不断学习知识、不断发现问题中逐步提高自己。逻辑是思维的规律，拥有逻辑思维能够深入了解事物的本质规律，增强分析问题能力。逻辑思维的形成依靠问题的不断提出、解答，形成固有的意识思想，积累丰富的知识内容，促进新思想、新知识、新方法的产生。因此，在现代教学过程中，应该对学生问题意识的培养更加关注。

就现代教学论层面而言，学习活动的产生主要是问题的出现，问题推动学生激发自己的积极性和求知欲，使他们自觉进一步思考已学知识，在知识理解的前提下探索新问题，寻找新发现。

现代教育信息化学习方式重视问题意识在学习活动、个人成长发展中的重要作用，关注学生问题意识的形成、发展，实现学习、问题两者相互联系、相互促进，在学习过程中发现问题，在问题中实现学习过程，在学习中提出问题、解决问题，在问题中促进学习、贯穿学习。

学生树立问题意识，能够实事求是处理学习过程中出现的问题，提高学生感知能力、思维能力，促使学生形成积极钻研、勇于探索、追求真理的学习态度，激发学生学习热情，提高思维灵活性，形成创新、创造性思维模式，以及辩证思维、求异思维，提高学生综合分析解决问题的能力，促进学生健康成长发展。

5. 合作性

合作能够发挥自身特殊优势，是一切事业成功的基础。教师在学习活动中应该注重培养学生团队合作意识，在完成学习任务的同时，将学生培养成为合格的社会主义建设者和接班人。具备合作精神不仅能够在学习、生活中协同解决遇到的困难，而且通过学生之间的合作学习，使学生深刻体会到人与人相处应秉持的原则，通过团队之间的合理分工，完成共同的学习目标，充分发挥合作的最大学习效率，并且在相互合作中增进同学彼此间的感情。

6. 体验性

体验指亲身经历、实践获得经验体会，经过亲身体会接触的东西，能够更加真实地在大脑中留下深刻记忆。对学生而言，拥有对字面知识的亲身体会，便能够通过自己的生理、人格、情感对知识有更深的理解，而不是单纯的带有理性、表面色彩的认知，从而使学生在学习知识的同时，得到全身心的发展。对于现代学习方式而言，体验性是最明显的特点。

（1）现代教育信息化学习方式的体验性重视身体性活动的直接接触。学习过程不仅是在脑中形成单纯的文字映像，也并非只是用脑思考，而是涉及听、说、读、写等过程，经过亲身体会，亲身感悟，在体验中逐步学到知识、理解知识、拓展知识，使学生发挥主动精神，激发学习兴趣，在亲身体验的同时反思知识，获得知识、情感双方面的提高，促进学生健康成长。当然，教师在此过程中应调动更多的学生进行体验学习，重视实践、探究、操作的重要作用。

（2）现代教育信息化学习方式的体验性强调直接经验。认识来源于实践，只有亲身实践，才能从直接经验中获得真知。在教学层面，教师应该引导学生从课本中进行自我理解、解读，获得直接经验，并且尊重每一个学生的独特性，有效的学习方式都是具有个性的，对于知识理解产生的自身感受也是不同的。在课程层面，教师应灵活地将学生的生活世界、基础知识、直接经验整理成为学习课程资源。在学习层面，应该重视学生直接经验的获取，将源于他人的间接经验进行有机整合，实现向直接经验的转化，提高学生综合素质，充分体现出教书育人的理念意义和促进个人成长的价值。

就以上阐述的现代学习方式而言，它们彼此之间相互包含、相互联系，综合组成有机整体。因此，在选择学生合适的学习方式时，应全面把握现代学习方式的特性。

（三）教育信息化学习方式的转变

1. 从图书馆查阅转向互联网搜索

随着互联网技术的快速发展，网络时代已经进入人们实际生活，信息的传递、交流的方式、资源的获取，通过网络技术变得方便、快捷，对人们的学习、生活方式产生巨大影响。通常而言，大学生阅读的专业资料、学习的课程资源、制作的作业素材、采用的参考文献，绝大部分源于网络数据库、官方网站等，而不是在图书馆实地查阅资料，此种变化对大学生主要产生以下影响。

（1）计算机拷贝文字影响大学生的创新创造能力。利用网络信息技术不仅可以获取丰富的信息资源，还可以实现对所需要文字的快速选取、复制，而不需要重新在键盘上打出来，为大学生课程作业的完成、相应作品的制作、考试论文的完成提供方便的处理方式。通过文字拷贝完成作业，当教师查阅、批改时，很容易发现拷贝文字后的痕迹，如字体混乱、灰色背景等现象。

网络平台上推出的各种查重检测系统，是为了处理论文、文章中出现过多抄袭、高重复率的现象，减小对学术界的负面影响。大学生期末成绩中通过添加平时成绩，可以修正期末考试带来的不足。平时成绩一般包含小论文、平时作业等，学生可以拷贝、组合网络上寻找的相应文字、段落，应对教师布置的作业。这种学习态度会导致学生在不断复制、粘贴中丧失自己的独立性和创新性，不能在学习过程中提出问题，不能深入理解所学知识。相反，对于大学生这一青年人群而言，他们的求异精神、创新能力不可估量。近几年的"淘宝体"等网络流行语言，皆是青年人群的创新杰作，但这些流行语很快便销声匿迹。究其原因，主要是创新的根基不够稳固，虽然这些流行语言形式新奇，很容易在网络中形成跟风趋势，但这些语言缺乏深厚的文化底蕴，不能充分体现知识内涵。另外，从网络平台上直接拷贝、重新组合吸引到更多的跟风者创作，此种方式与大学生的拷贝文字完成作业做法相同。大学生容易在网络浮躁之风中跟风，思维同化，对创新意识、创新能力产生不良影响。

（2）网络读图时代的到来，对学生理解文字、使用文字产生影响。随着科学技术的快速发展、社会的不断进步，用户不仅可以阅读相关文字资讯，还能够从高清图片或视频中快速掌握相关信息，在互联网平台推出图片阅读功能，能够快速吸引到大量读者点击阅读，这些由视觉带来的冲击能够快速在大脑中形成相应场景，增加深入体验，此种行为更进一步推动读图时代的到来，使互联网呈现流行化、娱乐化、普及化、大众化的特点。

学生在此种环境氛围中逐渐被同化，越来越依赖简洁、直观的图像认知，而渐渐忽视深刻、经典的文字形式，这种趋向不仅导致越来越多的学生提笔忘字，可能连日常运用的文字都不能辨识。另外，网络上普遍使用的拼音输入法必然会导致人们对于文字的使用变得生疏。当然，此种现象是可以被改变的。由中央电视台组织的文字听写栏目《汉字英雄》，便是相关传媒、学者反思这种现象所举办的活动，该栏目引起社会对文字使用的思考和重视。

当然，读图时代的到来并不是一件坏事，这种流行快餐文化对快节奏生活的大众群体适用，能够快速获取信息、知识。然而，在现代快节奏生活中，仍需要重视文字使用的重要作用，注重阅读经典、原著，提高阅读能力和对经典的深入理解。

（3）网络普及带来的浅快阅读对大学生的逻辑思维能力产生了深远影响。快节奏发展的生活让大多数人的阅读方式、阅读习惯发生变化，人们步入浅阅读时代，通过标题式、跳跃式、搜索式阅读达到阅读目的，此种方式少了阅读的味道，影响人们的思考能力。大学生的阅读普遍目的是拓宽知识面、完成自己的学业，且通常是快、浅的阅读形式。此种视觉性、网络化、娱乐式的阅读对大学生逻辑思维和批判思维的形成、发展产生负面影响。

阅读能够拓展知识面，鼓励大学生建构自己的精神世界。大学生的健康发展需要树立正确的读书态度，重视经典、文本、原著的阅读，减少对网络信息知识的依赖，促进大学生向研究型、知识型方向发展。

2. 从现实的讨论转向虚拟的交流

计算机网络间的彼此沟通是虚拟的、平等的、间接的、自主的，学生通常借助网络交际平台开展交往互动，并逐渐延伸到学习方式的改变。利用互联网技术不仅可以实现学习资源材料的广泛获取，而且超越时间、空间限制。在各种网络平台上可以进行知识沟通、问题交流、信息传递，并完成某些课题的讨论分析，此种方式不仅能够使两方甚至多方之间开展方便、快捷的交流，甚至还能够提升学习、研究、分析问题的效率。另外，网络信息技术的普及，使更加丰富的课程信息被引入互联网平台，实现资源共享。学生可以利用网络工具获取世界各地的优质课程资源，并且可以在相应平台向教师、专家提出问题，相互交流沟通。当然，现实教学中存在的人际传播优势是网络教学无法比拟的。

3. 从找寻信息转向辨别信息

学生使用网络产生的影响效果不同的原因有两方面：一方面是网络软硬件条件的不同；另一方面是网络使用能力的不同。对于网络在使用期间产生的不利作用，主要是网络使用能力方面的差异。网络这一新媒体具有的方便快捷、资源丰富优势受到大众喜爱，能够与报纸、杂志等传统媒体优势互补。

由此可见，网络的普及使信息传播、知识传播变得迅速，是未来媒介形成、发展的基础。当然，对于新型媒介而言，网络的出现、普及、发展并没有改变传统媒介地位，传统媒介自身的可保存性等优势是新型媒介无法超越的，尤其是纸质媒介，学生能够利用其深入、系统地整理自己所吸收的知识。

利用网络信息技术，学生可以实现快捷方便的信息搜索，只需要轻轻地点击，便可在网站上弹出的各种相关信息中找到相应结果，甚至可以通过网页上的超链接，直接找到目标网站，此种方式明显弥补传统媒介寻找学习资源的不足，减少大量的查找时间，提高学习效率。当然，新型媒介带来方便的同时，在网站上推出的各种无关信息、广告也使学生在辨别有效信息时花费大量精力、时间。

二、高校教育信息化的主要内容

（一）高校教育信息化的界定

"高校教育信息化"是近年来伴随着教育信息化而出现的新名词，目前对于其概念内涵的论述很多，但并未形成统一的界定。我国学者南国农曾在《高校信息化教育概论》一书中指出："高校信息化教育是指在现代教育思想和理论的指导下，主要运用现代信息技术，开发教育资源，优化教育过程，以培养和提高学生的信息素养为重要目标的一种新的教育方式。"他认为，"高校信息化教育就是电化教育，是信息时代的电化教育。"

知名学者祝智庭则认为，"高校信息化教育是指以现代化信息技术为基础的教育形态"。也有学者认为，高校信息化教育是在教育科学理论和信息科学的指导下，以现代信息技术应用为核心，以教育信息化和信息科学技术为基本任务，以培养高素质人才为根本目的的教育教学过程和表现形态。

通常，人们很容易将教育信息化和高校信息化教育相混淆。虽然二者均同现代信息技术有着密切的联系，但是也有着本质的不同。高校信息化教育是一种新型的教育形态，它形成的基础是现代信息技术，它是完成了教育与信息技术的整合之后的一种表现形式。教育信息化是将信息技术运用到教育中去的一个过程，它是在教育中推广与应用信息技术，是教育与信息化相结合的过程。但这两者之间也存在着一定的联系，如教育信息化的推进能够促进高校信息化教育的实施，而高校信息化教育的实施，又对教育信息化的发展产生促进作用。

（二）高校教育信息化的要素

（1）硬件。硬件就是要建立起支撑高校教育信息化的硬件平台，硬件平台实际上在高校教育信息化的过程中承担着物理硬件载体的角色。要想实现教育信息化，高校必须要做好信息化设施及设备的建设工作，为教育信息化打好物质基础，这些建设项目需要投入大量的资金。这些硬件平台包括多媒体设施、校园网、电子阅览室等。

（2）软件。高校教育信息化获得的效益，可以直接通过软件资源环境来体现。各种应用软件平台都存在软件资源建设的不同表现。软件平台建设包括的范围较广，如自动化办公的虚拟环境、线上的实验环境、多媒体的学习素材、用于教学的自动化管理系统等。有了这些软件环境，教师的教学效率将得到明显提升，学生的学习能力也能得到很好的培养。

（3）人才。职业教育信息化建设过程中需要大量技术人员的参与，要将高科技的网络技术同专业知识整合在一起，这其中还需要教师的共同参与，不仅需要有信息化管理与建设的专业人才队伍，还需要有善于运作信息化教学的教师队伍。学校不仅要吸引专业人才加入本校的信息化建设队伍，而且还要加强对教师的培训，要督促教师学习现代教育理论、新的教学方法、前沿信息技术，要提高教师运用信息技术的本领。

（三）职业教育信息化的特征表现

（1）数字化融入教育。信息时代实际上也就是数字时代，现代人的生活因为计算机的出现而发生了彻底的改变，教育中的数字化是指将数字化的内容及方法引入到教学手段、内容和方法中来，在教学中尽可能多地以计算机作为媒介和辅助。过去传统的信息传递方式及载体目前大多已经被数字资源及数字信息方式替代，尤其在教育领域，这种趋势更加明显。

（2）网络化融入教育。进入信息时代以来，信息网络成为一种发展最为迅猛的信息技术，这种形势对教育改革产生了巨大影响。过去师生面对面开展教学的方式，大部分已经被网络教学所替代，各种信息资源可实现共享，学习在时间与空间方面所受的限制越来越少。

（3）智能化融入教育。目前教育领域已经越来越广泛地使用了现代信息技术，智能化工具的普及，不仅提高了教学效率，也使教育的成效越来越明显，令其教育智能化水平不断提升。教育技术智能化指的是在高校的教学过程中，各种智能工具、科技手段及信息技术越来越发达，有的甚至已经能与人工智能相媲美。

（4）共享化融入教育。共享化指的是在信息技术快速发展的大背景下，教育领域越来越多、越来越广泛地将各种资源及先进技术进行分享。各类局域信息网及通信设施为这种教育方式提供了设施上的支撑，世界上的各种信息被汇总成了信息的海洋，教师和学生不论身处世界何处，都能享用网络上的这些学习资源。传统教育中的各种壁垒被打破，教育资源开始被共享，走向了开放。

（四）职业教育信息化的目标

职业教育信息化有着多领域覆盖、多方面融合、多层次渗透、多环节配合的特点，是一个囊括教育教学及其管理的复杂系统。就这一系统的自身建设而言，它并不是简单地以教育为核心的基础技术建设，也非一般教学手段和教学方法的应用，而是在满足其基础设施建设、信息资源建设、技术人才队伍建设、应用系统建设、保障体系建设等的信息化建设基础上，最大限度地消除系统内部制约因素的消极影响，借助其积极影响提高教育工作的效率，更好地服务于现代化素质教育。同时，教育信息化也是一种理念上的更新，指导教育领域改革的进一步深化，推动教学工作的实操性创新。在全世界职业教育信息化的浪潮中，逐步建立起具有中国特色、符合中国实际的新型教育信息化系统，既是人民的真切盼望，也是教育改革的应有之义。

1. 深化"全民教育"与"终身教育"理念

教育的最终目的之一，是实现学习者自主学习能力的培养，让个体有意识地接触自己感兴趣的或自己需要的学习内容，并有能力在海量的信息中筛选出适宜的学习材料进行学习。这种学习能力是再教育和终身教育的前提，作为上层建筑的职业教育，也应当明确这一点，在社会化服务的过程中让更多人获得该能力。在万物互联的信息化时代，传统的院校教育已不再是大众学习的唯一途径，互联网网络教学的出现更是模糊了"学校"的边界，让学习不再受限于特定的时间和空间。信息化教育应当充分发挥互联网资源丰富、即时共享、开放性强的优势，拓展学校教育的外延，为更多人利用互联网教育资源进行学习，实现全民教育和终身教育提供保障。

2. 积极发展现代远程教育

现代远程教育，是在现代计算机信息技术的基础上发展出的、区别于传统教育方式的一种新兴的、顺应时代潮流的教育方式，现代远程教育作为一个平台或一项工程，有效地整合了多元的教育资源，让学习者们可以在这里发掘学习兴趣、接受在线教育、实现终身学习。科学技术的迭代和社会的快速发展，使 21 世纪的社会分工日益细化，岗位要求越发严格。这种变化要求人们通过不断学习来获得更丰富的知识储量，提高自己的专业技能，以适应社会的变化，并更好地实现自我发展、创造职业价值、提高物质与精神生活水平。

3. 大力培养信息化人才

21 世纪的竞争是人才的竞争，大到社会经济的发展，小到行业竞争的角力，人才都是最为关键的"软实力"体现。教育信息化的一大要义便是通过信息化的教育方式，培养具备信息化意识，掌握信息化操作，熟悉信息化管理的相关人才。一方面，这样可以提升就业者的自身素质，获得更多工作机会；另一方面，这也是目前维护国家安全，满足各行业尤其是党政机关部门、社会公共服务部门及科技企业人才储备的客观要求。信息化专项型人才、复合型人才的培养，还需要多方合力，共同营造出一个有利的人才培养氛围。

4. 积极发展信息产业

知识经济是以知识为基础、以脑力劳动为主体的经济。教育和研究开发是知识经济的主要部门，高素质的人力资源是知识经济的重要资源。这种经济模式不仅孕育出一批新的以知识付费为变现手段的商业运营模式，也极大推动着信息的产业化发展。高等院校凭借自身的智库优势，正以其独特的方式参与到信息产业的发展中。例如，多数高等院校具有高水平的科研队伍，并享有大量的学术论述及发明专利成果；有开阔的国际化研究视野和海外合作渊源；学界和业界之间天然的双赢互利空间；国家和地方为高校人才提供的宽松政策环境。这些因素的共同作用下，信息产业正逐步成为当前经济增长中最活跃的因子，为社会创造出更大的产能和产值。

三、职业教育信息化发展的思路

有人对教育信息化表示怀疑，认为教育信息化开展了这么多年，国家投入大量资金，可是教育教学基本还是以班级集中式授课的老一套，没有带来多少实质性变化，计算机和网络成了学校的包装物和展览品。从信息技术对新经济的巨大作用和大中型企业信息化成功经验看，信息技术非常重要。信息技术在经济领域作用显著，而在教育领域没有发挥其应有作用的主要原因是信息技术属于科技，不论如何先进，本质上还是工具，它具有巨大的潜力，但是潜力不是现实的作用力。只有扫清科技转化为生产力的障碍，满足其前提条件和并行条件，当使用者以极大热情和正确方式将科技应用于实践时，潜力才显示出强大作用力。

大中型企业信息化成功至少有三个原因：一是信息化所创造的全球化市场及巨额利润对企业的强大吸引力；二是企业本身具有的特质（扁平网络化的组织结构、灵敏快速型的运作机制、跨域多元化的团队协作，以及关注"变动"、强调"创新"的企业文化）与信息化的潜质相吻合；三是决策层对信息化再造企业的高度重视，在研发中投入大量的人力物力，从表层应用到深层应用，从简单应用到复杂应用，从失败走向成功。高等院校长期以来受到事业性质和财政投资的保护，自由自治的管理方式形成了松散组织结构和超稳定系统，以至于常常呈现出落后于社会的滞后性，当然不可能自然形成教育信息化。

地方高校教育信息化的成功是有条件的，除了外部条件（教育市场对教育信息化的强大需求、信息技术对教育信息化的有力支撑、国家政策对教育信息化的积极引导、社会文化背景对教育信息化的赞同支持）之外，更重要的是内部条件。内部条件包括：决策者与实施者的思想观念与价值取向，人力资源，财力资源，教学资源，技术设备条件，组织管理体系与工作运行机制。推进教育信息化是一个系统工程，这可以从组织管理的角度给出总体框架思路。

（一）构建教育信息化思想基础

教育决策者和实际工作者对教育信息化所持的思想观念是制约教育信息化进程与发展方向的一个重要因素，对职业教育教学信息化的价值判断将影响人们对教育信息化的态度和动力。因此，十分有必要让学校成员充分认识到高校的危机，明确教育信息化的当前状况、发展方向和教育信息化产生的由来。要集合成员一起探讨教育信息化的目标、教育信息化发展的作用、教育信息化发展的影响、教育信息化发展与成员个体间的利益关系及教育信息化发展的方法。引导成员充分运用理性的、辩证的思维考虑问题，防止盲目过热，也要克服恐惧悲观。

构建教育信息化思想基础要厘清三个问题。① 必然性，信息化作为历史潮流是不以人们的意志为转移的，抵抗或回避无济于事，必须充分重视并应对挑战。地方高校立足于地方，以职业教育大众化、建立终身教育体系和学习型社会为主要任务，职能定位要求开展教育信息化。② 可能性，地方高校本身孕育生长于市场经济，主观上具有较强的市场意识，客观上与地方各界及社区有着千丝万缕的共生关系，具有开展教育信息化的可能性。③ 利益性，教育信息化的确给教师和管理者增加了压力，但也带来了提高素质、发展能力的机会和动力，技术只能服务于人，永远代替不了人。同时学校开展教育信息化也要以人为本，不但要重视学生的发展，也要重视教师与管理者的教学、科研和专业的一体化发展。鼓励将个人发展目标与学校发展远景统一起来。

通过师生员工广泛参与学校的教育信息化决策讨论，促进他们的态度和价值取向朝着信息化的方向转化，提高他们的心理承受能力，从根本上建立支持教育信息化的群众性思想基础。

（二）坚持实事求是，研究与实验先行

许多学校教育信息化失败的原因之一是仓促上马，没有经过充分准备和研究实验。地方高校的教育信息化要谨慎行事、求真务实，还要进行预见性的可行性判断，原因有四点：其一在于教育信息化发展的成本投入大，技术发展迅猛，因此，要时刻关注教育信息化发展的动态，冷静分析发展过程中面临的问题；其二在于不同高校差异化较大，不同高校要形成自己的发展道路；其三在于信息技术本身具有两面性，在发展过程中要合理规避负面影响，大力弘扬正面效应，实现其效能；其四在于教育信息化自身具有复杂性，涉及学科门类多、覆盖领域面广，因此，教育信息化发展必须进行充分的实验研究，为综合性信息发展打下良好的基础。

教育信息化发展的实验研究要注意以下三点原则。

一是实事求是，以解决问题为中心。在发展过程中充分联系学校自身情况，重点针对发展中面临的具体问题，坚持实验研究与具体操作相结合。

二是充分动员，取得群众的支持。在发展过程中要做好宣传动员工作，与群众合作，与相关领域专家合作，建立指导、学习、研讨三合一的发展机制，营造宽松的研究氛围。

三是科学立项、规范管理。高校要提前将信息化教育纳入科研项目，进而对相关的研究与实践进行规范化管理。

教育信息化的研究实验不但是一个实事求是的过程，也是个解放思想的过程。通过研究实验得出的结论最具说服力和凝聚力，有利于争取更大群体对教育信息化的支持与参与。我们应当坚持解放思想与实事求是的结合。

（三）确保信息化协调有序

教育信息化发展的成本投入大、运行时间长、运营难度大，在不同的运行环节有着各式各样的制约因素。因此，在实施过程中科学的领导、规范的管理有着十分重要的意义。

高校的教育信息化发展要在国家或地方整体发展规划的领导下进行，要充分联系学校自身的发展目标和实际情况进行，所制定的发展规划要合理平衡科学性和可行性。必须建立强有力的教育信息化领导组织体系，落实"一把手工程"。学校应成立教育信息化建设委员会，由校级领导挂帅，根据学校的总体建设方针与发展思路，领导全校的教育信息化工作。委员会下设信息化工作组，具体负责信息化的组织实施。要形成自上而下包括管理部门、教学系统、学术机构和技术支持部门参与的全校性信息化组织管理体系，保证工作顺利运行。学校教育信息化发展的规划与管理要坚持如下五点要求。

第一，坚持协调发展原则。在发展过程中软硬问题齐头并进，人力资源和物力资源的投入并举，基础设施的建设和应用并重，要实现软件、硬件的协调。坚持信息化教学与信息化教师人才培养协调、科研与应用协调。

第二，坚持重点攻坚原则。在发展过程中，高校要根据本校的基本条件、发展特点和地方经济发展的要求，确定合理可行的重点发展项目，进而合理组织力量进行重点攻关工作，实现以点带面，推动整体项目的发展。

第三，坚持可行性原则。在发展过程中，高校切忌好高骛远，在技术选择方面要充分考虑高校自身的特性，不可一味求新，要重视项目的可信性和效益转化，坚持走高效益、低能耗的发展之路。

第四，坚持循序渐进原则。在发展过程中切忌贪多贪快，要尊重事物发展的客观规律，充分认识到教育信息化发展是一个渐进的过程，要实现分阶段进步，保证每一个阶段都稳步前进。

第五，坚持弹性发展原则，信息化发展有着技术发展自身所带的难以预测的特点，因此，在发展过程中必须弹性发展，保证发展具有可兼容性和可替换性，切忌在错误道路上一条道走到黑。

（四）保障信息化资金投入

教育信息化建设需要投入大量的资金，而且建设周期较长，如果仅靠政府的财政投入，无法在短时间内完成任务，因此，在进行教育信息化建设之前，要解决好资金的来源问题。因为职业教育信息化本身就是一个巨大的市场，其中有着无限商机，国内外的一些IT企业及金融投资公司对此表现出了极大的兴趣，他们愿意以眼下的投入换得未来长远的利益。因此，对于地方高校而言，应当解放思想，开阔眼界，以市场经济的眼光来经营大学，寻找能够帮助高校提高办学质量的合作伙伴，以灵活的合作方式，形成多元化的投资渠道，将市场机制引入到办学中来。高校不仅可以积极引入参与教育信息化投入的各种资金，而且还可以运作教育信息化的各种产出，主动参与到教育信息化产业的经营与运作之中。

（五）创设信息化应用基础

教育信息化环境主要包括三大要素，分别是教育信息化平台、教育信息化资源及教育信息化工具。教育信息化平台主要包括组成信息化基础设施的各种硬件平台及软件管理平台。教育信息资源主要包括图书、情报信息、动态综合信息、法规管理信息、多媒体教学资源等。教育信息化工具主要有两种：一种是软件类工具，包括搜索引擎、网址、应用软件等；另一种是方法策略类工具，包括思维方法、操作技巧、管理思想、管理策略、设计策略、教学模式、学习策略等。信息化环境中，基础是平台，核心是资源，在开发利用信息资源并与之产生互动的过程中，工具能提供有效的帮助与支持。

（六）将信息化融入教育改革

物质的基本属性之一就是信息，将物质的信息属性进行多媒体化、网络化、虚拟化及数字化的开发与利用，这个过程就是信息技术的形成，它能够令物质的各种信息表征变得更加方便、更加智能、更加快捷、更加清晰。所以，信息技术的根本属性就是应用，只有在事物及物质结合的应用过程中，信息技术的意义、潜力及创造力才能真正显现出来。

教育信息化的内涵主要包括：教育信息化不是一蹴而就的，它需要有一个发展过程，是教育改革为现代化技术所推动的过程。所以，应用是教育信息化的落脚点，在教育信息化所构建的系统当中，教育信息化有一个核心，那就是应用，我们必须要围绕应用这个核心，将教育信息化融入教育改革中去。

第二节　职业教育信息化建设的问题与对策

现在，各职业院校对信息化建设都倾注了大量的心力，这也促进了信息化技术在高校中的深入运用。职业教育信息化发展成为一种趋势，主要体现在三个方面。一是具备了良好的硬件建设基础。各个级别的职业院校基本上被校园网络所覆盖，而且和地方教育信息网、中国教育科研网、中国公用计算机互联网等网络联系密切，同时也基本完成了多媒体教学设施的建设，为高校的信息化发展创造了条件。二是开始了全新的数字校园建设。各个职业院校在教学、科研、学生等管理信息系统的建设中也得到了不断完善，共享数据中心也正在建设中，为数据共享的实现提供了机会，而且促进了数据集成和服务集成的形成，在信息化技术的促进下，教学管理水平也得到了显著提升。三是促进了信息化教学资源的丰富化发展。在教学中广泛运用多媒体技术和仿真技术，对职业教育理念产生了较大的影响，有利于教学方法和教学资源的多元化发展，并对教学组织有着积极的改善作用，有效提升了职业教育的效率和质量。

一、职业教育信息化面临的问题

职业教育院校信息化建设中也遇到了很多问题，尤为突出的就是学校教育管理、教育资源信息化建设等方面的问题。例如，还没有得力的顶层设计和统筹管理能力，在日常教学中还没有深入地运用信息技术的优势，职业教育信息化还没有紧密地联系企业和行业发展需求，教学资源的开发利用程度不到，没有充分地发挥职业教育服务社会的功能和价值，等等。尽管各个专业和各种类型的教学资源库和精品课程不断推出，不过其不足也是显而易见的。

（一）基础设施相对薄弱，资源结构仍需完善

一方面网络基础设施不健全。经济较发达地区的职业院校基本上已经被校园网络所覆盖，但是其配置水平却非常有限，没有足够的出口宽带，而且还有一些校园区域如实验实训室、图书馆、教室、办公室等没有包涵在内；经济欠发达或者农村职业院校的校园网建设则严重不足，其建设任重而道远。

另一方面信息资源结构性匮乏。现在，职业教育信息资源整体上而言层次有限，且重复性建设和以单机课件、文档资源及接受性资源为主都是其主要特征，缺乏充分的媒体资源、互动性资源和网络课件；而且和课程的深入整合较缺乏，一般都停留在"可视化"的教学层面上。

（二）专业人才不足，应用水平有待提高

（1）人才总量不足。从宏观的角度来看，职业教育信息化部门和编制人员不足也是一个显著的问题，没有足够的信息化管理和研究力量来支持职业教育信息化的发展，在组织、实施及服务支持上都有所欠缺。从院校的角度来看，虽然专业师资队伍建设比较强劲，却没有配备足够的信息化专门人员，有些职业院校还没有建立专门的信息化管理部门和岗位。信息化建设管理队伍和能力的不足也在很大程度上制约了职业教育信息化发展的进程。

（2）专业技能不强。职业教育信息化和普通职业教育不同的是，它缺乏必要的资源开发、成果评价、应用推广、标准制度及相关政策研究来予以规范，而且也没有进行信息技术和课程整合的开发、培训和推广。职业院校信息化建设管理和技术人员的专业素质都非常有限，而且多数都是由非专业人员来担任管理者，并聘请合同工和计算机教师来兼任技术人员，这对信息化建设的管理、指导和规划都产生了一定的抑制作用。

（3）应用水平不高。职业院校在教育教学、管理、科研等领域中使用多媒体信息技术的程度不高，且课程和信息技术的整合度也非常有限。很多职业院校还只会通过计算机来显示教材或者教学资源，无法有效整合优质的课程资源、仿真教学软件等；而且在教学中没有突出学生的主体地位，其探究性学习和协作性学习的引导力度不够。

（三）信息化建设资金投入不足，投资机制有待完善

（1）建设标准不完善。目前职业教育信息化建设的导向性、标准化和规范化建设都还比较欠缺，各个职业院校在建设项目时都较为盲目和随意，从而浪费了大量的人力、物力和财力，没有高效率地使用经费。因此，根据职业教育的层次、特征来进行规范化的教育信息建设也是刻不容缓的重要任务。

（2）财政投入不足。近年来，基础教育和普通职业教育一直是各级政府进行教育信息化建设的财政经费的重点支出方向，并没有形成固定的公共经

费和职业教育信息化专项经费。例如，国家的"校校通"、现代远程教育工程等都和职业教育没有直接关系。缺乏必要的职业教育信息化建设项目和经费，也使得职业教育信息化的推进非常困难，出现了没有足够的专业化人才、资源结构及基础设施来支持其长远发展的局面。

（3）投入机制单一。职业教育信息化需要大量的资金完成基础设施建设、资源建设等，因此，不能将财政经费作为唯一的支持资金，而是要大量拓展企业捐助、基金支持、国际合作等多种资金渠道。目前国家的信息化建设资金的筹集渠道有限，政府的主导作用和社会参与机制都还没成熟，也没有相关的政策予以支持。

二、职业教育信息化建设的对策建议

对于我国职业教育信息化建设过程中存在的问题，如果不加以重视和改进，势必会影响职业教育信息化及现代化进程，因此，必须采取有效措施提升职业教育信息化的建设效益和水平，从而促进中国职业教育的长久发展。

（一）加强顶层设计，统筹规划职业教育信息化工作

职业教育信息化建设应以提高职业教育教学质量、培养符合经济社会发展需求的技术技能人才为目标，以建设稳定高速的网络环境和丰富优质的数字化教学资源为基础，以搭建职业教育资源共享平台和岗位技能培训公共平台为核心，以信息技术与课程的深度融合创新为突破口，以健全职业教育信息化建设管理体制机制为保障，建设适应地方经济社会发展需求、具有终身教育特色、满足学习型社会要求的职业教育信息化服务体系，使信息技术在改革职业教育人才培养模式、提高职业教育服务社会能力、建立职业教育体制机制等方面发挥重要作用。要坚持"统一规划，共建共享；以人为本，服务学习；深入应用，突出绩效；全面融合，特色发展"的原则，以职业教育信息化促进职业教育现代化。

（二）创新体制机制，加强职业教育信息化基础保障

在改革中要把握好机制创新这一关键性问题，这也将决定改革能否取得成功。应该在信息集成这一发展核心下促进个性化服务和资源共享的建成以确保信息技术的深化应用。

（1）建立职业教育信息化标准体系。为了有效解决"信息孤岛"的问题，促进信息资源的共建共享，应该依据不同信息类型的特征进行符合职业教育特征的信息化标准的建设和完善，并在此基础上促进数字化教学资源的建设。

（2）探索职业教育信息化的新机制。为了促进信息化建设工作科学有序地发展，需要对区域进行统一规划、统一管理、统一标准和统一协调，科学合理地评估资源的开发应用，并建立绩效评价机制，以促进教师积极主动地参与到信息系统运行管理中。为了吸引企业的积极参与，还可以让企业通过合作获取一定的社会效益和经济效益，加强对信息化教学资源产权效益分享机制的健全和探索，为信息资源版权提供必要的保护，加强对软件著作权的认可，从而使得信息化项目开发者可以享受到合理的权益。

由政府或者院校单独设立职业教育信息化建设经费，为职业教育信息化建设提供资金支持。吸引企业参与进来，促进投入格局的多元化发展，并为其建设提供稳定可靠的经费来源。加强对教学资源的建设和维护力度，并确保有足够的经费来支撑信息技术的应用、推广，以及安全建设；科学合理地分配教学硬件、软件、运维服务、人力资源等各个方面的投入比例，确保高效益的产出。还可以结合专兼职来促进职业教育信息化专业队伍的建设，并给予一定的人才配备，提升其待遇和职称晋升，以确保信息化管理、建设和服务支持的顺利进行。加强校企合作，促进职业教育信息化技术的应用开发团队的建立，并借助信息技术的优势，如无线网络、云计算、虚拟化和物联网，进行新技术的研发，并在教学工作中予以借鉴和运用，将教师打造成教育信息化建设的主要力量。

（3）发挥职业院校在信息化建设中的主体作用。充分利用院校信息门户

的优势，在组织信息资源和服务中要基于用户的核心地位进行，这样才能更好地集合职业教育信息。进一步建设职业院校数字化校园，以确保职业院校信息资源中心的价值和优势发挥出来。对各个院校的优势和力量予以规范和整合，促进职业教育信息化服务体系的构建和完善。

（三）服务师生，深化数字化校园的建设

随着信息时代的到来，数字化校园应运而生。数字化校园是建立在网络之上的一种信息化手段，能够促进整个教学过程的数字化发展。在收集和处理这些信息化资源的过程中也需要用到先进的信息化手段。数字化校园的特征在于其复杂性、庞大性，不但要进行必要的硬件设施的建设，也要涵盖教育、管理、服务、教学等各个方面的软件建设，在构建这一系统时要充分遵循软硬并重、分步实施、重点突破及统一规划的原则，为了更好地满足教师、学生及家长的不同需要，还应该相应地建立生活服务、个人服务、社会服务、教学服务等模块。

除此以外，数字化校园是基于校园网站进行的，校园网站是学校信息交流不可或缺的关键性内容，也是提供所有数字化服务的平台和载体。所以，校园网站代表着学校的形象和窗口。在校园网站主页的建设中要遵循合理、实用、美观等原则。截至现在，暂未有一个统一的评价标准来指导数字化校园的建设。为此需要各个院校成立专门的数字化建设部门来支持数字化校园的建设，并以先进理念和明确思路为方向来统一规划和组织实施数字化校园的建设。此外，还应该对数字化校园建设的各项管理制度予以完善和改进，为数字化校园的建设保驾护航。

（四）加强职业教育信息化标准、设施和服务平台建设

（1）完善职业教育信息化的标准建设。充分发挥政府引导和科学研究的作用，在重大信息化工程项目的带动下，充分发挥教育界和产业界的优势，在现有的标准规范下进行各项资源和设施的建设，以强化信息建设的标准化、

规范化发展，加强信息资源的共建共享，进一步缩短城乡差距，以确保职业教育的均衡稳定发展。为了促进教育信息化的国际合作力度，需要积极地加入教育信息化国际标准的研究当中。

（2）开展职业教育信息化基础设施建设。充分利用卫星电视网络、教育专网及互联网等技术的优势，形成对职业教育信息化骨干网建设的强大推力。在综合信息基础设施的完善上可以利用传感网络、5G 移动网及物联网的技术优势，促进网络转型。在虚拟实验室、多媒体演播室和多媒体计算机教室的基础上进一步加强广播电视设备、校园管理控制系统、远程教育网络和校园网络的建设与完善，对网络结构予以优化，加强多层面网络的融合和发展。

（3）开展职业教育信息服务平台建设。在便捷化服务的原则下促进教务管理系统、网络教学系统、信息发布系统、数字图书系统、后勤服务系统、一卡通系统及办公自动化系统的建设和完善，促进教学平台、管理平台、政务平台等各种职业教育信息化的发展，确保职业教育教学的个性化发展，在数字化实训系统的基础之上开发仿真实训平台，让职业院校实训室建设的信息化水平得到显著提升，并降低相关的实训成本投入。

（五）完善职业教育信息化人才培养、培训和发展机制

（1）信息化管理人员队伍的配备及职责。要充分重视信息化科学发展和信息化人才培养，为了有效提高职业教育信息化管理人员的综合素质和技术水平，应该采取继续培训和补充人才的双重方式来促进专业队伍的打造。对信息化管理人员的协调服务和技术维护职责予以明确，并在系统开发、安全维护、事务统筹及发展规划上充分发挥信息化管理人员的积极作用，以确保信息化系统的顺利运行。

（2）教师信息技术能力标准制定及实施机制。在制定职业教育教师的信息技术能力标准时，应该从职业教育的特征和需求出发，并要考虑信息化发展的要求，对教学管理和技术人员形成意识上、态度上、知识上、技能上等

多层面的要求，明确其信息技术能力并颁发等级资格证书。评价和比较虚拟实训室、网络课程及多媒体课件的成果，以此进行年终考核、名师评选、职称评定等。

（3）教师信息技术能力培训和发展机制。随着信息化时代的到来，终身学习机制和教师专业发展的关系也越来越密切，应该对农村教师信息技术能力进行培养，并通过实践予以强化，这样才能及时地更新其教育思想、观念、教学方式等。高度整合信息技术和课程，促进教学模式、教学方法和信息技术环境的协调性发展，积极促进学生自主性学习和探究式学习方式的形成，以促进教学质量和教学效率的不断提升。为了促进教师终身学习的信息化水平，应该积极进行覆盖城乡的信息化学习支持服务平台的建设和完善。

第三节　现代教育技术与职业教育信息化发展

一、现代教育技术与管理

（一）技术与教育技术界定

1. 技术

技术是一个历史范畴，随着社会的发展其内涵也在不断演变。一般而言，现代意义的技术是指人类在利用自然、改造自然及促进社会发展中所采用的各种活动方式、手段和方法的总和。它包括实体形态的技术和智能形态的技术两大类。实体形态的技术主要是指以生产工具为标志的物质性的技术要素，如工具、设备等，是物化技术，是有形的技术；智能形态的技术主要是以技术知识、方法、技能技巧为特征的技术要素，是无形的技术，是观念形态的技术。智能形态的技术又可细分为知识形态的技术和经验形态的技术。知识形态的技术指的是解决某类问题的系统理论与方法，它可以脱离个体，以知识形态独立存在；经验形态的技术是解决某类问题的技能与技巧，它以经验形态存在于个体，不能脱离个体。

对"技术"一词的这种定义比较全面、深刻。技术的重点在于工作技能的提高和工作的组织，而不是工具和机器。

2. 教育技术

教育技术是技术的一种，属于技术的子集内容，教育技术包括物化和智能两方面，是人们在教育实践中得出的，包括方法、技能、经验及物质工具。物化和智能是教育技术的两个不同的部分，物化技术是教育所需的实物工具，从传统的粉笔、黑板到智能的计算机、卫星、软件，还包括部分科目用到的器材、设备等；智能技术是教育实践中产生的经验，总结出的方法、知识、内容，包括其中所蕴含的思想理念、理论依据等。智能技术引领着教育的发展，是教育的核心内容，依托物化技术进行内容的传播。

由此可见，教育技术是教育中的技术，它既不是对全部教学问题进行研究，更不是对所有技术进行研究，它遵循教育规律，研究如何采用技术手段和方法解决教育教学中的有关问题。

（二）现代教育技术

教育技术下还有子范畴，现代教育技术就是其中之一，现代二字明确区分了二者的不同。教育技术伴随人类至今，经历了长期的发展，贯穿整个人类史，从最初的口耳相传到后来的文字记录，再到现代的多媒体技术、虚拟现实技术。教育技术的发展走到今天，出现了未曾有过的面貌。现代教育技术就是指当代出现的信息化电子技术引领的现代化教育设施、教育技巧、新的经验和应用方法，包括投影仪、录音录像设备、互联网等。

在我国，"教育技术"这个术语普遍使用是在 20 世纪 90 年代以后。在此之前，它的名字叫"电化教育"。电教界认为电化教育是中国的教育技术。电化教育指的是运用现代教育媒体并与传统教育媒体恰当结合，传递教育信息，以实现教育最优化。但是，随着教育的发展及对教育技术认识的逐渐深入，电化教育一词已经不能够概括与表述教育技术的内涵与外延，不能适应教育发展的需要。在这样的情况下，"现代教育技术"一词应运而生。现代教育技术顾名思义，就是结合了最新的教育技术和总结性的教育理论，对教学工具进行优化，利用现代技术和最新的教育理论设计教学内容、规划教学过程，对教学进行管理和评价。现代教育技术可以从以下四个方面来理解。

（1）现代教育理论的指导地位不能动摇。现代教育技术应用不能脱离现代教育理论，只有这样才能真正体现教育思想。现代教育技术的应用，要关注师生的不同角色，即教师的指导作用和学生的认知主体地位。

（2）对现代信息技术的充分运用。科技的飞速发展使得信息技术也取得了极大的进步，从数字音像、多媒体、广播电视技术到互联网通讯、虚拟现实、人工智能技术，现代信息技术对教育也有着不断更新的影响力。在利用信息技术时，要以教学需求为根本，不能以技术的先进性为指标，避免采用不恰当的使用方式导致设备的浪费或是教育目标难以实现。

（3）优化教学过程、合理利用资源，要做到资源的合理利用与教学过程的不断优化，必须要对教学模式进行优化。

（4）现代教育技术应用的五个主要环节。现代教育技术应用方式在持续不断地发展，现阶段主要有五个环节，这五个环节基本贯穿了教学的所有阶段，包括设计、开发、应用、评价、管理。设计主要针对的是教学软件的使用、教学环境、模式及教学过程的设计；开发主要针对的是硬件软件设备、课程与教学模式；应用主要存在于实际教学过程中；评价、管理是在整个教学过程的最后展开。

（三）现代教育技术管理的特性

现代教育技术管理是指现代教育技术应用领域的各级管理人员通过计划、组织、协调、监督等一系列的方法、手段和制度来调度所有的资源，协调各种关系，以便有效地达到既定目标的教育管理过程。现代教育技术管理的主要内容包括教学资源管理、教学过程管理、项目管理等方面。

现代教育技术管理的目的是充分调动教育技术系统内外的一切积极因素，全面提高工作效率和工作质量，发挥系统的整体功能，保证教育技术有效地开展，实现教育、教学效果的最优化。

作为教育管理的一个分支，现代教育技术管理一方面具有教育管理的一般属性；另一方面还具有自身的一些特点，具体如下。

（1）从属性。现代教育技术管理是整个教育管理系统的一个组成部分。学校的教育技术管理是整个学校教育管理的一个从属部分。尽管教育技术管理在学校管理中占据重要的位置，但它不可能完全取代教学、教务管理，仅是教学管理的一部分。教育技术管理是整个学校管理的一部分，必须紧紧围绕整个学校管理展开工作，必须为学校管理服务。

（2）开拓性。作为教育领域中的一个新的领域，教育技术的发展日新月异。与教育技术发展密切相关的教育技术管理需要勇于改革、敢于开拓的创新精神和进取精神，这样才能适应教育技术及教育技术管理的要求。

（3）技术性。教育技术是研究解决教育问题的学科。技术性是教育技术学的特点之一。教育技术管理的技术性主要体现在两个方面：一是对技术活动的管理，如教育技术领域中的项目管理；二是使用合适的技术对教育技术领域中资源和过程进行的管理。

（4）复杂性。教育技术是一个复杂的领域，涉及教育领域的多个方面。教育技术管理也涉及教育领域的很多方面。如对人的管理、对组织的管理、对硬件资源的管理、对软件资源的管理等。这些管理的对象种类繁多、数量巨大、形式各异，体现教育技术管理的复杂性。

（四）现代教育技术管理的组织机构

1. 组织机构的类型

按照职能进行分类，我国现行的教育技术管理组织机构可以分为学术机构、业务机构、教学机构、科研机构、专业机构等类型。

（1）学术机构是指进行教育技术学术研究和讨论，组织协作与交流，开展咨询与服务的机构。如中国教育技术协会、普通教育（中小学）电化教育研究会等。

（2）业务机构是指承担教育技术业务工作的职能机构。如各级电化教育馆、中央广播电视大学、各高等学校的教育技术中心等。

（3）教学机构是指承担教学任务，培养教育技术专业人才的机构。如高等学校的教育技术院系或专业、各级各类广播电视大学等。

（4）科研机构是指承担教育技术科学研究的专门机构。如中央电化教育馆、全国中小学计算机教育研究中心等。

（5）专业机构主要包括各级教育广播电台（电视台）、音像出版社、教育技术设备制造企业等。

2. 高校教育技术中心组织结构的职能

当前，高校教育技术组织机构一般被称为教育技术中心或现代教育技术中心。高校教育技术中心既是一个业务部门，同时也是一个具有一定管理职能的管理部门。其主要职能可以概括为管理、教学、科研、服务四个方面，具体负责多媒体教学（含传统电化教学）、外语实验教学、设备与设施管理、卫星与有线电视管理、教学资源的开发和管理、教师的培训、教育技术应用的开发、学校教育技术发展规划的制定与执行等工作。

二、信息化环境下的教学理论

（一）现代教育技术的学习理论

现代教育技术需要以学习理论为指导，探索提高学习质量的规律和途径。当前，现代教育技术正在以学习科学为中心，集各学科之所长，共同解决人类学习问题。在现代教育技术众多理论中，学习理论是最为核心的理论基础。

学习理论是心理学的一门分支学科，是对学习规律和学习条件的系统阐述，主要研究人类和动物的学习行为特征和认知心理过程。人们的观点、视野和研究方法各不相同，因而形成了各种学习理论流派。其中，行为主义学习理论、认知主义学习理论和建构主义学习理论在现代教育技术的发展历程中起到了关键作用。教师应该了解这些学习理论的主要思想，树立科学的学习观，以此为依据，为学生学习创设最优化的条件和环境，这样才能真正发挥出现代教育技术促进学习的作用。值得注意的是，每种学习理论都有其适用的情景和合理性，应该博采众长，更加全面深刻地认识学习理论，服务于学习。

1. 认知主义学习理论

行为主义理论在斯金纳时期达到鼎盛，就在这一时期，认知主义学习理论与行为主义学习理论展开了激烈的争论，最终认知理论得到认可。认知学习理论与行为主义学习理论的最大区别在于，认知理论学家们只关心人类的学习，认知学习理论强调学习者的内部心理过程，这与行为主义者只关注外显行为、无视心理过程的观念有显著区别。认知学习理论的代表人物有苛勒、布鲁纳、奥苏贝尔、加涅等。

（1）格式塔学习观。格式塔学习观即完形说（顿悟说）。德国的格式塔学派诞生于 1912 年，是认知学习理论的先驱。格式塔，在德语中的意思是完形。格式塔学习观的代表人物有魏特海默、苛勒、考夫卡等。格式塔学习观认为学习不是行为的联结，而是组织一种完形。学习过程中问题的解决，都是由于对情境中的事物关系的理解而构成一种完形所实现的。同时，格式塔学习观认为学习是由顿悟实现的，即学习过程不是渐进地尝试错误的过程，而是突然领悟的，所以格式塔的学习理论又称顿悟说。

（2）认知发现学习理论。布鲁纳的认知发现学习理论认为学习的实质是学生主动地通过感知、领会和推理，促进类目及其编码系统的形成。类目指一组相关的对象或事件。认知发现学习理论强调学习是指掌握知识结构，即学习事物间是相互关联的；同时还强调学习一般原理的重要性，认为应该培养学生探索新情境、提出假设、推测关系、应用自己的能力解决新问题、发现新事物的态度。因此，布鲁纳的认知发现学习理论提倡发现学习，主张教学应创造条件，让学生通过参与探究活动而发现基本原理或规则。认知发现学习理论包括四个步骤：① 从学生的好奇心出发，提出和明确使学生感兴趣的问题，学生在面临新问题、新情境时，在思维中产生了某种不确定性，于是就会出现试图探究的动机；② 围绕问题，向学生提供有助于问题解决的材料或事实；③ 协助学生对有关材料与事实进行分析，让学生通过积极思维，提出各种解决问题的可能途径和假设；④ 协助和引导学生审查假设，用分析思维去证实结论，使问题得以解决。发现式教学不仅有利于学生所学知识的保持，有利于培养学生发现的方法与技巧，而且有利于培养和激发学生内在的学习动机，有效提高学生的认知能力。

（3）认知同化理论。奥苏贝尔在认知同化论中阐释道：有意义的学习应该是学习者的已有观念与外来的新知识在相互作用中建立的实质性的、自然而然的联系。有意义的学习需要新旧知识相互碰撞，在碰撞的过程中，新信息与旧的认知结构、认知信息之间实现了意义同化。

有意义学习的外部条件是材料本身必须具有逻辑意义，有逻辑的材料能够与个体认知结构中已有的概念建立起实质性的、自然而然的联系。自然而然的联系指的是外来的新知识和个体认知中的已有概念在逻辑上产生的合理的联系；实质性联系指的是新符号或者新符号代表的理念和个体认知中原有的符号、表象、概念之间建立起的联系。

有意义学习的产生需要三个内部条件：一是学习者需要产生有意义的学习的想法和倾向；二是学习者本身必须具有一定的知识储备，旧知识是产生有意义学习的基础；三是学习者需要有意识地将新知识符号和已有认知联系起来，使两者发生相互作用。

有意义的学习在已有理论的基础上，发展延伸出了更为细化和贯通的同化教学理论，即"渐进分化及综合贯通"，该理论强调教学应该从统一化向个别化发展，通过细化分析学生的情况，重新整合学生的情况，帮助学生重新掌握认知要素，与此同时，对教学实施先行组织的策略。除此之外，同化教学还强调提前帮助学习者了解学习材料，通过提前建立认知，帮助学习者建立新旧知识之间的桥梁。

用于引进新知识学习的内容，是学习的先行组织者。先行组织者的存在可以有效地提高知识的接收速度和学习速度。先行组织者主要包括三个方面的内容：一是内容需要合理的设计，合理的设计可以帮助学生应用已有的概念联系新知识，并且在新旧知识之间建立联系；二是联系相关知识内容，建立合理的知识架构，为新知识的建立提供框架；三是先行组织者的稳定性和清晰性可以帮助学生灵活地学习，避免机械的学习带来的负面影响。

（4）信息加工理论。加涅在信息加工理论中阐述道：学习应该是一个闭合的过程，在这一过程中，存在很多阶段，不同的阶段需要开展不一样的信息加工。在不同的信息加工阶段存在不同的事件，主要包括学习事件和教学事件。学习事件形成于信息加工的过程中，主要指的是形成的信息加工理论结构。教学事件指的是在教学的过程中形成的事件，教学过程需要根据学习的进展展开，教学过程的作用是影响学习过程，所以，教学过程需要与学习过程相对应。教学事件是学习事件形成的外部条件。教师需要掌控和合理安排教学事件，通过外在条件的控制实现教学的目的。教学的艺术就是教学与学习阶段的对应。

信息加工理论对学习模式进行了阐述：学习模式是对学习结构和学习过程的说明，信息加工理论有助于教学、教学过程、教学事件的安排，对于教学、教学过程、教学事件的发展有重要意义。

加涅在信息的加工学习模式中指出，加工学习模式有两个重要结构即执行控制与期望事项，这两个结构的存在可以改变或者促进信息流的加工。执行控制指的是学习模式中的认知及策略，执行控制决定的是哪些信息可以通过感觉登记区域进入短时记忆区域及信息如何进行编码、如何提取。期望事项指的是学生对目标的期望，也就是学习的动力，教师应该根据学生对学习的期望给予相应的反馈，只有这样反馈才会发挥作用。在信息加工学习模式中，执行控制和期望事项两个结构发挥着巨大的作用。

2. 建构主义的学习理论

建构主义学习理论是行为主义发展到认知主义以后的进一步发展，自 20 世纪 90 年代应用于教育领域以来，一直备受推崇。最早提出者可追溯至瑞士的著名心理学家皮亚杰。皮亚杰坚持从内因和外因相互作用的观点来研究认知发展。建构主义理论的重要结论具体如下。

（1）学习过程符合建构主义理论。人们对于外界事物的理解与接受要通过自身认知结构的认可，换言之，学生学习到的知识不是单纯地听教师传授，而是需要学生通过教学互动、教学传授在自我认知结构中进行建构。

（2）学习是一种协商的过程。因为个体的个人经验、个人经历存在差别，所以个体对世界的感受和看法也是各种各样的。要想达到学习的共识，必须经过协商及不断的磨合。

（3）学习是一种真实情境的体验。只有在真实世界的情境中才能使学习变得更为有效。学生在真实情境中如何运用自身的知识结构解决实际问题，是衡量学习是否成功的关键。

综合以上论述，发现建构主义强调学习需要进行知识建构。建构主义认为由于个体经验不同，个体对世界的理解和看法也是各种各样的，知识的建构是发生在个体和外部环境之间的结果，所以不同的个体知识建构的结果必然是不同的，对知识的正确与错误所进行的判断也是相对的。除此之外，建构主义还认为教师只是知识的传授者，真正的知识建构取决于学习者自身的认知结构，学习者只有自我主动进行知识转化才能获得知识。因此，学习环境的主要要素有情境、合作、意义建构及对话。

现代教育技术将建构主义的很多思想转变为现实，例如，利用多媒体创设情境，提供丰富的学习资源和各种便捷的学习工具，来支持学生对内容的自主建构；在课件制作中，建构主义认为教学及学习的重点应该是学生，在教学过程中应该进行身份的转换，将学生从传统的知识被动接受者转变为知识的主动加工建构者；除此之外，教师也应该进行身份转换，应该由传统的传授者变为学生学习建构的帮助者。

（二）现代教育技术的教学理论

以教学理论为指导，探索解决教学问题的规律和途径。现代教育技术将教学理论作为自身的理论基础，是因为教学理论是研究教学客观规律的科学。教学理论是从教学实践中总结并上升为理论的科学体系，它来自教学实践又指导教学实践。对于现代教育技术而言，为了解决教学问题就必须遵循教学的客观规律，也就有必要与教学理论建立起一定的联系。

1. 发展教学理论

赞可夫的发展教育理论构建了实验教学论体系，对教学与发展的关系作出了科学的解释和确切的论证，并对如何创设最佳的教学体系，促进学生的一般发展，作出了精辟的论述，发展教学理论基本观点如下。

（1）教学的目标是促进学生一般发展。要以最好的教学效果，来促进学生的一般发展。

（2）教学目标应定在学生的最近发展区内。教学要有一定的难度，但也要适宜，应定在一般发展区内，只有教学走在发展的前面时，才是好的教学。

教学理论在苏联 20 世纪 70 年代以来的教学改革中得到实施，并在实施中不断发展，对其他国家也产生了较大影响，也为今天教学活动设计中教学目标的制定奠定了坚实的理论基础。

2. 教学最优化理论

巴班斯基的最优化教学理论认为：① 应该把教学看作一个系统，用系统观点、方法来考察教学；② 教学效果取决于教学诸要素构成的合力，对教学应综合分析、整体设计、全面评价；③ 教学最优化是在一定的条件下，用最少的教学时间取得最大的教学效果。

按照教学最优化理论的观点，"最优的"一词具有特定的内涵，它不等于理想的，也不同于最好的。"最优的"是指一所学校、一个班级在具体条件制约下所能取得的最大成果，也是指学生和教师在一定场合下所具有的全部可能性。

教学最优化理论对教学过程的环节业务做了新的划分，认为应按一定顺序安排课堂教学，即"提问—讲解—巩固—检查新知识的掌握情况—复习已学过的知识—概括这些知识并使之系统化"。具体实施方法为：① 综合考虑任务，注意全面发展；② 深入了解学生，具体落实任务；③ 依据教学大纲，确定内容重点；④ 根据具体情况，选择合理方法；⑤ 采取合理形式，实行区别教学；⑥ 确定最优进度，节省师生时间。由此可见，教学过程最优化不是具体的教学方法或教学手段，而是一种教学的方法论、教学策略。

用系统方法研究教学，较全面、科学地剖析和阐述了教学过程，这有助于教师更好地制订教学方案和组织教学过程，以获得最佳的教学效果，该理论体现了系统方法和绩效技术的精神实质，对当前教育技术的发展具有重要意义。

教学理论的研究和发展为现代教育技术提供了丰富的科学依据。教学理论研究的范围涉及诸多方面，研究成果极其丰富。现代教育技术从指导思想到教学目标、教学内容的确定和学习者的分析，从教学方法、教学活动程序、教学组织形式等一系列具体教学策略的选择和制定到教学评价，都从各种教学理论中吸取精华，综合运用，寻求科学依据。

（三）现代教育技术的视听理论

视听教育研究录音、广播等视听教育手段在教学中的使用方法和使用效果，总结出很多视听教学的方法，并提出了相关的教学理论，即视听教育理论。

视听教育理论的核心是经验之塔。经验之塔的主要特征是以塔形构造将学习的形式（或者称为获得经验的手段）分成若干种类，并按某种规律将它们排列起来。该理论对人们在教学中如何选择教学媒体、如何增强学生的感性认识及如何提高学生的学习兴趣具有重要的指导意义。

1. 经验之塔理论的内容

经验之塔的概念将人们获得的经验分为三大类，即做的经验、观察的经验和抽象的经验，并将各种经验按抽象程度分为十个层次，具体如下。

（1）经验之塔"做"的经验。做的经验存在于经验之塔的塔基部分，指的是亲自参与实践活动。做的经验有三种，且都认为学习者不仅要参观活动，更要亲自参加活动，从活动中获取经验，这样获得的经验就是做的经验。第一种是直接经验。直接经验指的是学习者通过对事物进行真实的接触而取得的经验，真实的接触主要包括视觉、听觉、嗅觉、触觉等，直接经验是最丰富的经验。第二种是设计经验。设计经验指的是学习者通过被设计的模型及标本获取的经验。被设计过的模型和标本与真实的材料之间存在大小或其他方面的差异，是对真实材料的改编。被设计过的材料可以帮助学习者有效地理解真实事物。第三种是演戏经验。演戏经验指的是通过在学习之中设置情境扮演的环节，尽最大可能地还原真实情境，让学习者在情境之中通过表演获得情感和观念上的体验。

（2）经验之塔的"观察"经验。观察经验主要包括五个部分。一是观摩示范。观摩示范的作用是通过示范演示引导学生、告知学生事情的操作步骤，以便学习者了解和效仿。二是见习和旅行。通过见习和旅行，感受事物的真实模样，获得直接经验。三是参观和展览，通过对博物馆、历史纪念馆的参观，获得对事物的真实体验。四是电视媒体。通过电视播放的电视剧、电影、纪录片，获得观察经验，电视上的经验是间接的观察经验。五是听觉及视觉经验。主要指的是广播、音频、图片等，相比于电视媒体的方式，听觉和视觉的方式更为抽象。

（3）经验之塔的"抽象"经验。抽象经验主要指两个方面：一方面是视觉信号，视觉信号指的是能够体现具体含义的图形符号、表格符号等，从符号上看不出事物的真实形态，但是符号可以抽象地代表真实事物，如天气预报图上的云朵、雨滴、雪花等。另一方面是语言符号，语言符号有两种表现形式，分别是口头和书面。语言符号代表的是抽象事物。

2. 经验之塔理论的要点

经验之塔理论的主要内容有以下五个方面。

（1）经验之塔的阶层划分是为了区分经验的具体和抽象程度，例如，在底层的经验是最为直接的，方便学习的理解、记忆；上层的经验比较抽象，可以帮助学习者建立概念。阶层的存在，并不是为了规定经验的获取方式需要遵从阶层，也不是为了证明哪个阶层的经验是最好的，而只是为了划分抽象程度。

（2）在具体的教学过程中，应该帮助学生获得直接的具体经验，在具体经验的基础上，进行抽象经验的教学，这样的方法有助于帮助学生理解概念和法则，如果只进行抽象经验教学，会导致学生缺乏实际理论经验的支持。

（3）教育、教学不能止于具体经验，而要向抽象和普通经验发展，要形成概念。概念可以供推理之用，是最经济的思维工具，它把人们探求知识的过程简单化、经济化。

（4）在学校教学中应使用各种教学媒体，使学习更为具体，也能为抽象概括创造条件。例如，在学校中，拥有大量、丰富的电化教育工具可以为学校教育提供良好的资源和更为方便的操作模式。

（5）位于"塔"的中间的那些视听教材和视听经验，既比上层的言语和视觉符号具体、形象，又能突破时间和空间的限制，弥补下层各种直接经验方式的不足。例如，电视、电影、录像等资源可以弥补因学生的年龄和身份所缺少的经历和经验，扩大他们的视野和知识面。

经验之塔所进行的阐述是关于经验的抽象程度的阐述，将经验从具体到抽象，从感性到理性，从个别到普遍进行了总结。在经验之塔的中间部位是电视媒体、视觉、听觉等经验方法，这些经验方法介于抽象和具体之间，可以帮助学习者进行感性的认识，便于理解和记忆知识点，也有助于教师对知识点进行概括总结，进而上升到概念和抽象的层次，有效地帮助学生实现知识从具体到抽象的转化，是非常重要的学习和教学手段。因此，经验之塔的存在不仅可以为视听教育心理学提供指导，还可以为现代的教学提供理论指导。

（四）现代教育技术的传播理论

传播是指传播者运用词语、体语、数字、图片、图表等符号传递思想、感情、知识、技能等信息内容，以影响受传者的行为，或达到信息交流和信息共享目的的行为或过程。

教育传播是由教育者按照一定的要求，选定合适的信息内容，通过有效的媒体通道，把知识、技能、思想、观念等传递给特定的教育对象的一种活动，是教育者和受教育者之间的信息交流活动。它的目的是促进学习者的全面发展，为社会培养各种人才。

与其他传播活动相比，教育传播具有四个特点。① 目的明确。教育传播是以培养人才为目的的活动。② 内容严格。教育传播的内容是按照教学计划和教学大纲的要求严格规定的。③ 受者特定。教育传播的接受者是特定的人群。④ 媒体的多样化。在教育传播中，教育者既可以充分发挥口语和形体语言的作用，又可以用板书、模型、幻灯、电视等作媒体；既可以面对面交流，又可以远距离传播。

在教育传播中，当教育信息通过教育媒体在教育者与受教育者之间进行传递时，产生了动态的过程，这就是教育传播的过程。在教育传播实践中，人们总结出一种非常有效的教育传播系统结构，这种结构用文字、图表等形式表达出来，就成为一种教育传播的模式。教育传播模式是对教育传播现象的概括和简明表述，是对教育传播过程的各要素构成方式与关系的简化，它反映了教育传播现象主要的、本质的特征。

1. 教育传播理论的原理

一是共同经验原理。共同经验原理指的是在教学过程中教师进行教学示范时，必须充分考虑学生的经验范围，只有双方处在同一经验范围内，才能达到教学的最好效果。教师如果忽略了学生的经验理解范围，用学生不懂的经验对学生进行指导会适得其反。

二是抽象层次原理。抽象层次原理指的是教师在进行抽象概念解释时，必须选择学生能够理解的抽象范围，通过具体的事物举例，提炼出抽象要点，基于对熟悉的具体事物的分析整理提炼进行抽象概念的教学。

三是重复作用原理。重复作用原理指的是重复提出一个概念，用不同的方式，在不同的场合重复提出一个概念，可以取得更好的教育传播效果。

四是信息来源原理。信息来源原理指的是传播者在接受者心中有可靠的真实的形象，有利于信息的传播。教师在信息传播过程中，首先应该确保信息来源的真实，其次应该确保树立起严格权威的教师形象，最后应该和学生保持良好有效的沟通关系。

五是最小代价律和媒体选择原理。该原理指的是以最少的付出获取最大的回报，可能得到的报酬除以需要付出的努力等于预期选择率。

2. 传播理论的要素

（1）传播理论的教育者

传播理论中的教育者具备教育教学所需要的能力，在教育系统中是重要的教育教学要素，也是教育的组织者、传播者、掌控者。教育者主要包括教师、家长及教育社团的领导者，在学校教育中最主要的教育者是教师。

教师的最重要的责任是传递教育信息，从这个角度来看，教师并不仅指教课的教师，还包括教育的管理者及教育资料的编制者，甚至某些教学机器也可以是教师的一种。

在教育的传播过程中，教师是教育信息的把关者，对于教育传播的内容、教育传播的方式及教育传播的媒体，教师具有决定权，所以教师应该具备整体掌控教育传播的能力，帮助学生在德智体美劳方面全面发展。除此之外，教师还应该做好教育的组织、评价等相关工作。

（2）传播理论的教育信息

在教育传播过程之中，信息一直是重要的要素，传播理论中的教育信息指的是物理形式的教育信息。教育过程本身就是信息的交流过程，教育过程中充满了信息的获取、转化、传递、加工。在教育传播过程当中涉及的教育信息主要有教学目标相关信息、学生学习相关信息、教师传递的信息、家庭教育的信息、社会媒体教育信息、学生接受和反馈的信息、实践教学的信息等。

信息的本质是抽象的，但是可以通过符号作为表征方式变得具体。符号分为两种：一是语言符号；二是非语言符号。语言符号既包括自然语言，也就是口头或书面的语言，也包括人工语言也就是计算机语言和其他专业的符号语言。语言符号具有抽象和有限的特征，相比之下非语言符号更为形象、更为普遍、更为多元、更为整体。非语言符号一般包括动作符号、图片符号、音响符号等。在理论传播的过程中，两种符号都具备各自的优点，语言符号可以对客观事实进行描述，非语言符号更加擅长表达情感和态度，合理运用语言符号和非语言符号可以有效地提高教育传播效率。

（3）传播理论的受教育者

传播理论的受教育者，也就是教育的接受者。在教学信息的传播过程中，首先，教育接受者要接收教育信息，包括教科书、练习册、教师的课堂教学、多媒体教学工具、大众媒体等传播的信息，还社会实践和社会活动体验到的信息。其次，受教育者需要对获得的信息进行储存及加工，也就是将信息转化为内在的语言符号或者非语言符号。最后，受教育者需要将收获的符号信息和之前获得的经验进行综合、分析、比较，最终得到信息的本质意义。除此之外，应该注意的是学生对信息的接收具有选择性，学生本身具有主观能动性，在很多情况下，学生对于接收的信息会进行主观的选择和理解。

（4）传播理论的媒体和通道

在教育教学的过程中，教育传播媒体和教育传播通道是教育传播的必备要素。教育传播媒体指的是承载教育信息的载体，是教育者和学习者进行信息传递交流的桥梁。

教育传播媒体主要包括教学标本、教学工具、教学书、辅导书、教学影片、教学音频、教学课件等，教育传播媒体的存在是为了教育者和学习者之间进行有效的沟通，所以，教育传播媒体的承载物体必须能够被教育者和学习者感受到，只有这样才能保证教育的有效传播。

教育传播通道指的是教育信息传播的途径，信息的传递必须以通道为基础，按照信息传递的形式可以分为图像传递通道、声音传递通道和文字传递通道。

通道要素主要包括教学媒体、环境、师生的感官系统和信息的传递方式。除此之外，通道还包括双方之间通过沟通形成的联系方式，例如，相比于面对面授课的传统方式，随着科技的进步，现在还有网络授课方式，新技术提供的通道越来越多地被学生和教师关注和使用。

3. 教育传播理论的传播过程

教育理论的传播过程指的是教育者通过教育媒体向受教育者进行信息传递的过程。教育者通过把控信息推动各要素之间进行相互作用，最终形成传播过程，传播过程主要有六个阶段。

（1）确定教育传播信息。教育信息的传播要先明确传递的信息内容。内容需要根据国家对教育和课程的培养计划来确定，对于信息内容，教育者应该仔细认真研讨教学教材，对内容做到具体细化了解；除此之外，还要确保学习者掌握信息内容。

（2）选择教育传播媒体。教育传播媒体的选择本质就是信息编码的过程，教育者应该选用何种媒体形式去呈现教育符号和教育信号是重要的且复杂的问题，需要遵循一定的传播媒体选择方法和理论。具体来说，首先，选择的媒体应该能够准确地传递信息；其次，媒体的选择应该在学习者的经验和知识水平范围之内，便于学习者对信息的吸收和理解；最后，应该选择容易获得的媒体形式，通过较少的付出获得较多的回报。

（3）通道传送。教育通道以教育媒体为中介进行信号的传递，也被称为施教。教育传播通道需要注意两个方面：一方面是信号传递的范围和距离；另一方面是信息传递的顺序。在传送之前，教育者应该做好预先传送设计，保证传输有规律、有步骤、稳定地进行，为了保障传送信号的质量，应该避免无关问题的干扰。

（4）接受与解释。受教育者对信息有一个接受和解释的过程，也就是信息译码的过程。受教育者受到外界环境的信号刺激，感官将信号传输至中枢神经，然后信号转变为符号，最后在受教育者的脑海中与之前的知识和经验融合将符号彻底解释为信息意义，并长久地存储在大脑之中。

（5）评价与反馈。受教育者成功将信息转化为知识时还面临一个问题，那就是知识是否达到了教学的目标，所以，我们需要对教学进行追踪与评价。评价的方式主要有查看受教育者的行为变化、受教育者的课堂活跃程度、作业完成程度及考试成绩，教学目标完成度的评价也是对教育传播过程的反馈。

（6）调整再传送。基于教育传播过程的评价和反馈来调整教育传播的方向，改进传播中的不足。通过调整教育信息、媒体及传送通道达到更好的教学目标，具体操作表现为：教师在课堂上能及时调整、在课后进行的辅导调整、在期末对问题进行集中处理等。

（五）现代教学媒体理论

现代教学媒体理论以施拉姆媒体观为例进行探讨。施拉姆是传播学的创建者，施拉姆在《传播学概论》中提出认识媒介的八个原则。

（1）媒介所刺激的感官。施拉姆分析媒介要先分析媒介作用于人的何种感官，然后才能进一步分析媒体的其他功能。印刷媒介刺激人的视觉系统，所以，选择与使用印刷媒体主要从视觉入手，例如，版面的设计要符合人的视觉感受，字体的大小、颜色的赏心悦目，重要信息呈现的位置都要作为媒体软件设计关注的重点。听觉媒体主要刺激人的听觉感官，认识与使用听觉媒体主要从声音入手，如语言、音响和音乐等。

（2）反馈的机会。一个好的媒体应该具备受者的反馈渠道，即应该实现传者、受者双方信息双向流动的通道。因特网之所以对电视造成了冲击，其中一个原因就是反馈渠道优于电视。

（3）速度的控制。不同的媒体在其传播信息的可控性上有所不同。面对面的语言媒体易于控制，学习者可以对印刷媒体进行控制。大众媒体如广播和电视，受众不具有对媒体传播速度的控制权。在教学领域，可以分析师生对媒体播放速度的控制方法，分析如何在学习内容上使用更适合的媒体。

（4）信息代码。不同媒体使用不同的信息代码，利用语言媒体进行面对面交流时，除了语言符号外还有许多非语言符号，如教师的动作符号、伴随语言符号、教师的面部表情等。印刷媒体以文字为主，易于做到抽象化；视听媒体则文字比较少，易于用图像、视频做到具体化。

（5）增值。面对面交流增值需要经过很大的努力，而许多电子媒体、网络媒体则可以使自身的传播增大无数倍，使很多地方能够收到他们传递的信息，克服了距离和时间的问题。视听媒体传递的信息还可以使文化程度较低的受众理解并接受。可以将面对面传播反馈迅速与大众传播信息增值的优势结合起来。

（6）保存信息。要看媒体是否具有保存信息的能力。语言媒体传播信息稍纵即逝，而印刷媒体、网络媒体在保存信息方面具有优势，电子媒体日益走向专业化以增强其保存信息的力量。

（7）克服弃取。克服弃取的力量即放弃某种媒体传播的可能性。转换电视频道比打消面对面交流容易得多，但是在其他条件相等的情况下，通过面对面的交流比通过媒体渠道更易于引起并集中注意力。这也是使用传统媒体的优势所在。

（8）满足专门需要。大众媒体满足社会的一般需要迅速而有效，然而在满足特殊、专门需要上则较差；电子媒体甚至没有面对面传播更有效。一些以说服、教育为目的的活动都力图把大众媒体同个人的渠道结合起来，使其互相加强，互为补充。

以上是施拉姆在《传播学概论》里提出的认识和分析媒体的视角，这些原则同样适用于认识现代教学媒体。

三、职业教育智慧课堂教学设计

（一）智慧课堂的翻转课堂教学模式

1. 电子书包支持的翻转课堂教学模式

翻转课堂通过改变传统课堂教学中知识传授与知识内化的顺序，为解决数学复习课中存在的问题提供了一条新的途径，而电子书包在此过程中可起到良好的技术支撑用。电子书包支持的翻转课堂教学模式，其特色与创新体现在以下三个方面。

（1）电子书包支持的翻转课堂教学模式的构建紧紧围绕复习课存在的问题和教学需求，并将数学问题解决与翻转课堂相联系，在教学中引导学生发现问题、解决问题，具有较强的学科性。

（2）电子书包支持的翻转课堂教学模式超越以往对电子书包功能的简单介绍，从教学支持的角度，详细阐明电子书包在翻转课堂中的支持作用，促进电子书包与课堂教学融合。

（3）电子书包支持的翻转课堂教学模式在传统模式的基础上融入电子书包的技术支持，并经过两轮迭代设计进行调整和优化，具有较强的可操作性和可推广性。

2. 电子书包支持翻转课堂教学模式环节

（1）课前自学，知识梳理。在复习课前，教师针对复习的重、难点制作相应的微课（每段不超过 10 分钟），并发布到电子书包平台上。同时，教师根据复习的知识点发布相应的习题，习题的设置要充分考虑学生已有的认知结构，合理地设计习题的数量和难度。学生自主学习微课，完成相应习题，并根据电子书包的反馈情况在平台上撰写错题反思，也可再次选择相应的微课进行复习巩固。在上课前，教师对学生完成练习的情况进行分析，为课堂活动的设计提供指导。

（2）课中强化，个性训练。知识的获得是学生在一定情境下通过人际协作活动实现意义建构的过程。因此，教师在设计课堂活动时，应在鼓励学生自主探究，在运用所学到的知识来分析解决问题的基础上，充分调动学生的积极性，参与小组协作，协同解决问题。课中强化，个性训练的具体步骤如下。

第一，错题点评，有效教学。教师利用电子书包的统计分析功能，分析学生课前练习的得分及错题情况，总结易错题型，帮助学生明确学习目标。然后由学生自主提出问题，并通过小组活动协作解决问题。

第二，提炼方法，个性训练。首先，教师选取共性错题详细讲解，并引导学生提炼解题方法，梳理整章知识点。然后，学生利用在线测试功能在电子书包上完成系统智能推送的习题。教师随时捕捉学生学习动态，并及时加以指导。

第三，分组竞赛，巩固提升。完成个性训练后，教师发布难度递减的习题，根据个性训练成绩分层进行答题竞赛。小组长统计小组平均分汇报给教师，并进行小组点评。

第四，师生互评，课堂小结。电子书包支持的翻转课堂的评价应该是多维度、多方式的。课堂小结环节，先由学生进行自我评价，再由教师进行评价结果的统计与反馈，让学生针对不足的地方在课后进行加强和补救。

（3）课后拓展，能力提升。课后，学生利用电子书包针对课堂中存在的问题进行补救练习，并利用电子书包的资源进行拓展学习，而教师可通过对学生课内外的学习情况进行评价，为下一次教学提供参考。

（二）智慧课堂的生成性教学模式

生成性教学是指在教学过程中，学生通过与教师、学习资料的交流互动，实现意义的获得及自我主体的建构，并让教师和学习材料进入一个新境界，以超预期的方式完成教学目标与任务。随着社会的进步及现代化教育模式的转变，构建人才覆盖型、全能人才培养型、综合素养健全型课堂成为积极应对社会发展要求的重要选择。但在实际教学过程中，学校和教师往往将课程重点局限在应试教育背景下课堂知识的死记硬背及传统固化的教学模式中，学生的主体地位得不到尊重，学生的主观能动作用得不到充分的发挥，教师和学生的个性自由都得不到充分的发展。因此，在这种教学现状中，调整教学活动，改革教学方式，由传统固化向开放创新转变，鼓励教师和学生在课堂教学中积极互动交流，充分发挥创新意识和创造思维，从而提升教学附加值。

1. 电子书包支持的生成性教学模式

由教师或其他人借助教学辅助工具，对学生加以引导和启发，使学生完成知识的生成，这个过程发生的场所，通常称之为生成场。在生成场中运行的教学生成系统是信息资源和学生逻辑思维进行碰撞的信息加工过程，即生成性教学模式的环节。

2. 电子书包支持的生成性教学模式环节

（1）弹性预设环节。在生成性教学工作开展前，教师要针对学生实际状态、教学任务、教材等情况，进行生成性教学的弹性预设，为学生的课前学习准备提供学习资源或者学习方法方面的指导，以帮助学生获取对知识的整体感知，推动教学工作的顺利开展。这种预设是生成性教学开展的基础，它不是固定不变的，而是弹性可变的。

（2）交往—反馈环节。在生成性教学工作开展过程中，在教师创意思维和创新形式的作用下，创设具体情境，让学生与学生、学生与教师在具体情境中产生互动交流，学生发挥主观能动性进行自主探究，教师随时记录学生的学习状态和心理状态，以便及时作出调整和反馈。这个环节是生成性教学开展的前提，是对产生的大量、丰富的生成性信息进行记录、整合、反馈的过程。

（3）应对—建构环节。交往—反馈环节中采集的信息，一部分转化为学生的生成知识，另一部分就需要借助教师的引导进行外化展示。应对—建构就是在生成性教学过程中，针对交往—反馈环节中学生反映出的问题或者教师记录的信息点，采取应对措施和解决方案，及时调整学生的学习状态，建构更科学的教学体系。应对与建构是生成性教学的关键，直接影响着生成性教学成果的质量好坏。

（4）生成—创造环节。生成与创造是学生在教师引导下，构建生成性知识，与已有的知识结构进行有机融合，并通过可视化的形式进行展示的过程。它是生成式教学想要达到的预期结果。

（5）评价—反思环节。评价与反思的目的在于使学生及时得到学习反馈，帮助学生改进问题，获得进步，激励学生增强学习动力。它是教学活动的重要环节，是教师改进教学方法的重要参考。

四、职业教育微格教学设计

随着教育理念的不断深入研究和科学技术手段的发展进步，逐渐形成了针对教师教学和学生学习全过程进行设计、开发、应用、管理和评价的一系列理论，并将声音、图像、文字、教学程序、教学反馈系统等融为一体，以便达到优化整个教学过程和提高教学效果的目标。这些理论和教学方法被逐渐引入教师培训过程和师范生培养阶段，以解决教育实习不足，难以快速适应课堂教学环境，对指导意见缺乏直观感受，难以进行客观的自我评价和改进等问题，通过研究者的不断努力，逐渐形成了微格教学的概念和微格教学训练法。

微格教学是在一定条件下进行学习和训练，集中解决某个特定问题的教学行为，是建立在现代教学理论和现代教育技术的基础上，借助现代的视听技术，采用可控的教学环境，对微格教学的教学模式进行设计，组织教学的实施、讨论、分析和评价，将所需训练的教学能力恰如其分地运用于课堂教学过程当中，以便提高受训者教学能力的课堂教学技能。

微格教学是一种教学方法，在中国被称为"微型教学""微观教学""小型教学"等。微格教学就是把整个综合的复杂教学过程进行分解，分解后的单一技能较容易掌握，受训者对这些单一技能分别进行训练，在训练过程中，培训者用现代视听设备记录受训者的现场表现，结束后将声像记录通过回放设备进行回放，便于受训者及时接受指导、反馈和客观评价，并对自己的教学过程进行纠正和重新演练，通过不断循环反复直到熟练掌握该项技能的一种方法。本质上而言，微格教学就是一种细化教学，它的"微"体现在课堂容量小，持续时间短，训练技能单一；"格"表示可以将整体像划分格子一样细分，并可将教学的过程通过影像帧格方式播放。微格教学结合了教育学、心理学、系统工程、现代教育学、现代教育技术等基本理论，并借助现代化的视听技术手段，是一种可控制的微型化教学及实践训练体系。

微格教学的概念可以定义为：微格教学是利用一个可控制的实践系统，使师范生或在职教师有可能集中解决某一特定的教学行为，或在有控制的条件下进行学习。它是建立在教学理论、视听理论和技术基础上，系统培训教师教学技能的方法。

微格教学训练可以概括为：把教学的完整过程细分为微型课题，针对性地练习单一技能，遵守规范的标准，及时进行反馈和评估。微格教学为受训者提供了一个模拟教学的环境，受训者在这个环境中可以进行教学能力训练，不但可以训练分解细化后的每一项教学技能，还可以及时获得大量的反馈和评估信息，从而切实提高自身的课堂教学能力。它是借助现代技术条件培养和训练教学能力的有效方法和手段。

（一）微格教学的价值、意义与作用

1. 微格教学的价值

（1）技能训练方面的价值。微格教学最重要的目的之一就是训练师范生、类师范生、在职教师教学能力。微格教学改变了传统的教师培训模式，将被动接受为主的方式变为主动参与的方式，提高了课堂活跃度，激发了受训者的学习积极性，不仅提高了受训者的教学知识和理论水平，而且提高了受训者的教学能力，在受训者进行课堂教学时，能够提高课堂教学质量。作为训练教学能力的方法，微格教学相比于传统的、模拟整节课程的教学试讲、教学实习方式，特点鲜明，具有目标单一、针对性强、过程简短、反馈及时、效果明显等优势。

（2）教学研究方面的价值。微格教学除了可以用于在职教师教学能力的科学研究，研究者利用教学录像反馈机制，可以多次地、更加细致地对教学情境做深入研究，这比传统的靠模糊印象来开展教学研究的方式，要更加精准和高效。

不同于传统研究方法中关注思辨性、经验性、个体性的特征，微格教学更多地关注客观性、系统性、具体性，将科学方法论和现代科学技术进行了有机融合。微格教学的独特性还在于它借鉴了自然科学中的研究方法，并对其进行了延伸和发展，实现了对复杂教学活动中变化因素和训练过程的系统过程，使科学理论能够更好地指导社会实践。

2. 微格教学的意义

微格教学的价值决定了微格教学的意义，微格教学的最大意义在于培养了受训者的各项教学能力，此处的受训者主要包括师范生、类师范生和在职教师。对于师范生和类师范生，他们都可能会走上教学岗位，为了在以后的教学活动中顺利完成教学目标，他们必须要掌握一些教学技能；对于在职教师，要不断提高自身专业水平和教学能力，就要不断开展教学研究活动。而通过微格教学训练，受训者不但能够提高运用各种教学技能的能力，还可以按照标准来规范自己的各种教学技能，并且对各种新的教学技能进行探索和研究。所以，微格教学训练是师范生、类师范生掌握基本教学技能，形成综合性教学能力的重要途径，也是在职教师提高自身业务能力的重要渠道。

3. 微格教学的作用

微格教学对提高课堂教学质量和促进教学研究活动有以下两个方面的重要作用。

一方面微格教学有利于提高课堂教学质量。现代课堂教学的研究基本都是关于教学内容和整体性教学方法的研究，评价研究分析大都是针对整个课堂教学过程，局限于宏观层面，让教学者难以更加深入了解教学技能。而微格教学则是把整体性课堂教学中的综合性技能细分为多项单一教学技能，这样有利于教学者对每项技能深入分析和研究，作出的评价更具针对性，让课堂教学研究更加深入，有利于课堂教学质量的提高。

另一方面微格教学有利于提高教学活动质量。微格教学的一大特点就是改变了传统教学的一些模式，例如，微格教学改变了传统教学中的教师讲解为主、师生互动较少的方式，而采用录像回放、及时点评等方式加强了课堂的师生互动性。此外，微格教学改变了传统的评课方式，通过录像回放，可以观察被评价对象的各种教学技能掌握和运用情况，而不仅是局限于知识结构、程序环节等宏观层面的特征，这样不但可以提高课堂教学的质量，而且可以使得教学科研活动更具有目的性，科研目标更加精准。

微格教学既可以用于师范类和类师范类学生教学能力的培养，也可以用于在职教师的教学科研活动和教学能力的训练。要充分认识微格教学的意义，在日常的科研教学中就要充分结合微格教学的特点，将微格教学切实运用于日常的教学和科研活动中，让微格教学成为真正提高教学科研能力的手段。

（二）微格教学与传统教学的对比

以传统教师受训为例，微格教学与传统教学试讲方式相比，具有以下三个特点。

1. 注重单一能力训练

传统的培养教学能力的方式是教学试讲，这种方式强调的是培训者按照正常的整节课方式进行试讲，由于涉及多种教学能力的运用，往往让学习者难以找到重点。而微格教学方式，则是将这些复杂的多个教学能力和过程进行细分，每次微格教学只针对某一个细分项进行重点训练，待彻底掌握这项技能后再训练下一技能。这种逐项训练的方式，便于学生明确重点的同时，更有利于教师扎实地训练和掌握各项教学能力，为最终掌握综合性的教学能力打下基础，并运用到实际教学中形成实际的教学能力。

2. 采用直观反馈形式

在训练教学能力的过程中，及时得到反馈非常重要，这能够让受训者进行必要的调整而完善自身，进而更好地训练和掌握各种教学能力。传统的教学试讲方式，授课者获得反馈意见的渠道只能是向听课者征求意见，由于听课者和授课者的身份角色不同，听课者反馈的意见是从自身的角度出发的，语言表达上的确切性也要欠缺一些，这就导致授课者听到的反馈意见是间接的，指向性也要差一些。

而在微格教学中，采用的是摄像记录和录像回放方式，这样就允许授课者更直观地观察自己在教学过程中的表现，授课者的体会也是从自身的角度出发的，而且录像记录的一言一行和一举一动，都不会有任何细节的遗漏，这就使得授课者得到的反馈更加直接，指向性更加明确，覆盖范围更加全面，得到的印象也更加深刻，改进完善的效果也更加明显。

3. 经历多重角色转换

传统的教学试讲方式中，受训者只有两重角色，在进行理论学习和获取反馈时是学生角色，在试讲时是教师角色。但在微格教学过程中，受训学生除了以上的两重角色身份，还要对自己及小组成员的教学录像进行评价，这时又有了评价者的角色，而且学生、教师、评价者三重角色是不断交替变化的。例如，针对某一教学能力的训练达不到要求时，受训者就必须重新进行训练，这样又从评价者变为教师角色，在反馈阶段，又变回学生角色，这种三重角色的不断转换，可以给受训者提供多重身份体验，提高他们的兴趣和训练的效率。

（三）微格教学系统的应用

微格教学作为一种提高受训者教学能力的方法，自诞生以来迅速在世界范围内推广开来。在微格教学中，受训者要利用现代化的视听技术进行实践，完成录像观摩、录像回放等环节；受训者要通过录像、受训者之间的互相点评、信息反馈等环节的考核，这些环节将涉及现代教育理论、教育评价理论等基础知识；而微格系统整体要完成良好的运行，还需要涉及系统控制理论。因此，只有了解教育学理论、心理学理论、系统科学理论、教学设计理论、现代教育技术等理论及技术，才能加深对微格教学的认识，提高运用微格教学的能力。下面将对微格教学的理论基础知识和技术基础知识进行简要的介绍。

1. 微格教学系统的应用要点

在微格教学过程中，要合理运用好已有的教育教学理论和技术，让这些成熟的教学理论指导整个微格教学。在微格教学训练时，要做到以指导教师为中心，这属于行为主义学习理论的范畴，指导教师在微格教学中都具有重要的不可替代的作用，指导教师在整个微格教学中要组织、引导、帮助受训者完成各个环节的实践，还要监控整个微格教学的进行过程，只有坚持指导教师的作用，微格教学才能按照规定的模式顺利进行。

在强调指导教师作用的同时，不能仅停留在这种行为主义学习理论的层面，必须注意综合运用建构主义学习理论和人本主义学习理论，即在微格教学过程中，既要承认和重视受训者作为认知主体的作用，也要尊重受训者自身的认知规律，要充分发挥教师构建自我知识经验的能力。微格教学的应用要点具体如下。

（1）掌握基本理论和技能。要明确它们的定义、结构、意义、目的、作用、功能、特点等基本知识，在这些基础上深入了解教学技能训练的步骤程序、训练中的要点等方法信息，只有从理论和实践两方面入手，受训者才能更好地形成自己的知识体系，并完成相关知识的建构和经验迁移。

（2）重视角色体验的作用。在教学中，师生都应该明确角色扮演的作用和效果，教师要按照教学内容和情境的不同让学生进行角色扮演，而学生通过角色体验加深了知识，提高了能力，而且通过角色扮演还能改善课堂单一的教学模式，提高教学效率和教学质量。

（3）做好教学实践。在师生都做了充分准备的情况下，实践是将理论知识转化为感性认识的关键阶段，要通过实践将知识和经验内化，通过不断的感悟，帮助教师形成自身对于各种教学技能的认知，并通过实践熟练掌握各种教学技能。同时，要结合现代教育教学理论，充分、合理地利用各种现代化视听教学设备，在为受训者提供充足的学习资源的同时，为受训者创造一个高效的学习交流环境。

2. 微格教学系统的思路

（1）微格教学模式。微格教学程序为：受训者撰写细分后的微格教案—将受训者分为小组（每组 7 人左右）—教师指导片段—教学（10 分钟左右）—指导教师和组员共同观看片段教学录像—组员讨论后相互评议—教师总结—被点评者不断改进，并重复教学直到达到目标。小组的每个成员经过以上的整个程序后，基本掌握了各种常用教学技能，从而提高他们的教学能力和教学质量。

微格教学的目标就是要培养和提高受训者的教学技能，让受训者能够掌握基本的教学技能，提高他们的教学能力。为了实现这个目标，微格教学要遵循一套严格的模式方法，具体包括三个步骤：第一，将整个教学过程进行细分，细分为单项的教学技能；第二，通过相关的理论书籍对这些教学技能进行学习，学习之后要将理论和实践相结合，对每一个单项的教学技能进行逐个训练；第三，根据教学目标，结合教学过程、教学安排、所要训练的技能等合理地设计微型训练课，在每个微型训练课中主要训练某一技能。设计微型训练课的时候要注意，微型训练课只是现实中一节课的一部分，因此，微型训练课的时间要短，教学内容要少，只应主要关注某一方面的内容，不要求做到面面俱到。

（2）微格教学阶段。微格教学结合了现代教学理论和现代教育技术理论，在现代化视听技术的辅助支持下，可以让受训者集中训练以解决某个特定问题，是一种在可控教学环境下培训和提高受训者课堂教学技能的教学方式。微格教学一般有以下三个阶段。

第一，课前阶段。首先，指导教师要安排受训者阅读参考书目，要让受训者通过对现代教育理论的综合分析，形成自己的认识；其次，授课教师要组织受训者进行讨论，加深和巩固相关理论基础；最后，指导教师要安排受训者观看示范课录像，并与受训者一起就课堂教学技能的各方面进行讨论。

第二，实践阶段。实践阶段体现了微格教学的特色，先是受训者进行微格片段模拟教学；然后受训者对比自身的教学录像与示范录像，对各种课堂教学技能进行探索。如何做到正确评价是能否顺利达到本阶段目标的重要保障，包含两个方面：一是小组同事要对主讲者的表现进行集体评价；二是主讲者要进行自我评价。这样从主客观两方面进行的评价更有助于主讲者认识自我和改进教学。

第三，总结阶段。在总结阶段，指导教师要根据学生在训练中的情况选择教学技能，通过与学生的讨论，帮助学生通过分析总结，寻找到符合学生自身教学特点的教学技能组合。

（3）微格教学的特征。微格教学打破了以往教师培训的模式，将复杂的教学行为进行了细化，导入了现代学习理论、教学理论、现代教育技术理论及系统科学理论，它具备以下四个基本特征。

第一，突出学习重点。微格教学采用微型课堂的形式开展，课堂集中于人数少的学生的一两个技能的强化教学，这种集中化的教学方式一定程度上强化了学生的实操技能，突出了重点。

第二，融合理论与实践。理论教学的目的在于更好地指导社会实践，而微格教学的教学方式使晦涩难懂的理论知识与社会实践进行了更深层次的融合，这种方式可以有效提升学生的学习兴趣和教学质量。

第三，直观反馈信息。微格教学中巧妙地利用了现代信息技术，通过技术手段辅助，对学生的日常学习表现进行记录，使教学信息反馈更为直观、立体，以便教师能够及时调整教学方法。

第四，尊重学生地位。学生是教学活动的主体，教师是教学活动的主导者，教学活动的这个基本准则在微格教学中同样得到了很好的体现。

（4）微格教学的创新。微格教学模式规定了微格教学的步骤、训练小组的分组要求、设备要求等，这样固然可以规范微格教学的标准，保证教学质量，但教师和受训者都遵循这个模式规定，就必然缺少方式方法上的灵活变化，按照这样的方式进行的微格教学活动，得到的效果并不令人满意。因此，在遵循微格教学的相关规范的同时，应该灵活变通，打破这些固有的模式，对各种教学方式和方法进行变化与创新，采用多样化的方式方法，研究各种多媒体设备的革新运用方式，以求更好的教学效果。在微格教学方法变化和创新上，应注意以下三个方面。

第一，以学生为中心。遵循现代教育技术的基本指导思想，要以学生需求为中心，发挥学生的积极性和主动性，这就要求指导教师在课前要充分向学生讲解微格教学的概念、特点、实践程序等，要让学生认识到微格教学在培养和提高教学方面的必要性，这样学生才能做好充分的心理准备，并在实践中体现积极主动性。

第二，因人因材施教。要充分考虑到不同受训者的不同特点，针对受训者在微格教学过程中的不同表现和特点，才能因人而异，因材施教。

第三，关注每个环节。要结合教学目标、内容、受训者特点来决定教学活动的各个环节。在微格教学的各个环节中，要注意各种方法的结合使用，或者可以将原有的一些程序步骤交叉颠倒。例如，在观摩录像环节，不要单纯让受训者观看录像，指导教师可以与他们进行讨论，并进行分析讲解；在评估反馈环节，可以将播放录像和评价分析这两个步骤互换，可以减少受训者的枯燥感，激发受训者的兴趣，加深受训者的学习印象。

总之，微格教学方式方法的创新要充分结合传统教学和现代教学的理论与手段，并尽量做到方式方法的多样化，通过不断探索研究，力求整体上提高教学活动、教学效果和教学质量。

3. 微格教学系统的操作环节

微格教学的最主要功能是可以让受训者进行技能训练。微格教学的典型程序包括示范教学、观摩教学、教学实况转播与录像等多个环节，为方便操作，特将具体环节和相应的要求归纳如下。

（1）理论学习环节。因为微格教学中进行的是片段教学训练，所以最先要做的是将一个完整的教学过程进行片段细分，在进行划分和后续编写微型课教案的过程中要涉及一定的教育学理论、各种技能理论，还要结合教学目标、学习者特点等综合考虑，因此受训者要先掌握一定的理论基础才能为后续的各个阶段工作打下坚实的基础，本环节主要完成的就是理论学习和研究。

（2）观摩讨论环节。为了让受训者在实际训练前明确训练的目标和要求，指导教师要向受训者播放专家和教师的优秀示范录像，播放后指导教师要带领受训者小组进行探讨，通过观看录像和探讨，受训者要明确所要训练的技能和其他一些要求。

（3）编写微型课教案环节。微格教学是把课堂教学的整个过程分解为不同的片段，在每个片段中进行单项教学技能的训练，在受训者明确了需要训练的技能后，他们就要选择合适的教学内容进行片段教学，此时受训者要根据事先设定的教学目标来进行教学设计，并写出较详细的教案。所编写的微型课教案与传统意义上的教学教案不同，要有自身的特点，一是在时间上必须要简短；二是在细节上不同，例如，微型课教案要有明确的教学目标，要标明每一个教学行为对应的教学技能，预先判断学生学习行为和对策、教学过程的时间分配等细节信息。

（4）模拟实践环节。微格课的课堂由指导教师（真实的教师）、受训者（扮演教师角色）、小组成员（扮演学生角色和点评者角色）、设备操作人员共同组成。教师角色受训者在微格实训室中进行 5～10 分钟的试讲，训练 2 种教学技能，在训练前，该受训者要先对自己试讲过程中要训练的技能进行简短说明，介绍教学内容和教学设计思路，然后开始试讲过程，在试讲过程中，要全程进行录像记录。

（5）评价反馈环节。指导教师及受训小组全体成员共同观看某一受训者的试讲录像。进行试讲的受训者要进行检查：一是检查试讲是否达到了预期的效果和目标；二是检查所要训练的技能是否掌握。同时，指导教师和受训小组成员也要根据听课和所观看录像的情况，检查试讲者是否达到了自身所述的目标，并要通过小组讨论，向试讲者提出存在的问题，给出试讲者努力的方向，因为每个小组成员都是从不同的角度出发，所以他们给出的观点和建议更客观，更能体现实际环境中不同学习者的特点。该阶段有定性评论法和定量量表法，根据情况灵活使用。

（6）循环反复环节。试讲者根据评价和反馈的结果，针对指出的问题，再修改教学设计和微型课教案，并重新进行微格教学实践，试讲后再听取小组意见和建议，再次修正和试讲，直到达到预定目标，掌握预定技能后换下一个受训者，再反复进行以上步骤。受训者不断修改微型课教案，重新实践试讲的过程就是受训者教学技能不断改进完善和提高的过程，片段教学的训练和单个教学技能的掌握为受训者将来进行真实教学奠定了坚实的基础。

第四节　职业教育信息化建设的未来展望

一、健全职业教育信息化建设经费的筹措和监管机制

（1）对建设信息化的多元经费筹措机制进行完善。在经费的分配中，加大对经济落后地区和中西部地区的财政投入力度，促使各级政府能够按照比例和各自的责任投入经费，国家对职业教育信息化建设经费标准方面进行规定。设立逐年增加的职业教育信息化工程专项经费。从民间团体、行业企业及各种社会力量处吸取捐助，对社会化措施和政策性倾斜加以采用。积极推动投资融资的信息化改革，促使基金会等组织发挥各自作用，建立多元经费筹措机制，其中的结合包括学校与企业、政府与企业，通过市场来融资，政府负责投资，而学校负责筹资，使企业教育信息化在物质基础足够的情况下可持续发展。

（2）加强对职业教育信息化建设经费的监管。以高效和节约为原则，加快建设财务管理信息化系统，通过管理规范的建立来保证职业教育信息化建设经费的有序投入，同时对使用经费的过程加强管理。在全国范围内统计调查职业教育信息化竞赛的需求情况，在各级财政经费预算的制定方面，需要考虑教育和财政经费的总量。必须建立统一的财政账户来容纳社会力量和行业企业的捐款。对培养队伍、开发资源、建设基础设施所需要的经费进行合理分配，严格执行政府的统一结算制度和采购程序，避免出现经费的滥用。通过建立更加严谨的审计制度，科学评估经费使用的效益性和合理性，对各自的责任进行严肃的追究。

二、健全职业教育信息化建设的监控和评价工作机制

对评估职业教育信息化建设水平的标准进行制定，在评建结合、以评促

改、以评促建原则的基础上，对评估职业教育信息化建设的工作进行推进。通过研究、建立更加完善的评估体系，对各项评估标准进行制定，评估标准涵盖评价网站建设、人才队伍、远程教育、应用系统等各个方面，并在地区现代化与学校考核的内容中纳入这些评价。

建立监控职业教育信息化建设的运行机制。明确高职院校和地区信息化建设状况的审查评估主体为省级专门部门，中等职业院校信息化建设的审查评估主体为地市专门部门，各个主体会将结果报告到信息化领导小组办公室和同级教育行政部门，保证良性均衡的职业教育信息化发展得以实现。

三、借鉴国际成功经验，加快发展步伐

在政策制定的角度方面，澳大利亚和美国为了使信息化社会发展的需求得到满足而对个人的信息素养更加关注，在制定政策时，往往将视角放在信息技术对个人学习的促进上；而我国则将教育信息化政策的制定视角放在教育信息化事业发展和国家信息化程度上。

在教育信息化发展政策和规划的制定方面，澳大利亚和美国会综合规划教育信息化，会考虑综合教育信息化和整体教育发展的各个因素，将其他学科融入信息技术的整体规划中，综合性较强。另外，多种技术的采用是美国和澳大利亚教育信息化政策中比较强调的内容，不会单方面强调应用新技术。

一些国家对开放共享教育资源非常重视。美国将自己的课件向全世界开放，澳大利亚的资源共享质量较高，在资源系统间的相互操作方面，制定了相应标准，这些都是可以借鉴的经验。

综合来看，结合教育和技术各自的优势，对职业教育资源进行有效的分配，实现跨时空共享职业教育信息资源，并对职业教育的发展进行推动是职业教育信息化的重要内容。利用多媒体等信息技术来整合现有的职业教育教学资源，丰富技能和知识的展示平台，使学习更加具有趣味性、灵活

性和主动性，在不断更新学习方法和内容的同时，提升培养技能的效率与质量。利用网络的技术优势，使教育能够远程进行，打破时空的界限，将多样的教育形式的优势结合起来，向四面八方传递职业教育教学资源的精华，使学习获得更高的开放性，这样能够促进就业导向职业教育的发展。自主性和个性化学习也会在现代化与信息化远程职业教育手段的运行中得到推动，有利于树立人民终身学习的观念。除了在校全日制学生之外，职业院校信息化教学的对象还包括社会上愿意学习的各个主体和远程的学员。这是职业院校信息化投入产出比提升、大规模职业教育的实现和高质量职业教育服务实现的前提。

第六章

职业教育的可持续发展

第一节　职业教育可持续发展的理念解读

一、遵循导向性理念

职业教育可持续发展的研究与实践必须运用全新的理念、思维、理论辨析职业教育发展过程中所面临的困难和问题，使职业教育的可持续发展具有鲜明的导向性，遵循职业教育的发展规律。

二、遵循持续性理念

持续性是职业教育可持续发展的应有之义和根本的发展状态，是职业教育发展的本质要求，离开持续性，职业教育将会变得功利化、阶段化，甚至是碎片化。这里的持续性主要包括以下三个方面。

一是人才培养对象发展的可持续性，人才培养对象即培养的学生。通过职业教育培养的学生应当是可持续发展的，尤其是就业或者升学后，自身的发展能力是可持续的，必须具有不断完善自身、不断更新知识、不断提升技能的能力。

二是教育教学质量提升的可持续性，教育教学质量是衡量一切教育类型良莠的基本前提，职业教育的办学过程必须以高质量为前提，那么就需要国家和办学主体在国家法律层面和院校办学制度方面形成统一持续提升教育教学质量的机制，使高质量的教育教学持续提升成为可能。

三是促进经济社会发展的可持续性，经济社会的持续发展对高技能人才的需求必将不断增加，这就需要职业教育的人才培养要与经济社会的发展相衔接，必须持续地跟上经济社会发展的内在要求，调整职业教育的办学目标以适应持续发展的要求。

三、遵循责任性理念

职业教育肩负着我国数以千万计的高素质技能型专门人才培养的历史使命，经济社会的发展离不开职业教育，同时职业教育也必须承担自身对经济社会发展不可推卸的历史责任，因此，责任必须明确，也必须承担。这里主要包括三方面的责任。

一是对学生和家长负责。学生是职业教育直接服务和培养的对象，所有的教育内容和环节都是为了学生的发展而精心设计。学生和家长对职业教育是否满意是最直接的评价和反馈。

二是对用人单位负责。企事业等用人单位是学生的服务对象，也是职业教育人才培养规格、岗位确定的重要依据，离开用人单位的参与，职业教育就无法体现职业属性，培养的学生就无法准确定位，要想培养的人才符合用人单位的用人标准和需求就必须对用人单位负责。

三是对社会负责。高素质技能型专门人才是职业教育培养的人才目标，是社会发展急需的人才，为了推动社会的不断发展和进步，必须认真完成职业教育的历史使命。

第二节　职业教育可持续发展的体系构建

一、职业教育体系建设的出发点

关于职业教育体系的内涵，职业教育体系的构建方法，学术界有不同的看法，也有不同的建议。对此，《教育规划纲要（2010—2020 年）》有明确的表述，概括而言就是"两个适应""两个满足""一个体现"和"一个协调"。

第一，职业教育和经济发展方式的转变相适应。在各种教育类型中，和经济发展关系最密切、联系最直接的就是职业教育，也正因如此，有人提出职业教育本身就具有一定的经济性，深抓职业教育就是深抓经济。构建职业教育体系，需要立足经济发展方式的转变，从中寻找最佳方案。我们要增强改革创新本领，保持锐意进取的精神风貌，善于结合实际创造性推动工作，善于运用互联网技术和信息化手段开展工作。在对经济发展方式进行转变的过程中，核心的问题就是对发展观念及发展目标进行调整转变。要对过去的发展方式，即以外向型经济为主和对于投资过度依赖的方式进行转变，对于高新技术产业、绿色产业、新材料、新能源产业等，要进行大力发展，不论是在人与社会方面，还是人与自然方面，都要尽可能地实现和谐发展。与此相适应，职业教育的建设也要和这些行业的发展需求相适应，如高新技术产业、先进制造业、现代服务业、绿色农业等，都提出了新的发展要求，在专业设置、培养模式、教学内容等方面，要主动进行改革，使其适应性得到提升，让整个职业教育体系的结构、内容层次都能对此进行充分展现。

第二，职业教育和产业结构的调整需求相适应。在现代生产力不断发展进步的过程中，对产业结构进行调整升级是必然的，这也符合科学技术的发展需求。过去，生产力水平比较低，农业是社会发展的主导力量，因此，当时的主要产业就是耕作。随着生产力的不断发展进步，工业化程度越来越高，在整个产业结构中，工业即第二产业所占的比重开始逐渐增加。在当下和未来的很长一段时间内，我国不仅要对工业化和城镇化进行大力推进，对先进制造业及一些新兴战略产业要进行大力发展，还需要对现代服务业，如文化创意产业、物流、金融保险产业等进行大力发展，尤其是在经济发达的地区，发展现代服务业更是重中之重，在这些地区，第三产业将比第二产业所占的比重更大，形成"321"的产业结构格局。因此，在构建职业教育体系时，不仅要满足第二产业所需的技能型人才需求，还要满足现代服务业发展所需的应用型人才需求；除此之外，在农业、农村领域，也需要对农业生产经营发展过程中管理人才的需求进行充分考虑和满足。这些都是适应职业教育发展的长远方向，应该积极发展，大力发展。

第三，满足人民群众在职业教育学习方面的需求。在长久的发展过程中，我国的教育培养呈现出比较严重的重理轻文、重学科轻专业现象，这主要是在我国传统文化的影响下形成的。虽然一直都有职业教育这种教育类型，但是却没有得到应有的"名分"，对于职业教育的重要性，也没有充分的认识。直到1980年之后，才开始频繁地提到职业教育，这个时期的职业教育已经有了一个比较统一的概念了，但事实上，政府和社会对职业教育仍然是不理解、不重视甚至有一些歧视的情况出现。

第四，随着经济社会的不断发展，对于技术型人才及高素质的劳动者的需求逐渐增长。在我国目前的教育体系中，完成初中学业后，大部分学生将面临两个不同的教育体系：进入普通高中学习，继续深造，接受普通中学教育；进入到职业高中或者中职院校学习，接受职业教育。我国的经济社会在不断地向前发展，科学技术的发展也受到了大力推动，为了与这样的发展和进步相适应，劳动人员需要掌握更高水平的技能，在素质方面需要达到的要求也逐渐提高。

第五，对终身教育这一理念进行体现。终身教育，不仅是在职业教育领域内关于以人为本这一理念的一种具体体现，同时，也是在生产劳动、人的全面发展等宏观层面对教育提出的要求。要想更好地对终身教育理念进行体现，在发展职业教育时，不仅要坚持对学习理论，同时还要避免只学理论；要对初始学历进行关注，同时不能忽略学历的提升和发展；对于学历教育重视的同时，对于岗位培训也要更加关注；除了要对全日制教育进行妥善安排之外，还需要对一些业余教育和培养方式进行组织和安排；除了关注初中毕业、高中毕业的应届学生这类适龄青年的学习外，对于一些中老年人的培养学习也要重视起来。

第六，确保中等职业教育和职业教育的发展相协调。中等职业教育的协调发展，对我国的职业教育起点进行了限制，即在初中之后开始接受职业教育，而非进入大学之后，我国的职业教育是在九年制义务教育基础上进行的。换言之，在当下，我国的职业教育重点已经不再是初等职业教育了。同时，在职业教育的内容设置上，应当进行丰富和拓展。为了能够和经济社会的发展需求相适应，要对人的全面发展需求进行满足，未来，我国的职业教育发展将面临更多的可能，拥有更广阔的空间。

二、职业教育体系建设的特色

通过以上分析，可以科学、完整地对我们要探索和构建的中国特色职业教育体系做如下界定。

首先，职业教育体系应该是一个独立的体系。职业教育体系作为一个独立的体系，主要包含两层含义。① 作为一种独立的国民教育类型，它的教育理念和培养方法应当是自主的。换言之，职业教育应该独立于普通教育而存在，国家应当将之与普通教育并行推进、协调发展。一般而言，整个国民教育体系应从普及九年制义务教育后开始分流，根据国民经济结构、经济发展状况、科学技术水平和产业分类情况进行分类设计。职业教育的基本特征是校企合作办学、工学结合育人，职业素养与职业技能并重，着力培养具有鲜明的职业意识、崇高的职业理想、严明的职业纪律、良好的职业良心和优良的职业习惯的高素质、高技能、应用型人才。② 作为一种独立的教育管理对象，它的管理体制与评价标准应当是自足的。简而言之，职业教育体系内的管理模式和建设成果能够为全社会所认同。现实的情况是：在劳动人事部门的序列中，一般只有专科、本科，而社会上相当一部分人连职高与高职也分不清，或者说高职相当于大专，这就很难使职业教育具有真正的生命力和可持续发展能力。

其次，职业教育体系应该是一个多元的体系。职业教育在功能定位上既是一种学历教育，也是一种培训教育。作为一种学历教育，它主要满足职业教育体系内部和普通高中教育学生对于提升学历层次、实现更高素质和能力拓展的需要；作为一种培训教育，它主要满足企业新进人员对于岗前专业技能适应和企业文化内涵理解，以及社会在岗人员对于顺应产品技术更新和行业发展趋势的能力提升需求。在具体办学形式上，它既可以是全日制教育，也可以是非全日制教育；既有面向适龄青年的教育，也有满足人民群众追求可持续发展、实现终身学习的教育；既有人才培养工作，也有科学研究和社会服务的功能。

再次，职业教育体系应该是一个开放的体系。职业教育体系的开放性，主要表现在三个方面。① 学制学历设计灵活多样，没有终点、只有过程。既有短期培训的班次，又有长期学习的课程，能够适应不同层次的学习发展需要，满足人们对于终身学习的个性追求；能够适应不同阶段、不同地区、不同行业发展的要求。职业教育应该有中等、高等不同层次，在职业教育阶段有专科和本科层次。② 专业设置和教育内容与经济社会发展保持同步。有什么样的新兴产业和新生职业，学校就应该发展相对应的职业教育，以行业兼职教师和"双师型"教师为主体的教学队伍更能将最新的知识和信息传授给学生。③ 教育对象和培养人群向全社会人员开放，不论生源性质、不受地域限制、不问教育背景，只要有需求，都可以参加学习和培训，都可以使之提升职业素养与专业技能。

最后，职业教育体系应该是一个协调的体系。协调体系，主要是中等职业教育与职业教育相协调，这种协调主要是表现在专业设置、课程体系、教材建设、教学过程、招生考试、教师培养、评价方式、行业参与等方面，通过培训达到在职业意识、能力和纪律方面的最佳状态，避免学生走弯路，造成人力资源和教育资源的浪费。除此之外，这个体系也应该是一个职业教育和普通教育协调发展的体系，能够通过一定的渠道相互衔接，构建起两种教育类型之间的"立交桥"。

三、职业教育院校在职业教育体系构建中的作用

在我国，职业教育不仅是职业教育中十分重要的环节，更是职业教育中

不可或缺的部分。我国的职业教育院校建设已经有了几十年的历史了，在其发展改革的过程中，已经积累了一定的办学实力；同时，在教学模式的设置上，也能够看出我国在高技能、高素质和应用型人才培养方面所下的功夫，各个院校的教学模式和内容设置都与人才培养需求相符合，在我国职业教育体系建设发展过程中，职业教育院校将发挥重要作用，主要表现为以下三个方面。

第一，带头作用。不论是办学条件、师资力量，还是管理水平、管理理念，抑或是在对外合作发展机制方面，我国的职业教育院校相比中等职业院校而言，层次都更高一些，办学实力也更强一些，在社会影响力及社会声誉方面，更是远超中职院校。所以，在构建职业教育体系时，一定要充分发挥职业院校的带头作用，如在教材建设、课程体系、专业设置、师资培养、招生考试等方面，特别是在职教集团的建立、对中职院校的建设发展进行带动及和行业企业的合作加强方面，其带头作用更应当被充分重视和发挥。

第二，主体作用。在职业教育体系中，职业院校应当是其中的主体力量。一方面在整个职业教育的发展过程中，在主体所能发挥的作用方面，职业院校具有更大的影响力；另一方面在职业教育和职业教育"立交桥"构建的改革和实践过程中，高职教育的发展可能性和前景更加广泛。特别需要重视的一点是，经济社会一直在持续不断地发展，科技和生产力也在不断地进步。

现代产业结构的升级进一步加快，越来越多的新技术、新工艺、新材料开始出现和应用，传统加工业将逐渐被替代或者发生改变，出现了很多的新兴产业，而现代服务业的发展速度也进一步加快，并逐渐超越第二产业，成为未来我国国民经济结构中当仁不让的主体。可以预测到，未来职业教育的起点将越来越高，基点也会得到提升，同时还将出现层次提高的情况，因此，不论是在数量上，还是在实力上，职业教育都会处于主体地位，成为主导力量。

第三，引领作用。在建设职业教育体系的过程中，职业院校将充分发挥引领作用，主要包括三个方面：① 在职业教育的理念和模式改革过程中，职业院校都应起到引领作用，走在前列，包括教育理念的革新、教育思想的转变、人才培养模式的变革、办学模式的改进等；② 在专业相关的内容变革中，职业院校应当对自身的引领作用进行充分发挥，如课程体系的改革、专业设置的调整、教材建设的创新、教学内容的设置等；③ 相对而言，职业教育这一体系是比较独立的，因此，要对层次进行进一步提升和发展，使其适应社会的发展需求。除了本科这一层次之外，还需要对专业硕士这一层次的教育进行发展推动。在这一方面的建设中，职业院校也要充分发挥引领作用。在这一点中，北京、天津、上海、浙江、江苏、广东等经济比较发达的省市，已经在一些专业领域进行了先行实践和探索，如金融、计算机、国际护理、物流等专业领域，这些省市都已经开始对四年制的高职教育进行创新实践和研究，未来，这也是我国需要重点关注的内容和方向。

第三节　职业教育师资队伍的可持续发展

高职教育的目标就是对生产、服务、管理、建设等高素质技能型人才进行培养，它有利于促进中国特色社会主义的建设，对中国实现人力资源强国的转变产生了积极的推动作用。职业院校的可持续发展是指在职业院校教育中融入可持续发展的理念和思想。可持续发展理念也是促进高职教育强大的一个核心理念，这必然需要从人的需求出发才能实现其可持续发展。

对人的发展进行全面协调，不仅要体现人的价值，还要促进其身心健康发展，确保发展的活力和生命力。具体而言，人的可持续发展离不开教育的作用，如此才能促进人综合素质的不断提升，将人的价值和潜能充分地挖掘出来，实现自我超越和自我创造，确保生命力。人的可持续发展是一个伴随终生的连续不断的发展过程，表现为人的思想观念的变革、素质技能的递升、内在潜力的激发和创造能力的激活，在适应当代社会需要的同时，为适应社会未来发展奠定牢固的基础。这种人的可持续发展既是围绕这一教育类型的人才规格、经济社会建设第一线人才的成长成才展开的，也是围绕开展这一教育类型的教师队伍的建设而展开的。

一、调整建设思路，强化科学管理

职业院校应以人力资源的开发与利用取代传统的人事管理办法，激活生产力基本要素中最为活跃的因素，同时实行以人为本的科学管理，注重人文关怀，构建和谐校园，促进人的全面发展。这就要求在对教师工作的评价上，突出对人的评价，主要应看教师的积极性是否被充分调动和发挥出来；要改变过去偏重对教学、科研、社会服务最终结果的考核，处理好人与事的关系；要进一步突出人本管理，注重教职工权益的保障。

二、注重教师内部培养

采用外部引进还是内部培养一直是职业院校师资队伍建设中一个最具争议的问题。

外部引进产生的效果是非常显著的，例如，可以快速地转变师资队伍的结构，从而更好地适应师资结构调整的需求；有利于人才的快速引进，形成竞争机制。但是这种方式受外部条件的影响较为明显，其操作性较差。随意地采用外部引进的方式，会对原有师资队伍造成冲击，不利于内聚力的形成，妨碍协调发展的需要，还可能导致引入的人才和学校环境不相适应，不利于学校人文环境的打造。因此，为了有效促进师资结构的优化，就需要加大力开展内部培养。

内部培养是一种多形式、多渠道培养教职工综合素质的方式。在实施中要进行合理的规划和评价，给予必要的资金支持，如此才有利于人力资本的形成，并更好地为院校的教育、教学及科研工作提供必要的服务。在优化师资结构上可以采取专业带头人培育工程、兼职教师聘用工程、骨干教师队伍建设工程、创新人才培养工程等方式进行，可以让在岗教师积极地进行在职硕士、博士学位攻读。加强校内培养和培训工作的力度，采用定期和不定期讲座结合的方式，提升教师的综合素质。加强教师的实践技能培训，积极地鼓励教师参与到企业实践中，从而提升教师的业务技能。此外，还可以为教师提供国外短期培训机会，让教师接触到国外先进的教学理念和了解更广阔的教学资讯，增加自身的新技能和新知识，这样也有利于教师开拓精神和创新意识的培养。整体而言，一切都是为了打造一支高素质、高技能的高职师资队伍。

三、外部引进人才

为了适应未来高职教育人才培养的需求，并符合其开放性和职业性的师资队伍建设目标，需要加强高职教师的专业性和工匠精神培养。当然，对内部培养的重视并非是对外部引进的否定。在优化职业院校师资结构方面，最有效、最直接的方式就是人才引进。人才引进在改善师资结构不合理和队伍数量不足的问题上有着显著的作用。现在很多职业院校对人才引进都比较重视，但是实践上却往往以学历而言明问题，这也是由教育观念混淆所造成的，对职业院校和普通职业教育之间的差异没有进行准确把握。高职教育所需要的人才并非只追求高学历。若是只对学历高的教师进行引进，则无法满足高端技能人才的培养需求。因此，在人才引进上要注意对人才专业技能和实践经验的关注，并且还要对本地区和本单位有所了解，如此才能有效地完善队伍结构，并加强校企之间的合作和沟通，实现高端技能人才的培养目标。

四、深化人事制度改革，优化配置教师队伍

适应岗位要求是职业院校师资优化配置的首要目标，在人力资源的优化

配置上也要将岗位放在第一位。这就需要对现在的编制管理模式予以改革，加强教师和学校之间的劳动关系，还应该结合择优聘用、合同管理、公开招聘等各种"流动编制"的方式来促进教师资源的有效开发和加强管理模式的改革。以长远的眼光来看，职业院校师资队伍的建设也应该充分发挥社会统筹规划的作用，加强各个院校的管理，以教师聘任制的方式来体现学校用人的自主权，从而按需求来进行教师资源的优化，以确保职业院校师资队伍的活力和生命力。

第七章

职业教育校企融合发展理论及路径

第一节　教育与生产劳动相结合理论

一、教育与生产劳动相结合的理论背景

教育和生产劳动相结合是指人类社会发展到一定阶段，两者相互关系的一种状态。在现代社会，这种状态表现为：教育过程和生产劳动过程，这两个相互独立的社会过程在形式上是分离的，同时，又是内在地、密不可分地联系在一起的。它是人类社会发展到现代社会必然出现的一种客观的社会状态，也是一种不以人的意志为转移的社会状态。

教育和生产劳动相结合的思想发源于文艺复兴以后的资本主义的孕育和发展时期。一些教育思想家如托马斯·莫尔、托马斯·康伯内拉、卢梭、裴斯泰洛齐、罗伯特·欧文等发现了生产劳动的教育意义，并把教育和生产劳动相结合作为人的全面发展的手段提了出来；一些经济学家如威廉·沛第、约翰·贝勒斯、亚当·斯密等发现了教育对于生产劳动的意义。但只有马克思根据历史唯物主义，对在现实大生产基础上产生的现代教育思想给予了科学的解释；只有马克思主义创始人完成了对教育与生产劳动相结合的科学研究，奠定了教育与生产劳动相结合的理论基础。生产劳动和教育的早期结合是改造现代社会的强有力手段之一。

二、马克思教育与生产劳动相结合理论的内容

（一）教育与生产劳动相结合的基础

大工业的原则是，首先不管人的手怎样，把每一个生产过程本身分解成各个构成要素，从而创立了工艺学这门完全现代的科学。社会生产过程的五光十色，似无联系的和已经固定化的形态，分解成为自然科学的、自觉按计划的和为取得预期有用效果而系统分类的应用。工艺学揭示了为数不多的重大的基本运动形式，不管所使用的工具多么复杂，人体的一切生产活动必然在这些形式中进行，正像力学不会由于机器异常复杂，就看不出它们不过是简单机械力的不断重复一样。现代工业从来不把某一生产过程的现存形式看成和当作最后的形式。因此，现代工业的技术基础是革命的，而所有以往的生产方式的技术基础本质上是保守的。由此可见，教育与生产劳动相结合就是教育过程和生产劳动过程在现代工业的技术基础上的结合。这就是说，到了大工业时代，人们越来越靠科学技术而不是仅靠经验和技艺来从事生产劳动。人们通过教育与生产劳动的结合学习和掌握现代的科学技术。

对此，马克思强调了两个重要问题。他指出现代工业通过机器、化学过程和其他方法使工人的职能和劳动过程的社会结合不断地随着生产的技术基础发生变革。这样，它也同样不断地使社会内部的分工发生革命，不断地把大量资本和大批工人从一个生产部门投入到另一个生产部门。因此，大工业的本性决定了劳动的变换、职能的变动和工人的全面流动性。但是，劳动的变换现在只是作为不可克服的自然规律，并且带着自然规律在任何地方遇到障碍时都有的那种盲目破坏作用而为自己开辟道路。用适应于不断变动的劳动需求而可以随意支配的人员，来代替那些适应于资本的不断变动的剥削需求而处于后备状态的、可供支配的、大量的贫穷工人人口；用那种把不同社会职能当作互相交替的活动方式的全面发展的个人，来代替只是承担一种社会局部职能的局部个人。这就告诉人们：由于生产劳动过程是建立在科学技

术的基础之上的，借助于教育，特别是借助于工艺学教育，才能实现生产劳动者的自由流动。这种自由流动，正是大工业本性所需要的。大工业的本性决定了劳动的变换、职能的变动和工人的全面流动性，需要工人尽可能多方面发展，这是社会生产的普遍规律。因此，必须坚持使工人的职能和劳动过程的社会结合不断地随着生产的技术基础发生变革，才能持续产生适应于不断变革的劳动需求的全面发展的个人。马克思强调的两个重要问题提醒人们：教育与生产劳动相结合是时代的需要，是永恒的课题，具有历史的必然性。

（二）教育与生产劳动相结合的形式

工艺学校和农业学校是生产技术基础变革过程在大工业基础上自然发展起来的一个要素；职业学校是另一个要素，在这种学校里，工人的子女受到一些有关工艺和各种生产工具的实际操作的教育。如果说，工厂法作为从资本那里争取来的最初的微小让步，只是把初等教育同工厂劳动结合起来，那么，毫无疑问，工人阶级在不可避免地夺取政权以后，将使理论的和实践的工艺教育在工人学校中占据应有的位置。很显然，马克思关于教育和生产劳动相结合形式的阐述，是根据当时大工业条件下的实际情况提出来的。随着时代的变化和科学技术发展，教育与生产劳动相结合的形式更趋多样化。因为，教育和生产劳动相结合是劳动者教育从生产劳动中分离出来的劳动者的学校教育和生产劳动的结合。所以，劳动者的学校教育有多少种形式，教育与生产劳动相结合也就有多少种形式。

三、教育与生产劳动相结合理论对校企合作的启示

虽然校企合作不能简单等同于教育与生产劳动的结合，但其本质是相同的。教育与劳动相互促进，学生在实际工作中对学校教授的知识和方法进行验证，进而提高对社会、对他人、对自己的认知，这对培养拥有正确世界观的人才来说是非常重要的。从培养教育人的角度来看待校企合作，学生如果只是从学校的课堂进入企业的办公室，对于他们的成长是不利的。

教育与生产劳动相结合的途径不单纯是勤工俭学，形式也不单是初等教育及工艺学校、农业学校、职工学校和技术学校。在现代社会中，教育与生产劳动相结合可以根据不同情况采取不同的形式。

第二节　人力资本理论

一、人力资本理论背景

人力资本理论最早起源于经济学研究。20 世纪 60 年代，美国经济学家舒尔茨和贝克尔创立人力资本理论，开辟了关于人类生产能力的崭新思路。该理论认为物质资本指物质产品上的资本，包括厂房、机器、设备、原材料、土地、货币、其他有价证券等；而人力资本则是体现在人身上的资本，即对生产者进行教育、职业培训等的支出及其在接受教育时的机会成本的总和，表现为蕴含于人身上的各种生产知识、劳动与管理技能及健康素质的存量总和。根据企业发展战略的要求，通过有计划地对人力资源的优化配置，激发员工的积极性和创造性，提高生产率和经济效益，推动企业发展，是人力资本管理的主要任务。

二、人力资本理论的内容

人力资本理论极力主张人力资本对经济活动的重要影响，指出人力资本是凝聚在劳动者身上的知识、技能及其所表现出来的能力，它形成于教育、医疗保健、劳动力在国际国内的流动，以及信息获得等众多途径，其主要观点有以下三种。

（一）人力资源是一切资源中最主要的资源

人力资本理论是经济学的核心问题，舒尔茨一直强调要把人力资本理论作为经济学的核心问题来研究。

（二）人力资本的作用大于物质资本的作用

舒尔茨认为，空间、能源和耕地并不能决定人类的前途，人类的前途将由人类才智的进化来决定。他认为，当代降低人口数量而提高人口质量的趋势表明，质量和数量是可以互相替代的，降低对数量的要求就是赞成少生育和优育儿童。这种要求提高质量的运动有利于解决人口问题。

在现代化生产条件下，当代劳动生产率的提高，正是人力资本大幅度增长的结果。舒尔茨指出，没有对人的大量投资，就不能享受现代化农业的硕果，也不能拥有现代化工业的富裕，经济发展中突出的特征就是人力资本的形成问题。

（三）教育投资是人力资本的核心

人力资本包括人口数量和质量，而提高人口质量更为重要。教育是提高人口质量的主要手段。教育投资是使隐藏在人体内部的能力得以增长的一种生产性投资。提高人口质量的关键是教育投资。因为各国人口的先天素质和潜在能力基本上是均衡的，或者说是相近似的，但是后天获得的知识、技能和能力却是有差别的。人口质量与素质是不完全相同的，其根本原因是各国教育投资水平不同，社会平均教育程度不同。教育投资比物力投资更有利，会带来更多的利润。

三、人力资本理论对校企合作的启示

教育所培养的具有知识、技能的人才要适用于实际劳动生产职业的需要。校企合作是培养具有实践能力的人才的一条极佳途径。人力资本理论的提出，使得整个教育体系及产业、职业经济部门都受到挑战。一方面，产业部门逐渐认识到企业职业生存、发展的关键不仅在于有形资产，也在于拥有高素质职业技术应用型人才。因此，产业界积极主动与职业院校合作，职业与学校共同培养高素质人才，以提高企业的发展潜力。另一方面，职业院校由于教育经费与生源竞争产生的职业压力，希望和产业部门合作以获得支持也就成为一种必然。因此，职业院校应从政府的怀抱走向社会大市场，而校企合作职业则成为产业部门和教育部门适应社会变革的一种理性选择，职业企业与学校因为双方的利益而最终促成校企合作。

第三节　建构主义理论

一、建构主义理论背景

建构主义是经历了行为主义、认知主义、客观主义之后，逐渐发展起来的一种学习理论。建构主义理论的主要代表人物有皮亚杰、科恩伯格、斯滕伯格、卡茨和维果斯基。

皮亚杰是认知发展领域比较有影响的一位心理学家，他所创立的关于认知发展的学派被人们称为日内瓦学派。皮亚杰建构主义的基本观点是：在与周围环境相互作用的过程中，逐步建构起关于外部世界的知识，从而使自身认知结构得到发展。人与环境的相互作用涉及两个基本过程，即同化与顺应。同化是指个体把外界刺激所提供的信息整合到自己原有认知结构内的过程；顺应是指个体的认知结构因外部刺激的影响而发生改变的过程。同化是认知结构数量的扩充，而顺应则是认知结构性质的改变。认知个体通过同化与顺应这两种形式来达到与周围环境的平衡：当人能用现有图式去同化新信息时，处于一种平衡的认知状态；而当现有图式不能同化新信息时，平衡即被破坏，而修改或创造新图式（顺应）的过程就是寻找新的平衡的过程。人的认知结构就是通过同化与顺应过程逐步建构起来，并在"平衡—不平衡—新的平衡"的循环中得到不断地丰富、提高和发展。

在皮亚杰的认知结构说的基础上，科恩伯格对认知结构的性质、发展条件等方面做了进一步的研究。斯腾伯格、卡茨等人强调个体的主动性在建构认知结构过程中的关键作用，并对认知过程中如何发挥个体的主动性做了认真的探索。维果斯基提出的文化历史发展理论，强调认知过程中学习者所处社会文化历史背景的作用，并提出了最近发展区理论。维果斯基认为，个体的学习是在一定的历史、社会文化背景下进行的，社会可以对个体的学习发展起到重要的支持和促进作用。维果斯基区分了个体发展的两种水平：现实的发展水平和潜在的发展水平，现实的发展水平即个体独立活动所能达到的水平，而潜在的发展水平则是指个体在成人或比他成熟的个体的帮助下所能达到的活动水平，这两种水平之间的区域即最近发展区。在此基础上，以维果斯基为首的维列鲁学派深入地研究了活动和社会交往在人的高级心理机能发展中的重要作用。所有这些研究都使建构主义理论得到进一步的丰富和完善，为实际应用于教学过程创造了条件。

建构主义理论的内容很丰富，但其核心只用一句话就可以概括：以学生为中心，强调学生对知识的主动探索、主动发现和对所学知识意义的主动建构（而不是像传统教学那样，只是把知识从教师头脑中传送到学生的笔记本上）。以学生为中心，强调的是学；以教师为中心，强调的是教。这正是两种教育思想、教学观念最根本的分歧点，由此而发展出两种对立的学习理论、教学理论和教学设计理论。由于建构主义所要求的学习环境得到了当代最新信息技术成果的强有力支持，这就使建构主义理论日益与广大教师的教学实践普遍地结合起来，从而成为国内外学校深化教学改革的指导思想。

二、建构主义学习理论的内容

（一）关于学习的含义

建构主义认为，知识不是通过教师传授得到，而是学习者在一定的情境即社会文化背景下，借助其他人（包括教师和学习伙伴）的帮助，利用必要的学习资料，通过意义建构的方式而获得。由于学习是在一定的情境即社会文化背景下，借助其他人的帮助即通过人与人之间的协作活动而实现的意义建构过程，因此，建构主义学习理论认为情境、协作、会话和意义建构是学习环境中的四大要素或四大属性。学习环境中的情境必须有利于学生对所学内容的意义建构。这就对教学设计提出了新的要求，也就是说，在建构主义学习环境下，教学设计不仅要考虑教学目标分析，还要考虑有利于学生建构意义的情境的创设问题，并把情境创设看作是教学设计的最重要内容之一。协作发生在学习过程的始终，协作对学习资料的搜集与分析、假设的提出与验证、学习成果的评价及意义的最终建构均有重要作用。会话是协作过程中的不可缺少的环节，学习小组成员之间必须通过会话商讨如何完成规定的学习任务；此外，协作学习过程也是会话过程，在此过程中，每个学习者的思维成果为整个学习群体所共享，因此，会话是达到意义建构的重要手段之一。意义建构是整个学习过程的最终目标。所要建构的意义是指事物的性质、规律及事物之间的内在联系。在学习过程中，帮助学生建构意义就是要帮助学生对当前学习内容所反映的事物的性质、规律及该事物与其他事物之间的内在联系达到较深刻的理解。这种理解在大脑中的长期存储形式就是前面提到的图式，也就是关于当前所学内容的认知结构。学习的质量是学习者建构意义能力的函数，而不是学习者重现教师思维过程能力的函数。换句话说，获得知识的多少取决于学习者根据自身经验去建构有关知识的意义的能力，而不取决于学习者记忆和背诵教师讲授内容的能力。

（二）关于学习的方法

建构主义提倡在教师指导下的、以学习者为中心的学习。也就是说，既强调学习者的认知主体作用，又不忽视教师的指导作用。教师是意义建构的帮助者、促进者，而不是知识的传授者与灌输者。学生是信息加工的主体，是意义的主动建构者，而不是外部刺激的被动接受者和被灌输的对象。学生要成为意义的主动建构者，就要求学生在学习过程中从以下三个方面发挥主体作用。

第一，要用探索法、发现法去建构知识的意义。

第二，在建构意义过程中要求学生主动去搜集并分析有关的信息和资料，对所学习的问题要提出各种假设并努力加以验证。

第三，要把当前学习内容所反映的事物尽量和自己已经知道的事物相联系，并对这种联系加以认真地思考。联系与思考是意义构建的关键，如果能把联系与思考的过程与协作学习中的协商过程（即交流、讨论的过程）结合起来，则学生建构意义的效率会更高、质量会更好。协商有自我协商与相互协商（也叫内部协商与社会协商）两种。自我协商是指自己和自己争辩什么是正确的，相互协商则指学习小组内部相互之间的讨论与辩论。

教师要成为学生建构意义的帮助者，就要求教师在教学过程中从以下三方面发挥指导作用。

第一，激发学生的学习兴趣，帮助学生形成学习动机。

第二，通过创设符合教学内容要求的情境和提示新旧知识之间联系的线索，帮助学生建构当前所学知识的意义。

第三，为了使意义建构更有效，教师应在可能的条件下组织协作学习（开展讨论与交流），并对协作学习过程进行引导使之朝有利于意义建构的方向发展。引导的方法包括：提出适当的问题以引起学生的思考和讨论；在讨论中设法把问题一步步引向深入，以加深学生对所学内容的理解；要启发诱导学生自己去发现规律，去纠正和补充错误的或片面的认识。

三、建构主义学习理论对校企合作的启示

建构主义学习理论强调学生自己对知识、技能的主动建构。传统职业教育教学过程观是建立在客观主义认识论基础之上的，它认为教学便是有效地传递知识和技能，而建构主义认为知识是主体在适应环境的过程中所建构的，是主体所赋予他自己的经验流的一种形式。由于学生的原始经验和学习背景不同，他们对事物的理解也不一样，因此，单凭课堂描述，学生是无法积极主动地进行意义建构的，必须提供与现实生产场景交互作用的经历，学习者才能在这一过程中通过判断、理解完成对知识、技能的意义建构。因此，从职业教育学习

特点来看，必须实行工学结合，依托行业、企业的教育资源完成学习者的技能训练，实行校企联合办学，将课堂中的学习与实际工作中的学习结合起来。

第四节　协同论

一、协同论理论背景

协同论是研究不同事物共同特征及其协同机理的新兴学科，是近年来获得发展并被广泛应用的综合性学科。

协同论者也探讨各种系统从无序变为有序时的相似性。协同论的创始人哈肯说过，他把这个学科称为协同学，一方面是由于所研究的对象是许多子系统的联合作用，以产生宏观尺度上的结构和功能；另一方面，它又是由许多不同的学科进行合作，来发现自组织系统的一般原理。

二、协同论的内容

（一）协同

协同论认为，协同是指为实现系统总体演进目标，各子系统或各部门之间相互配合、相互协作、相互支持而形成的一种良性循环态势。它侧重强调双方或多方在同一时刻具有相同的地位、不可替代的作用和同心合力、相互依存、相互配合的关系，它强调系统内部各子系统或者各部门之间的合作而产生的新的结构和功能。

（二）协同管理及其特征

协同论具有广阔的应用范围，它在物理学、化学、生物学、天文学、经济学、社会学、管理科学等许多方面都取得了重要的应用成果。在企业集团研究中，协同管理是一个重要理念，它是指基于所面临的复合系统的结构功能特征，运用协同学原理，根据实现可持续发展的期望目标对系统实现有效管理，以实现系统管理协调并产生协同效应。它是复合系统内各子系统原有不同文化、组织结构与作业方式等方面不协同的一种整合。

对企业集团而言，协同作为一种资源配置方式，主要通过对企业有形资源包括对企业人力、资金、物力、组织管理等方面的资源共享和对企业无形资源包括对企业品牌、企业形象、商誉及企业商标权、专利权、特许经营权的共享来创造价值。协同管理的主要特征有四点。第一，目标性。协同管理是以实现系统总体演进目标为目的的，没有系统总体演进目标，就无须各子系统或部门之间的相互合作、相互支持和相互促进，系统也就失去了方向性和存在的必要性。第二，联合性。协同管理是系统在一定的外部环境条件约束下，对系统内部各子系统或各个部门之间的相互联系。系统若无法组织协同，无法使各种子系统或各个部门构成一个整体，也就没有必要组织它们相互合作、相互配合。第三，网络性。协同管理是以系统外部环境与内部各子系统或各个部门为基础，只有全面掌握，详细划分系统总体中的事物或现象，并形成多层次、多角度、全方位的主体网络体系，才能有效地组织系统协同工作。第四，动态性。系统协同管理是动态的，而不是静止不变的。系统内各个子系统或各部门之间相互联系以实现系统总体目标的过程中，需要根据系统发展情况，及时给予调控，修订各个子系统或各个部门的目标，以保证系统总体目标的实现。

（三）协同效应

与协同管理相提并论的还有一个关键词，即协同效应。在企业集团研究中，协同效应是指合并、重组或兼并两个或多个子企业的总体效应（价值）大于原来各个子系统（企业）效益（价值）的算式和。

三、协同论对校企合作的启示

（一）校企合作协同管理的目标

简单的校企合作或者具有较高形式的职业教育集团，由区域内的牵头职业教育院校、其他相关参与职业院校和主要行业企业，在平等自愿、互惠互利的原则上，以合作契约为基础组织而成。从协同论的角度看，这一中介性职业教育联合体是由职业院校、行业企业等子系统构成的复合系统，这一复合系统虽然是非营利性组织，但它不可避免地具有经济属性，它产生的前提是各个子系统的共同利益；它不断发展的动力源泉在于，通过对学校、企业、政府部门等的协同管理，取得协同效应，即充分利用合作平台，整合区域内职业教育的有效性，降低行业企业人力资本与技术资本交易的成本。

（二）校企合作协同管理的未来

学校与企业之间取得这种协同效应，应从以下四个方面进行管理。

第一，利益协同。利益协同是职业院校与合作企业及政府相关部门协同管理需要首先处理好的问题。区域内职业教育院校之间存在着教育资源、生源、就业等多方面的竞争，而企业作为非教育组织，在与职业院校合作过程中，其主要动机包括获得人力资源补充、获取由社会声望提升带来的广告效应、获得政府相关税收优惠以及获取优势职业院校的技术支持，而职业院校由于教学需要不得不占用企业生产资源，甚至影响企业正常生产。因此，如何处理好企业与牵头学校、成员之间的利益关系，实现各个子系统，即参与单位的利益最大化，达到多赢的目的是校企合作长效发展机制中协同管理的首要问题。这一问题处理不好，势必影响到参与单位的积极性，影响到系统目标的实现。

第二，战略协同。利益的不同，甚至利益冲突的存在，势必影响到子系统或各个部门对复合系统存在价值认识上及发展战略设计上的矛盾与冲突。

就职业教育校企合作而言，地方政府相关部门对其价值期待能引领区域职业教育协调发展，促进地方经济转型、产业升级，促进社会和谐发展，它在考虑职业院校与企业间合作发展战略时必然是站在区域全局的高度思考的。职业院校之间、相关企业之间由于利益的冲突，他们对学校与企业之间的合作关系的价值期待必然有利己的特征，在对职业教育集团发展的战略思考上必然存在矛盾和冲突。因此，可以说，基于利益协同的战略协同是职业教育校企合作长效机制建立的前提，统一的战略目标是校企合作健康发展的方向保证。

第三，资源协同。对协同系统进行协同管理是一个创造价值的过程。资源协同，其实质是各子系统或各个部门资源进行整合以充分利用的过程，它是发挥协同效应的关键所在。职业院校与区域内企业的合作，乃至区域性职业教育集团的形成，为区域内职业院校之间教育资源的整合、行业企业与学校之间的人力资源开发及技术服务提供了平台和交易规范，它减少了资源的浪费，大大节约了交易成本，有效提高了职业教育质量。资源协同是职业教育校企合作组建的重要目的，同时也是其发展的重要手段。可以说，资源协同是职业院校与企业合作发展中协同管理的重点和主体。有效推进资源协同，不断提高资源利用率，减少资源浪费，是判断职业教育校企合作成功与否的重要标志。

第四，文化协同。文化协同是指在职业院校与相关企业合作关系创建和发展过程中，将相异或者矛盾的文化特质，通过互动、对接、整合后形成的一种和谐、协调的文化体系，它应当是职业教育校企合作协同管理的最高阶段。通过协同管理，行业企业的不同文化与不同职业院校的育人文化，在牵头学校的引领下，在政府主管部门的指导下，逐步在职业教育集团、相关合作单位这一大体系内，形成校企合作发展的共同的价值观、信念，形成调节系统内部利益的共同遵守的准则和行为方式，形成统一、有效而又富有特色的管理与运营模式，这对于职业教育校企长效合作机制的健康、可持续发展具有稳定但持久的推动力。

第五节　利益相关者理论

一、利益相关者的内涵

利益相关者管理理论是指企业的经营管理者为综合平衡各个利益相关者的利益要求而进行的管理活动。利益相关者是这样一些团体，没有其支持，组织就不可能生存。利益相关者依靠企业来实现其个人目标，而企业也依靠他们来维持生存。利益相关者是能够影响一个组织目标的实现，或者受到一个组织实现其目标过程影响的所有个体和群体。

利益相关者在企业中投入了一些实物资本、人力资本、财务资本或一些有价值的东西，并由此而承担了某些形式的风险；或者说，他们因企业活动而承受风险。利益相关者是指那些在企业的生产活动中进行了一定的专用性投资，并承担了一定风险的个体和群体，其活动能够影响或者改变企业的目标，或者受到企业实现其目标过程的影响。这强调了投资的专用性，又将企业与利益相关者的相互影响包括进来，应该说是比较全面和具有代表性的观点。

二、利益相关者理论的分析方法

利益相关者理论的第一种分析方法是多维细分法。企业的生存和繁荣离不开利益相关者的支持，但利益相关者可以从多个角度进行细分，不同类型的利益相关者对于企业管理决策的影响及被企业活动影响的程度是不一样的。

第一，利益相关者由于所拥有的资源不同，对企业产生不同影响。可以从三个方面对利益相关者进行细分：① 持有公司股票的一类人，如董事会成员、经理人员等，称为所有权利益相关者；② 与公司有经济往来的相关群体，如员工、债权人、内部服务机构、雇员、消费者、供应商、竞争者、地方社区、管理结构等，被称为经济依赖型利益相关者；③ 与公司在社会利益上有关系的利益相关者，如政府机关、媒体以及特殊群体，被称为社会利益相关者。

第二，从利益相关者对企业产生影响的方式来划分，将其分为直接的利益相关者和间接的利益相关者。直接的利益相关者就是直接与企业发生市场交易关系的利益相关者，主要包括股东、企业员工、债权人、供应商、零售商、消费者、竞争者等；间接的利益相关者是与企业发生非市场关系的利益相关者，如中央政府、地方政府、外国政府、社会活动团体、媒体、一般公众等。按照相关群体是否与企业存在合同关系，将利益相关者分为契约型利益相关者和公众型利益相关者两种。

第三，从相关群体是否具备社会性及与企业的关系是否直接由真实的人来建立两个角度，比较全面地将利益相关者分为四类：① 主要的社会性利益相关者，他们具备社会性和直接参与性两个特征；② 次要的社会利益相关者，他们通过社会性的活动与企业形成间接关系，如政府、社会团体、竞争对手等；③ 主要的非社会利益相关者，他们对企业有直接的影响，但却不作用于具体的人，如自然环境等；④ 次要的非社会利益相关者，他们不与企业有直接的联系，也不作用于具体的人，如环境压力集团、动物利益集团等。

第四，将利益相关者的界定与分类结合起来。企业所有的利益相关者必须具备以下三个属性中至少一种：合法性、权力性以及紧迫性。从这三个方面对利益相关者进行评分，根据分值来将企业的利益相关者分为三种类型。① 确定型利益相关者，同时拥有合法性、权力性和紧迫性，是企业首要关注和密切联系的对象，包括股东、雇员和顾客。② 预期型利益相关者，具备三种属性中任意两种。同时拥有合法性和权利性的，如投资者、雇员和政府部门等；有合法性和紧急性的群体，如媒体、社会组织等；同时拥有紧急性和权力性的，却没有合法性的群体。③ 潜在型利益相关者，只具备三种属性的其中一种。

该分析方法能够用于判断和界定企业的利益相关者，操作起来比较简单，是利益相关者理论的一大进步。

三、利益相关者理论对校企合作的启示

利益相关者理论为职业教育校企合作提供了良好的理论基础。职业教育校企合作的办学模式改革是一个极为复杂的系统工程，涉及诸如政府、企业、学生等各个利益主体。职业教育作为一种"准公共产品"存在，决定了作为其办学实体的职业院校成为一个典型的利益相关学者组织。充分认识利益相关者视角下职业教育办学模式改革的境遇，充分认识到职业教育办学的特征，才能把职业教育的办学模式改革引入正确的方向。

校企合作利益相关者的识别主要有四项依据。① 合法依据。利益相关者与校企合作之间的利益关系有着合法来源，即利益相关者被赋予法律上的、道义上的或者特定的对于校企合作过程和结果的利益索取权，合法性通过各种显性和隐性契约来规范和体现。② 权力依据。利益相关者对于校企合作过程和结果拥有一定的影响力。③ 利益依据。利益相关者在校企合作中有合法权益，有着独立而平等的利益诉求，利益相关者之间形成一种基于共同利益的相互尊重、相互信任、相互支持的合作伙伴关系，最终达到共益互利的目的。④ 责任依据。利益相关者参与校企合作的推进过程，归属其应尽的社会责任范围。

基于利益相关者的职业教育办学模式就是要求建立一种由政府部门，职业院校的教学人员、研究人员、行政人员和学生、企业、行业、社会团体等利益相关者共同参与的、基于合作伙伴关系的、多元化的职业教育办学模式。它的最终目标是建立一种不是控制监督而是自主合作、不是中央集权而是权力分散、不是由政府统治而是利益相关者合作、不追求一致性和普遍性而追求多元化和多样化的符合共同利益的教育治理机制。

第六节 职业教育校企合作的发展

一、校企合作概述

我国对于"校企合作"一词有着不同的表述，如产学合作、工学结合、产学研合作、校企合作等。目前，我国教育界和企业界主要有两种形式的校企合作：高等院校及科研机构与企业的合作；职业教育与企业的合作，包括高职、中职，以及其他各种职业培训机构与企业的合作。职业教育中的产学研合作有广义和狭义之分。广义的产学研合作是指以高校、科研机构和企业为主体，以政府、金融机构、中介机构等为辅助体，在市场经济条件下，按照一定的规则形成某种联盟进行研发合作，不断进行知识的消化、传递和转移，创造某种未知的需求和价值，以实现技术创新、社会服务、人才培养、产业发展、经济进步等功能；狭义的产学研合作指的是高校及科研机构与企业之间在人才培养、科研、生产等方面的合作。

职业教育与企业的合作也有广义和狭义之分。广义的职业教育校企合作指所有与职业教育相关的各类教育机构、培训机构与企事业单位的各种层次、各种方式的合作；狭义的职业教育校企合作是一种以提升学生的综合能力和就业竞争力为重点，利用学校和企业两种不同的教育环境和资源，通过课堂教学和学生参与实际工作的有机结合，来培养适合不同用人单位需要的应用型人才的教育模式。校企合作的基本原则是产学合作，双向参与；实施的途径和方法是工学结合、顶岗实践；要达到的目标是全面提高学生素质，适应市场经济发展对人才的需要。

（一）校企合作的重要意义

对教育和经济、科技的结合及促进人力资源向人力资本转变而言，职业教育都发挥了不可忽视的作用。

第一，校企合作是职业院校与企业双方共同发展的需要。由于世界经济一体化的深入发展，不论是学校还是企业，都需要不断地强化其实力，这样才能适应日益激烈的国际竞争环境，而通过校企合作，能够有效地提高学校和企业的竞争实力。校企合作对于强化国内职业教育的办学实力具有积极的推动作用，并能够让师资和经费问题得以有效缓解。

第二，校企合作是建设职业教育体系的基石。完整的职业教育体系包括的内容非常广泛，既有学历教育也有非学历教育，既有岗前教育也有岗后教育，既有脱产教育也有非脱产教育，同时还分为普通教育和成人教育，这也是开放式社会化终身教育网络建设的重要方面。在社会经济不断发展的前提下，终身教育网络包括的内容将得到不断地丰富，所以也要充分发挥社会、学校、企业、行业等各个组成部分的优势和作用，强化教育网络体系的建设。

第三，校企合作是职业院校专业发展的需要。社会发展需要职业院校必须具备专业现代化的特征，这就要求职业院校在制定专业现代化的教学计划时能够对传统的决策水平予以突破，并综合院校内外部的优势条件来进行。因此，必须吸引产业管理机构、企业行业协会、人力资源培训部门和生产管理第一线的专家参与，对经济及科技发展形势、专业发展趋势、就业形势等进行分析研究，与学校一起对专业培养目标、专业岗位知识要求、专业技能要求等进行论证，作出决策。

第四，校企合作有利于优化职业道德教育。职业道德教育是职业院校德育工作的重要组成部分。职业院校可以积极地鼓励学生参与到现代化企业中，对中国改革开放所取得的成就进行亲身体验，并通过岗位实践来培养其良好的工作习惯和职业道德；教师还要注重自身所产生的模范作用，培养学生爱岗敬业、艰苦奋斗的精神。

（二）校企合作的一般形式

（1）建立校企联动机制。校企合作的关键是寻找联动的结合点，否则难以形成合作。校企都有实施教育的条件和愿望，这为校企合作铺平了道路，为校企合作教学模式的引入扫清了障碍。对高校和企业而言，发展是关注的焦点。因此，校企合作的逻辑起点应该是发展。高校的发展主要体现在人才培养上，企业的发展需要人才。因此，人才是校企合作的结合点。要让高校与企业围绕人才培养开展合作，就应该建立有效的校企联动机制，包括校企合作的管理制度与运行模式，建立起以现代信息技术为依托的网络交流平台，畅通信息沟通渠道。

（2）规范校企管理模式。高校与企业双方合作或多方合作，必须以合同或协议的形式建立起具有约束力的办学关系，明确合作各方的责任和义务，保证合作的规范性与有效性。同时，应该高度尊重教育教学规则、大学生的特点及企业的实际需要，建立起以高校为主、企业参与的教学管理制度，高校与企业共同商议并决定教学相关事宜，恰当安排教学各个环节，保证校企合作质量，做到规范性和灵活性的完美结合。在办学实践中，实行项目管理，即由高校教育主管部门与企业负责人共同组成项目管理小组，共同研究并制订人才培养计划、管理制度等；在具体的教学实施过程中，校企双方紧密合作，及时掌握教学情况。

（3）合理设置培养目标与教学计划。职业教育要培养适应生产、建设、服务、管理需要的，德才兼备的应用型高级专门人才。为了实现这一人才培养目标，需要制订一个较高层次的以技术应用能力为主线的人才培养方案，构建起科学合理的课程体系，确定因材施教和学以致用的教学内容，开展与专业就业岗位相关的实践教学环节。因此，高校需要转变传统普通的职业教育教学的人才培养模式，建立起"学历+技能"的专业理论课程和技能培训相结合的课程体系。

二、职业院校校企合作可持续发展的思路

（一）形成持续创新的发展态势

持续就是延续和继续，创新就是以新思维、新发明和新描述为特征的一

种概念化过程。那么，持续创新顾名思义就是持续永久拓展的新思维、新想法。在校企合作中，这种持续创新主要体现在两个方面：一是创立校企合作机制；二是创新校企合作模式。

1. 创立校企合作机制

（1）创立校企合作保障机制。政府主导是校企合作开展的前提和基础。首先，政府为校企合作提供了法律法规和操作依据，并对校企合作中的各方权利和职责予以明确，有利于校企合作的深入开展，并为其持续发展提供了环境和条件；其次，政府出台的相关政策也保障了校企合作的人力资源，如职业资格制度、职业资格体系的建立等都促进了人才的流动，为学校开展"双师型"教师队伍建设提供了便利条件；最后，专门机构的培育及牵头作用的发挥都需要得到政府的支持，这样才能实现校企的深入合作，同时政府还要进行权威信息的发布、育人标准的制定等，促进社会资源的共建共享。而且校企合作的评价监督机制、激励约束机制的建立也需要依据一定的法规政策来进行，这样才能更好地对其合作行为进行规范，确保双方的权益不被损害，可以充分发挥宣传的作用来获得更多的社会支持和认同。

（2）创新校企合作运行机制。目前而言，学校是推动校企合作的核心力量，需要充分发挥其作用和优势。首先，要加强开放性教学体系的构建。在专业设置上要考虑和当地产业与岗位需求的衔接性，要结合理论和实践，注重课堂教学和实践实习、校园文化和企业文化的结合等，以便人才培养目标和社会发展需求相符。其次，为了促进校企合作的深入发展，需要加强校企合作评估体系的构建，并能够作为上级部门的评估依据，制订校企合作的发展计划。最后，要强化校企合作服务体系的建设，在人力和资金上给予必要的支持，以促进校企合作的长远发展。因此，需要充分发挥社会、学校企业、政府等各个方面的力量。

（3）构建校企合作内部能动机制。一是要在共同目标的作用下加强校企合作部门能动性的发挥。在服务区域经济目标的驱动下紧密联合学校、企业和政府，充分发挥其主观能动性。二是加强联动机制的建设。在校企合作中要采取并行联动的方式来促进资源的共享共建和人才共享。三是加强全员终身学习机制的建设。其核心在于重视"双师型"教师队伍的建设，可以通过各种培训班、政府培训等方式，促进校企合作的长远发展。四是加强校企合作激励机制的建设，促进校企合作相关人员积极地参与到校企合作中，并给予相关的奖励。

2. 创新校企合作模式

校企合作各方的利益会随着经济形势的变化而产生变化，因此需要不断地调整校企合作模式。校企合作在发展中也会有不同的新鲜元素加入，从而为校企合作提供不断的活力。国内的校企合作还没有固定的模式，也未形成全国性的权威模式。所以，在校企合作模式的创新中要特别注意其和中国国情是否相符。现在，虽然我国也形成了一些成功的校企合作模式，但是在创新校企合作模式上却非常困难，要充分调动各个方面的优势和力量。

第一，提高政府、高校和企业参与校企合作模式创新的认识。应积极地宣传校企合作的重要性和必要性，让企业和行业都能正确地认识到校企合作所产生的重要作用，并让学校转变对校企合作的看法，将其看成是一种长远的、能够产生回报的投资，其回报就在于为企业提供高效的人才资源，学生应以培养符合社会发展需求的人才为己任，促进国家职业教育的长远发展，逐步和国际教育并轨。

第二，加强政府支持力度。一方面，政府要对校企合作模式创新给予一定的资金支持，还可以成立专项资金来促进校企合作模式的创新；另一方面，政府要积极推广和宣传校企合作成功案例，加强其模仿和引导作用。

第三，深化校企合作的理论研究。实践要想获得成功，就需要科学的理论作为引导，校企合作模式创新也是如此。而理论研究既需要职业教育领域科研工作者的努力，也需要相关部门和学校的支持，为科研人员提供良好的外部研究条件。其一，需要合理科学地定位科研。从实际情况和需求出发，对科研的目标和方向予以确定，这需要科研人员来把握好这个方向，政府和院校只能作为支持者和引导者，这样才能确保研究方向的正确性。其二，对科研的投入力度要进一步加强。科研投入不仅是指资金上的支持，更要注重人力和物力上的支持。不仅学校要投入一定的物力、人力和财力，政府也要给予一定的政策支持。其三，要合理地制定科研制度。一方面规范科研工作的开展；另一方面保障科研人员权益，激励科研人员致力校企合作的理论研究。

（二）共建多方共赢的发展局面

校企合作中的各方包括了学校、企业、政府、学生等。这也是校企合作长远发展的核心因素，只有确保各方利益都不被侵害，才能实现共赢局面，才能有效促进校企合作的持续稳健发展。最大限度地提升学生的综合素质是学校的利益所在；获得知识和技能并顺利地走向工作岗位是学生的利益点所在；促进教育事业的长远发展并为社会经济发展提供人力支持是政府的主要工作所在；而企业则需要引进高素质人才来促进企业的可持续发展。对各方的利益点进行分析可知，其具备一定的相同之处，即校企合作的主要目标就是培养高素质的人才，并满足社会和经济的发展需求。

（1）扬长避短，优势互补。从学校和企业的角度而言，双方的共赢不仅可以确保各自的利益，也是校企合作开展的基础。一方面，学校的环境优势非常明显，为人才培养提供了良好的实验设备和条件，这也是企业的强大支持；另一方面，学校的资金、实训基地和场地较为缺乏，和企业的合作则可以有效解决这一问题。因此，两者的合作能够充分发挥各自的优势，形成相互促进、相互作用的合力，不仅解决了学校实习场地不足的问题，也为企业的科研注入了新的活力，促进了科研成果的转化，确保了双方的可持续发展。

（2）立足当地经济，服务社会发展。职业院校要依据企业和市场需求来设置专业，以便培养出来的人才能更符合企业和社会发展的需要。这也是职业院校毕业生能够顺利就业的前提和保障，同时也是对社会需求人才进行培养的一个重要保障。这就需要职业院校做到：在设置专业时要根据企业和社会的发展需求来进行，并制定培养方案，加强人才培养的针对性和目的性，还可以进行自主品牌的创造，提高毕业生的竞争实力，帮助他们顺利就业；在设置专业时还要考虑到和当地产业结构特征的协调和统一，高效结合教学和科研的力量，将学校技术的优势充分地运用到当地经济发展中，并进行科研项目和技术开发，为企业排忧解难，从而保障企业和学校的利益。

（3）互惠互利，多方共赢。对各方的利益进行合理分配是实现校企合作共赢的一个重要保障。首先，通过校企合作，学校为企业培养了大批高素质的和企业所需人才相符的技能型人才，这可以采用"冠名班""订单培养"等方式来进行；其次，政府可以制定各种政策法规，例如，积极参与到校企合作中的企业可以获得一定的税收减免优惠政策，促进校企合作良性循环的形成；最后，企业可以借助学校的智力资源优势来进行科技成果的转化，并节省了大量的员工培养成本，为企业获得更多的利益，而学校则可以借助企业的财力资源和物力资源来促进人才培养质量的提升，并为学生的顺利就业提供条件。

（三）全面提升发展战略柔性

校企合作中战略柔性的存在是为了更好地适应目前社会发展和经济环境的一个重要举措。战略柔性是指不能较大幅度地改变目前的一个现状，而是只能持续地进行微调。战略决定是在长期的校企合作中所形成的一个合理的人力、财力及物力的配置情况，这是保障校企合作平稳长远发展的一个重要前提，柔性则包括了闲置资源的可利用性、潜在资源的可创造性和积累性、现有资源的灵活性等各个方面的内容，通过微调现有资源而非改变整体战略的策略就称为战略柔性。

（1）促进人才培养的超前性。"十年树木，百年树人"，周期性是人才培养的一个显著特征，也是导致学校人才培养产生滞后性的一个重要原因。经济形势的时刻变化，促进了各种新兴行业的不断涌现，这需要学校在进行人才培养时注意其前瞻性要求。在校企合作中，学校在培养人才时更需要把握企业和社会发展对人才提出的新要求，做好充分的准备，以便培养出来的人才能够更好地适应企业和社会发展需要。因此，学校应该对政策、行业协会等信息进行精准地把握，并能够根据信息变化来相应地调整专业课程的设置，这样才能达到人才培养的前瞻性要求。

（2）积累和创造知识性资源。校企合作战略柔性的一个重要要求就是加强知识性资源的积累和创造。通过积累知识，能够在校企合作中更从容地解决各种突发情况，也能够让人才培养更好地适应不断变化的环境。而且通过知识积累，还能使各方有效地进行管理，并准确地寻求更适合校企合作发展的途径。所以，知识资源的积累能够提升校企双方合作的能力。当然，通过知识资源的积累，还能进行人力、物力和财力的更优配置。校企合作中，是利用学习和研究理论来实现知识资源的积累和创造的，而且职业院校是科研实力的前沿，所以，在知识性资源的积累和创造中，职业院校也承担着不可推卸的责任。

（3）引导管理者学习。作为校企合作运行的主要组织者和决策者，校企合作管理者的水平和能力将对校企合作的发展和成效产生直接的影响。校企合作管理者不仅需要不断地总结经验，还需要不断地进行学习，并能够根据目前的社会环境和经济形势来调整校企合作策略，并体现出战略柔性的优势。对新知识要进行学习，加强自身知识体系的构建和知识容量的扩展，并具备一定的知识转换能力，为校企合作的稳健长远发展创造条件。学习和积累知识需要管理者自主完成，学校和企业也需要进行相关培训活动的组织和提供学习平台。

（4）营造校企合作文化氛围。文化的一个显著特征就是群体共享性，它能够对群体的价值观念和意识起到自动调整的作用。若是没有促进校企合作开展的文化氛围，甚至创造了一个影响校企合作的文化环境，则将在很大程度上制约校企合作的顺利开展。在传统文化的重重阻碍下，校企合作的开展举步维艰，因此，有必要抑制不良文化的影响，并加大力度促进实施校企合作的柔性战略。为了高效地解决这一问题，就需要结合政府、社会、学校、企业等各方面的优势和条件，促进校企合作观念的转变，重新审视其所带来的共赢局面，并积极地探讨和研究校企合作的发展模式。同时还要求企业和学校能够创新观念，正确地认识校企合作带来的有利作用，并将校企合作的可持续发展和自身的利益相结合，从而提高技能人才培养的质量和效率。

第七节　校企合作的内容创新

校企合作关系到职业教育能否办出特色，而能否办出特色正是职业教育兴衰成败的决定性因素。近年来，人们已普遍认识到产学研结合是职业教育发展的必由之路和成功之路，校企合作是职业教育产学研结合的主要形式，职业院校应加强校企合作的研究，更新校企合作理念，创新校企合作模式，建立和完善校企合作机制。针对校企合作的诸多缺失，应该对校企合作进行新的探索。

校企合作的理想追求应该是建立在校企互动、企业与学校相互渗透，形成人才培养、技术进步、校企竞争力等都能得到提高基础之上的"互惠、多赢"的合作目标。这种校企合作，将最大限度地实现学校和企业资源、环境的共享，有效发挥学校和企业各自的优势。但在实践中，校企合作需要相应的条件、时间及感情投入，需要第三方的协调，需要政策与资金的支持。在不同的经济社会发展阶段、不同的科学技术发展阶段、不同的产业与教育发展阶段，特别是校企合作双方密切程度不同及合作时间长短不同，合作内容都有较大差别。进一步拓展合作内容，从传统的合作到新型的合作，从部分合作到全方位合作，从初步合作到紧密合作，使合作内容逐步升级，实现双赢与多赢，应该是职业院校与相关企业合作的目标追求。现就高职校企可以合作的内容进行分析。

一、资源与信息合作

学校与企业利用各自的资源优势，为合作双方提供良好的服务。一方面，企业主动向学校提供技术、设备，甚至资金的支持，承担人才培养任务，为学生的操作技能、实践动手能力和专业技术应用能力的培养提供机会和真实的岗位，使学生感受企业工作氛围，了解企业生产组织、产品设计和制造，接触生产实际，参与企业的生产活动，接受企业文化的熏陶，树立工作观念，增强职业意识，提高专业能力，养成良好的职业素质。另一方面，学校积极主动地参与企业的技术攻关，针对企业的发展需要设立科研课题，确定能够满足企业需要的人才培养目标，为企业培养与培训员工，尽可能地提高企业的经济效益。同时，信息是一种资源，企业生产与经营、学校办学都需要了解与掌握有价值的信息。在利用信息之前，对信息价值的可靠性进行鉴定就显得尤为必要。信息的可靠性、先进性、适用性需要认真且专业地判断和评价。企业有企业的优势，如了解市场前沿信息与生产状态；学校有学校的优势，如有不同的专业教师，有图书馆丰富的文本信息。职业院校与相关企业为合作方准确地提供有价值的信息，这些信息包括技术信息、用人信息、行业信息和文化信息。共享彼此的信息，能够扩大企业与学校之间的信息量。信息合作的方式，可以通过网站、简报、学报、人员往来传递。

二、专业开发与教学合作

高职专业必须紧密结合地方和行业的发展规划，高职学院要根据企业用人需求与人才规格，有针对性地设置专业。高职学院成立专业指导委员会，可以邀请企业技术权威与高级技师作为成员，并参与学校专业设置论证、教学计划的制订与调整、课程开发（包括教学计划编制、教学大纲编写、教材建设规划实施等）。同时，根据高职人才培养总的目标，校企双方专家依据协调统一、循序渐进的原则，划定不同阶段培养目标，并确定不同阶段的不同培养地点（校内或企业），进行教学实施。在教学实施过程中，无论学校或企业，都应针对某一阶段完整的人才培养计划、教学大纲和教学内容，充分利用校企双方在教学场所、师资力量等方面的不同优势，实现沟通、协作与提高。教学实施过程中，学校应依据各项教学管理制度，加强对教学计划执行、课堂教学秩序等教学基本环节的督查与监控，无论在校内还是在企业，都应派专人负责教学管理与学生的日常管理，维护正常、稳定的教学秩序，确保教学质量。校企双方还可以设立专门小组，根据岗位职责、任务，按照行业相关标准，制定学生在不同培养阶段的能力标准，并由企业专家小组以此标准对学生进行质量评估，其评估内容可包括理论与实际操作两部分，最终的综合评估作为学生获取职业资格证书和毕业的依据。

三、学校师资与企业技术人员培养

师资包括学校专职教师、企业提供的兼职教师和学生实训的指导教师。学校要完成对教师的教育教学理论、专业理论知识的培养和提高，而企业要给教师一定的职业实践经历并促使教师实践技能的提高。学校聘请企业技术人员进行全职教学或兼职教学，为他们提供图书信息服务。通过教学与共同技术开发，取长补短，促进教师与企业技术人员的专业进步。同时，学校为企业高技能人才进行知识更新提供培训，进一步提高员工素质，促进企业人力资源充分且合理地发挥效益。

四、技能竞赛合作

职业教育外在的利好环境是行业蓬勃发展的支撑，内在的利好因素是职业气氛的烘托，而职业气氛的营造就是通过技能竞赛来实现的，通过职业技能竞赛来培养学生的职业自信心、适应力、好胜心、责任心、职业兴趣、职业素养等是很好的途径。通过技能竞赛，企业可以挑选到优秀的人才，学校可以激发学生的学习兴趣。

在技能竞赛的校企合作上，第一种做法是利用企业的技术优势培养合作院校的带队老师，把专家请进来，把技术传出去，这是企业培训大赛老师的经验之谈。第二种做法就是赞助比赛设备给合作院校，并提供一定额度的经费，和合作院校共同举办技能竞赛，比如，学校和企业联合举办技能竞赛周。

五、股份合作

充分发挥学校的教学与企业生产的资源优势，盘活现有资源，创造经济价值。比如，企业给学校实习工厂提供可用的设备，指导实习工厂生产配套产品，并取得合理报酬。高职学院校内实践教学基地建设资金主要由校方筹集，企业可以提供信息服务和部分实训设备、资金；校外实践教学基地主要是企业的生产车间。校企合作后，企业的新产品开发、新设备、新技术的引进、旧设备的技术改造，已不再是企业单方的任务，学校要充分发挥自身优势，积极为企业服务；校企双方要制订技术合作计划，共同分析市场，探讨市场走向，共同研究新技术、新工艺的应用，站在行业新技术发展的前沿。

六、校企文化合作

校园文化与企业文化都是从属于社会主流文化的一种亚文化。校园文化是一种教育文化，学校的最高目标是有效利用各种资源，培养更多更好的人才；企业文化是一种经营文化，其追求的最高目标是利润最大化。但校园文化与企业文化都是以人为着眼点，都有大致相同的结构，可以分为物质文化、制度文化、行为文化和精神文化。校园文化与企业文化在学校与企业内部所起的作用也基本相同，都有导向、规范、凝聚作用。这些特点决定了校企在文化建设上可以深入地合作。职业素养仅通过知识与技能的学习是无法形成的，职业实践和企业文化的陶冶，是养成良好职业素养不可缺少的途径，不同的素养需要不同的文化来陶冶，通过含有一定职业文化内涵的校园文化来引导与规范学生的思想和行为，这需要通过校企合作的途径来进行。职业教育要以服务为宗旨，全体教职员工都要有很强的服务意识。目前，大多数企业在完善服务功能方面远远走在了学校的前面，具备良好的服务理念，形成了良好的服务体系。高职学院与企业进行文化合作，可以让学院学习到优秀企业为客户服务的理念与服务体系。校企文化的融合，学校文化与企业会有更多的共同语言。学生在学校学习时所处的情景往往与进入企业后工作的场景存在巨大反差，学校文化与企业文化融和，容易使学生事先认同与接受企业文化。高职学院与企业进行文化建设合作，可以共享各有优势的文化资源。在此基础上举办文化活动，如体育、娱乐、技能比赛等，通过主导文化交流与渗透，建设好文明和谐的校园与企业文化。

七、管理合作

尽管教育管理或者学校管理与企业管理为不同的目标服务，但管理追求质量与效益的目的是相同的，都主张通过以人为本的思想来调动广大员工工作的积极性。学校管理与企业管理、教学与生产、校企人力资源管理、财务管理、后勤管理等都有可以合作的空间。学校后勤管理逐步社会化、企业化，学校人事管理逐步转向人力资源管理，财务管理向控制成本转变，均可以向企业借鉴经验。企业管理以刚性管理为优势，学校管理有灵活性优势，两种管理可以刚柔相济，相互借鉴。学校与企业加强管理制度建设和管理信息交流，相互聘请有经验的人员到学校或企业内部进行项目管理，提升管理效率与管理效益，管理思想、管理经验和管理文化相互交融，能够促进学校与企业管理水平的提升。

八、思想与道德教育合作

思想政治工作是学校的头等大事，合作企业可以为学校提供活的课堂。企业发展也表示国家兴旺，企业的高效益预示人民的幸福安康，企业技能标兵能带动同学们勤学苦练，企业劳模能带动同学们艰苦创业，用企业的技术专家展示创新的风采，通过企业生产带动同学们更加务实。学校也可以发挥教师的理论优势，为企业员工讲解政治、经济与社会形势，帮助员工树立正确的思想观念，给员工进行心理教育。职业道德最好在从业时塑造，合作企业可以通过劳动现场，向在校学生进行专业教育，展示合作精神、岗位价值与劳动的意义，展示知识的力量与劳动纪律的作用，使职业指导在职业服务中内化。学校和企业还可以合作编印相应的小册子，树立鲜活的正面典型。

九、科研合作

新型工业化呼唤企业有更多的原创技术用于生产，企业在这样的时代也越来越重视自身技术开发。由于条件限制，一些企业没有力量从事生产之外的技术开发，但企业可以为高职学院提供研究项目和必要的条件。校企合作为高职学院相关教师提供有生产价值的课题，提供研究条件，并能立竿见影地解决一些问题。校企科研合作，不但更有针对性与实用性，而且能够促进企业生产与教师研究能力的快速提高。

学校有好的设计理念和先进技术，企业有成熟的加工制作经验，把先进技术变成好的产品需要学校和企业联合起来共同推动技术的进步，这就是校企合作的科研合作。科研合作为解决学校只有想法和文章而没有实际产品的问题提供了有效途径，给企业进一步提高技术和产品内涵、种类带来了帮助。

在科研合作的过程中，第一种合作方式是合作院校或企业申报课题，由企业和合作院校共同完成课题，企业负责加工制作产品样品和成品，合作院校老师的任务则是提出想法、设计图纸、试制样品等。如果产品研制出来，则由合作院校和企业共同申报专利。第二种合作方式是由合作院校的老师提出设计方案，企业负责生产，生产出来的产品按照市场规律进行运作。第三种合作方式是企业将需要攻关的科研项目交给合作院校的老师去做，由企业负责提出要求、支付科研经费和最终的功能验收，合作院校负责开发、调试和完善。在这三种合作模式的运作下，有了实在的合作项目，合作院校的老师写起文章来就会有的放矢，发明起专利来就会得心应手，搞起教学来就会游刃有余，解决了企业的技术瓶颈，提高了院校的社会知名度。进行这样的合作，从小的方面来说给教师和企业带来了帮助，从大的方面来给职业教育、社会发展、技术进步带来了深刻的影响。

十、就业合作

学校培养人才，企业需要人才，这是双方需求的共同点，但是如果失去校企合作这一纽带，那么学校培养的人才可能不是企业需要的人才，学校办不下去；企业需要的人才可能找不到，企业发展不了。在就业方面，学校的人才资源和企业的就业资源是需要共同培育的，把企业的想法告诉学校是企业的责任，学校按照企业的要求进行"订单式"培养是学校的任务。

在就业合作方面，第一步做法就是企业和学校专业带头人共同制定学校培养目标和课程实施计划，帮助学校从一开始就按照就业导向来拟定自己的教学计划。第二步做法就是企业利用和其他企业的业务关系，帮助合作院校和这些企业取得联系，帮它们牵线搭桥共同建立校企合作实训基地。第三步做法就是企业接纳合作院校的毕业生就业和帮助合作院校联系其他顶岗实习单位。

第八节　校企合作的模式创新

一、校企合作模式的影响因素分析

任何事物都不能孤立存在，同样，校企合作不仅涉及学校和企业双方，还涉及政府的推动、市场的调节等重要的外部力量。此外，社会历史文化传统、法律法规、行政和行业管理体制、企业生产方式等也是校企合作的外部因素。成功有效的校企合作机制的建立有赖于各相关因素的正向合力的生成。

世界发达国家职业教育的发展历程不仅证明校企合作模式是促进职业教育与社会经济协调发展的必由之路，同时也揭示了校企合作的顺利、有序进行需要良好的环境。可以说，校企合作不仅涉及教育界和企业界，它更是一项系统工程，只有各相关因素协调发展和相互促进，形成正向合力，校企合作才能在良好的发展环境中步入健康有序的轨道。影响校企合作模式的相关因素有很多，归纳起来主要有以下三个方面。

（一）历史文化

任何一个民族和社会都有其特定的历史文化，而这种经由历史发展积淀的特定文化会深刻地影响整个社会人们的价值观和行为。

（二）行业中介组织管理

行业组织由于集中代表了本行业的共同利益，其对行业内企业有一种天然的约束力，因此，建立行业组织并由其行使一定的管理监督职能无疑有利于校企合作的顺利进行。

（三）企业生产方式

企业的生产方式或其追求的生产方式决定其参与职业教育的积极程度。技术密集型企业无疑比劳动密集型企业更关注人力资源的开发，其参与职业教育的积极性也比后者要高。随着科技进步，企业的生产方式发生了重大转变，大批量的生产方式将为灵活多变、适应性强、个性化的柔性生产方式所取代，这就要求劳动者必须具有一定的知识、智慧，掌握多项技能，这从客观上增加了企业对于人力资源开发的需求。可以说，企业生产方式的转变加速了校企合作的进程。

而我国目前的经济增长方式没有真正转到依靠科技进步和提高劳动者素质上来，企业的生产方式还是以粗放型和劳动密集型为特征。

二、校企合作新模式

（一）校企合作模式的创新

1. 创新校企合作办学模式

校企合作不论采取何种形式，归根结底都是校企双方在大目标一致的基础上各尽所能的合作。因而，要深化校企合作，必须促使校企双方通过更多的交流实现深度融合。因此，应建立和完善校企合作双方定期交流制度，规定学校的专任教师与合作企业中胜任专业技能教学的人才分批轮流进行为期 1～2 年的互派换岗。其间，学校专任教师在企业专业对口岗位上以实践锻炼为主，同时可根据企业员工需要为其做一些理论知识辅导，或与企业有关人员一起从事科研项目；企业人才在学校以从事专业技能实训课教学为主，同时可与相关教师共同承担科研任务。这既有利于增强学校教师队伍的专业技能教学能力，又有利于提升企业员工的文化素质和专业知识水平，会使校企双方在内涵方面实现优势互补，在利益上各有所得，改善以往校企合作中双方受益失衡状况，构建以人才交流与互融为基础，更有利于发挥人才互利作用的校企合作办学新模式。

2. 创新校企合作育人课程内容

教材作为课程内容的基本依据，其质量对教育教学质量起着决定性的作用。职业院校所用教材要充分适应企业对技术技能人才培养质量的要求，实现课程内容的创新。一是作为教材主编方应邀请企业有关专家与任课教师一起拟订更加适合现阶段技术技能人才培养需要的课程新标准，然后将现有教材中的内容与该标准对照，探寻教材内容推陈出新更适合人才培养需要的新思路，拟订编写或修订教材的计划；二是在组织教材编写队伍时，既要挑选教学经验丰富、研究水平较高、写作能力较强的任课教师及相关研究人员，又要从企业吸收一些实践经验丰富、专业知识功底深厚的高技能人才，让他们依据新的课程标准，以其所长、尽其所能地参与主编、编写或审阅教材。三是在编写教材过程中，要注意搞好参编教师及相关研究人员与企业人员的分工协作，使教材内容充分反映企业生产和经营管理实践中的新情况，从而增强新颖性、先进性和适用性，保证教育教学的质量。

3. 创新校企合作育人教学方式

以学生为主体，使教育理念从"以教为本"到"以学为本"转变。不仅要在教学目标上使学生重视专业能力的形成，让学生们在计划、判断、分析上得到系统的锻炼，还要在教学模式上从灌输式教学变为项目教学，最终使得学生能获得个性化的发展并具有自我评价的能力。

（1）采用开放互动的教学模式

创新能力和实践探索精神，互动式教学模式的创造和实践是一种教学改革意识和探索精神的校企互动，根据企业需要，设置专业课程，设计培养方案，构建学生应具备的知识、能力和素质架构体系，制定企业全方位参与教育教学的过程互动运行机制，强调互动细节，使学生得以将理论与实践相结合，全面提升综合运用知识的能力。

（2）企业内容融入日常学习

随着企业对于人才的要求越来越高，职业院校的课程教学模式也呈现出多样化的趋势。将企业的实战融入课程里已经迫在眉睫。以国际化、企业化为标准，设置知名企业的最新案例，可以让学生直接了解到一流国际企业的运作模式、职业要求和工作规范，在教学过程中注重创意式和实战式教学，使学生一毕业即符合企业的要求。

（3）举办学术或设计竞赛活动

在时尚设计或快速消费领域，企业更新换代不断加快，往往在研发时产生思想瓶颈，而在校学生们的发散思维，可以为解决问题提供很多创新的建议，企业从中受益匪浅。职业院校以学术研究或设计竞赛形式开展一些活动，由企业提供主题，学校通过各种形式组织比赛和活动。

4. 创新校企合作就业途径

在当前毕业生就业难度比以往更大的情况下，一方面，职业院校应继续采用组织学生去企业上岗实训实习、聘请企业高技能人才来校作为兼职教师参与授课或指导学生实训、加强教师教学能力建设等办法，使学生切实掌握专业知识和技能，提高综合素质，增强就业能力；另一方面，应拓宽眼界和思路，力求在校企合作就业方面突破常规，有所创新，即协助企业拓展生产经营，以此增加企业的技能性工作岗位，从而更有效地解决高职毕业生的就业问题。一是可以凭借校友资源优势帮助企业开辟新的市场和销售渠道，扩大企业生产经营规模，使技能型工作岗位随之有所增加。二是发挥自身智力资源优势，支持企业研发适应市场需求、竞争力强的新产品或新项目，以此扩大企业经营范围，增加其对技能人才的需求量。三是利用校内空闲场地和房屋吸引企业，企业建立既可作为学生实训实习基地，又能满足企业拓展生产经营需要的分厂或分公司，增加企业对包括技能人才在内的用工需求。

5. 创新校企合作发展平台

校企合作发展平台是职业院校与企业赖以开展互利活动的一定空间范围和基础条件，其活动项目的种类越多、技术含量越高，这个平台就越广阔、越有利于校企合作的开展。应改变以往校企合作大多局限于一般项目的状况，促使校企双方着眼于适应产业转型升级需要。企业要改造落后工艺技术、提升全面管理水平、降耗增效、循环利用资源、开发新产品和新技术项目，凭借各自优势，广泛开展合作，并根据这些项目进展的需要培养技术技能人才。

（二）校企合作新模式

1. 校企互动"共建式"

校企互动"共建式"模式是指在校企合作过程中实行校企联合、双向互动，共同培养人才，具体表现为五个方面。① 共建目标。学校针对市场和企业的需求，通过校企合作委员会或专业指导委员会，会同行业、企业领导和专家参与各专业人才培养方案的制定，共同确定培养目标。② 共建计划。学校充分听取来自企业专家的意见和建议，校企双方共同确定课程体系、实验实训安排、毕业设计、毕业考试等。③ 共建课程。学校聘请企业技术骨干参与课程改革，按照企业的要求确定课程结构、选择课程内容、开发专业教材。④ 共建课堂。一方面，学校从企业聘请具有丰富实践经验的兼职教师给学生授课、开设讲座等；另一方面，企业为学校提供校外实习基地，并由企业的业务骨干、管理精英担任实习指导教师。⑤ 共建师资。学校委派教师下企业锻炼，通过与企业零距离接触，及时学习和掌握最新的生产工艺和技能；对企业来说，得到了学校的智力支持，也减少了用人成本。

2. 多元长效的"订单式"

"订单式"培养模式是企业根据用工实际岗位需求向学校提出人才培养数量和规模，委托学校进行培养。双方签订办学协议，确保各自的权利与业务。"订单式"培养模式是以"人才共建"为纽带的一对一合作模式，解决了企业的用人需求问题，受到了企业的普遍欢迎。

3. 产品研发"共同式"

校企合作是建立在互惠互利基础上的，职业学校应积极探寻双方利益的契合点，通过校企合作共同研发产品，来进一步增强合作的原动力。

（1）指导学生进行技术创新和产品研发

学校通过聘请企业专家来进行技术创新发明讲座，号召大家围绕生产、生活进行产品改造、制作和创新。

（2）教师参与企业技术产品研发

在校企合作中，学校积极选派优秀专业骨干教师到企业挂职锻炼，主动参与企业的生产管理、产品开发和技术革新活动，与企业共同攻克技术难关，实现产、学、研无缝结合。

（3）实习作品产品化

为降低学生实习成本，也为学校创造效益，职业学校应与相关企业积极合作，共同将学生实习产品转化为企业员工生产的市场产品。

4. 联合经营"开放式"

学校向企业开放校内外实训基地、师资等办学资源，企业以设备、技术、资金等形式向学校注入股份，以实训基地作为加工场进行产品生产，实现学校、企业联合经营。企业以主人的身份直接参与办学过程，分享经营效益。

5. 校企文化"对接式"

职业素质的养成来源于校园专业文化环境的营造。健康和谐的校园文化是学校赖以生存和发展的重要根基和不竭动力，是学校的精神和灵魂。职业学校应将企业文化有机地融入校园文化建设中，形成企业化的校园文化特色。

（1）校企物质文化对接

物质文化是校园专业文化建设的物质载体和基础，学校要注重企业与校园物质文化的对接融合。例如，学校通过在走廊、教室、活动室、实训车间、图书馆等地方张贴优秀企业家、创业者的成就榜与风采照、格言警句、市场人才需求信息、行业与专业的发展趋势等，使学生从中体味职业感受和专业思想，提高学习动力。

（2）校企制度文化对接

专业制度文化是指以专业建设和管理为目标所拟定的所有师生共同遵守的办事规程和行动准则，包括师生日常行为规范管理要求、学习要求、纪律要求、活动要求等。为充分发挥企业文化环境育人的作用，要将企业制度与学校制度对接。

（3）校企精神文化对接

学校应注重校企精神文化的对接，在传授技能的同时，注重学生文化素养的培养。一方面可以通过自编读本、就业指导等书籍来给予学生职业思想上的熏陶；另一方面定期邀请企业领导来校给学生做讲座，传播企业文化，宣传企业的经营理念和生产情况，加深学生对企业的了解。此外，还可通过在学生中举行"爱我专业"的征文、"立就业之志，练就业之功，走就业之路"为主题的演讲比赛、技能大比武等多种活动，来进一步培养学生热爱企业的真挚情感。

6. 工学结合"交替式"

传统的教育模式认为学校是学生教育的组织者和实施者，因而学校是对学生进行教育和培养的唯一主体，而企业只是学校教育成果的被动接受者；而在工学结合的教育模式中，学生的培养教育则由学校和企业共同合作完成，职业学校应以实训、顶岗实习为切入点，坚持工学结合模式，将企业管理的质量意识、经营意识、竞争意识迁移到学校的管理中来，使教学实施主体呈现多元化的局面。

（1）工学结合

工学结合是一种学生学习与工作相结合的教育形式，它具有开放性、实践性和职业性。在工学结合中，学生以"职业人"的身份参与实际工作，在工作实践中学习成长。学校安排学生白天到相关企业实践，让企业技术师傅对他们进行技术指导，以此掌握企业设备的操作技能，真操实练，同时安排其晚上在校学习专业文化知识和专业技能，做到理论与实践的结合，进一步提高其专业素养，为其快速走上实习工作岗位服务。

（2）半工半读

半工半读是家庭经济贫困学生一边工作、一边学习的有效方式，它既能满足企业生产的需要又能满足学校教学的需要，还可促进农村劳动力的转移，实现劳务输出层次由体力型向技能型转变。上午在学校学习专业技能，下午到企业上班，晚上在学校学习专业文化知识，使他们既不落下专业技能、文化知识的学习，又通过工作获得收入得到经济补助。

7. 顶岗实习"轮训式"

校外顶岗实习也是校企合作的重要内容。在实习期间，学生的管理是人才培养的重点和难点，例如，职业院校积极加强学生顶岗实习管理体系研究，在校企共管顶岗实习管理模式实践的基础上，专项研究校企共管顶岗实习教育管理体系，形成制度。对于学生顶岗实习，职业院校要做好四个方面的工作。① 签好一份协议书。学生顶岗轮训实习期间，学校、企业和家长、学生一起签订三方顶岗实习协议书，明确三方职责，共同管理好校外实习。② 开通 24 小时就业服务热线。学校要求负责学生实习就业的部门开通 24 小时服务热线，帮助解决顶岗学生实训就业的疑难问题。③ 定期填好考核表。实习指导老师和相关领导部门要对实训学生定期进行阶段考核，对其实习期间言行举止、工作态度、业务学习、工作业绩等进行全面考核，并作为其在企业实习的薪金发放的依据，使学生对自己负责，形成约束力，杜绝以往管理松散的状况。④ 做好三个"跟踪"。一是跟踪管理，学生实习后，对他们的去向进行跟踪，企业内有师傅带领，有人力资源和社会保障部主管或车间主任负责管理，做到有问题能及时沟通，与企业管理人员配合，及时将苗头性问题扼杀在萌芽状态。二是跟踪教育，即通过电话、上门走访、企业短期培训、社会调研等方式，对校外实习生进行爱岗敬业、企业文化教育，稳定其思想。三是跟踪服务，即对在校外实习工作中遇到的各种问题与用人单位协调解决，使学生在实习期间放心，用人单位满意。通过顶岗实习轮训，学生把所学到的理论知识和企业的生产实践相结合，在企业当了一次真正的工人，培养了独立处世的能力和吃苦耐劳的精神，提高了实际操作技能，为毕业后走向社会做好了思想准备，为进入企业工作打下了扎实的基础。

随着本地经济形势的发展，学校、企业双方利益的契合点也有所不同。因此，各个时期校企双方对校企合作模式的选择也有所不同。职业学校应在实践中探索、创新，只有注入源头活水，校企合作的模式才有旺盛的生命力。

第九节　校企合作的机制创新

校企合作的机制是指运行层面，包括院校外部（政府、企业等）运行机制和院校内部运行机制。校企合作机制的设计要遵循教育与培训的基本原则，遵循平等互利的原则，遵循专业化分工和社会化服务的原则，遵循利益相关者权益平衡的原则，明确校企合作中双方利益与责任关系。

一、当前校企合作机制中存在的问题

（一）缺乏利益驱动机制

在校企合作中，企业付出的成本较高、责任较重，承担的风险也比较大，难以得到必要的成本补偿，相关优惠政策难以落实。在校企合作中，很多职业院校都希望合作的企业能够提供实训设备、与学校共建实习实训基地、为学生安排实习岗位等，企业为了与学校建立长期稳定的合作关系，就需要满足学校的要求，提供实习场地和设备、安排专门人员进行现场管理、挑选企业骨干员工对学生进行指导，还要给学生支付一定的实习报酬，为学生安排食宿等，不仅投入了人力、物力和财力，还可能影响到正常的生产经营秩序。参与校企合作的企业还承担着较大风险，学生生产经验少，难以保证产品质量，可能生产出次品甚至废品，实习生对企业生产操作规程不熟悉，存在发生工伤事故的安全隐患，这都会增加企业管理成本，甚至给企业带来经济损失。因此，追求利益最大化的企业很难把育人融入自身价值链。

（二）学校教育管理机制改革未跟上

个别学校受传统观念的束缚，舍不得拿掉与校企合作人才培养模式不相适应的传统教育体制，在与企业合作的过程中顾虑太多，不敢大胆突破，仅局限于企业接收学生实习、实行"订单式"培养等方面，双方缺乏全面、深层次的合作，合作效益不明显。在人才培养过程中，企业参与度低，导致学生实践经验缺乏，对企业生产、管理环节不熟悉，岗位适应能力和动手能力差，难以满足企业的用工要求。

二、校企合作机制创新的举措

（一）树立职业教育校企关系的新理念

1. 树立大职业教育系统观，变革职业教育校企合作制度

教育观念的转变是教育制度变革的前提。从教育制度构成上看，教育制度观念是构成教育制度的基础或教育制度体系产生与实施的合理性根据，是关于教育制度的基本概念与主要理念，它构成教育制度的价值基础，是教育

制度不可或缺的重要部分。

目前，社会对职业教育的理解还较狭隘和局限，认为职业教育是教育系统的责任，企业承担教育的责任只是对在职员工的继续教育与职业培训。这种观念在行业企业中尤为突出，在这种观念的支配下，产业部门、行业企业参与职业教育的积极性和主动性都受到极大的影响，职业教育不能体现在产业发展、行业规划和企业战略中，表现为产业系统和职业教育系统的不和谐，即职业院校专业设置与经济发展需求的不匹配、毕业生就业率不高和"用工荒"的矛盾。

大职业教育系统观是职业教育校企合作制度的思想基础。大职业教育系统观始终把职业教育放在社会大系统的发展变化中，将职业教育与社会经济发展紧密结合在一起，把职业教育系统与产业系统、职业学校与企业作为一个有机统一的整体，是注重职业教育校企合作整体性和开放性的观念。这是一种新的职业教育视野、新的思维方式，它要求无论是决策者还是实施者，都要重新认识职业教育，重新认识职业教育与产业、职业学校与企业的关系，树立"政府主导，校企一体化"的新理念。从大职业教育系统观出发，在职业教育校企合作的实践中，围绕校企合作的多元利益主体，来重新审视现行校企合作制度，找到当前校企合作中问题的制度根源，从而推动职业教育校企合作制度的变革。

2. 尊重技能型人力资本形成规律，构建校企一体化的合作体制

教育的最基本职能是培养人。职业教育既是一种教育活动，也是一种经济活动。作为教育活动，职业教育承担着培养技能型和技术型人才的重任；作为经济活动，职业教育是技能型人力资本形成的重要途径。长期以来，人们习惯于从教育活动的角度来理解职业教育。然而，在经济与教育关系越来越密切的今天，仅从教育角度认识职业教育就显得过于单一。因此，从教育和经济两个方面来认识职业教育，更能反映职业教育的本质。技能型和技术型人才的培养是从一个准员工开始到成熟的技能专家的过

程，也就是从通用性技能型人力资本到专用性技能型人力资本的过程。在这一过程中，职业学校与企业是一个系统中两个相互依存的主体，在人才培养的不同阶段或人力资本形成的不同阶段发挥着不同的作用。离开了职业学校或企业任何一方，人才的培养过程或人力资本的形成过程就无法完成。所以，只有尊重技能型人力资本形成的规律，才能构建校企一体化的合作体制。

（二）加强职业教育校企合作顶层设计

顶层设计源于自然科学或大型工程技术领域的一种设计理念。它运用系统论的方式，是一种自上而下的总体构想和战略设计，注重规划设计与实际需求的紧密结合，强调设计对象定位上的准确、结构上的优化、功能上的协调、资源上的整合，是一种将复杂对象简单化、具体化、程式化的设计方法。顶层设计从系统和全局的高度，对设计对象的结构、功能、层次、标准进行统筹考虑和明确界定，强调从理想到现实的技术化、精确化建构，是铺展在意图与实践之间的"蓝图"。职业教育校企合作的发展已经经历了一个较长的探索期，现在需要进入制度化发展时期，制度化发展需要紧密结合经济社会发展的需求，对合作的目标、合作的路径进一步明晰，对合作中管理主体、实施主体、协作主体的职能进行明确定位，制定出系统的、可操作的制度和政策措施。

1. 完善组织结构，全面规划设计职业教育校企合作

职业教育校企合作是一个涉及职业教育全局的战略性工程，这一战略性工程的设计规划和实施需要强有力的组织结构支撑。以职业教育校企合作指导委员会为平台，从国家的层面制定职业教育校企合作整体战略，全面设计规划职业教育校企合作。职业教育校企合作的顶层设计，使校企合作系统中的所有子系统协调运行，产生整体效应。

2. 建立决策体系，统筹协调职业教育校企合作的利益关系

决策是利益相关者相互协调利益和意见的过程。职业教育校企合作具有多元利益主体，要协调各主体的利益，达到利益的均衡，需要建立职业教育校企合作决策体系。要建立有效的决策关系网络，首先，各级政府在校企合作决策机制的制度设计上要保证决策过程中参与校企合作的相关各方对于利益和意见都能够进行充分协商。这一决策过程既要包括教育部门、产业部门、财政部门等决策者，也要包括职业学校、企业、学术机构、研究院所等决策参与者，使决策成为决策者和决策参与者共同作用的结果，成为各种利益和意愿表达整合与提升的结果。其次，要从制度层面科学地规范校企合作决策过程中各利益相关者的权利关系。科学界定决策过程中各利益相关方的权利关系和决策参与者的权限是保证校企合作决策实现充分协商的重要前提条件。重新分配教育部门、产业管理部门和人保部门在职业教育校企合作中的管理职能，将职业教育管理权力统筹到教育部门，职业培训考核与证书颁发管理权力统筹到人保部门，职业培训制度的管理权力统筹到产业管理部门。

（三）创新国家校企合作组织管理体制

要把加快发展职业教育摆在更加突出的位置，更好地支持和帮助职业教育发展的要求，应突破职业教育只归教育部门管的传统思维方式，成立政府层面的强有力的职业教育管理机构，由该机构对包括校企合作在内的所有与职业教育相关的工作进行规划、指导和协调，实现校企合作组织管理体制的创新。为确保该机构对各个有关方面进行协调的有效性，其第一负责人最好由政府主要领导兼任。为使该机构准确、及时地了解情况，研究问题，做出决策，其组成人员不仅应包括政府所属的发展改革、财政、经济、人力资源和社会保障、教育等相关部门的主要领导，还应包括行业组织、与职业院校有合作关系的企业、职业院校的主要领导及有关专家学者。该机构应定期召

开办公会议，确定工作任务，并成立常设办公机构，明确其工作职责，以加强职业教育的科学管理，特别是要处理好校企合作方面遇到的难题，使校企合作在新的组织管理体制下得到有力保障。

职业教育校企合作中一个突出的问题是企业参与职业教育有关制度的缺失和不完善，主要表现在还没有将企业作为职业教育实施中的一个重要主体，没有让企业直接承担职业教育的任务，使企业处在职业教育责任缺失的状态。要解决这一问题，需要重点完善企业参与职业教育的有关制度，使企业教育职能制度化。因此，在原有企业参与职业教育制度的基础上，建议增加以下企业参与职业教育有关制度内容。

第一，确立企业在职业教育中的地位。在大职业教育系统观下，企业既是大职业教育系统中的一个主体，与职业学校一样，具有进行职业教育的责任；同时，企业还是大职业教育系统中实施系统中的一个实施主体，与职业学校共同实施校企合作。

第二，建立职业教育企业资格制度。职业教育校企合作的目的在于技能型人力资本专用化，技能型人力资本专用化这一过程对参与企业有一定的要求，如企业的规模、设备条件、企业技术、技能人员的素质、企业文化等，并不是所有的企业都具备参与的条件。所以，企业参与教育，必须具备一定的资格，建立职业教育企业资格制度。职业教育企业资格制度可以由行业协会委员会组织制定，制度主要有三个方面的内容：一是认定标准和主要内容；二是认定的流程；三是相关配套激励和优惠制度与措施。认定标准是企业管理者与技术技能人员的素质、企业设备条件、培训场所条件等；认定流程包括企业申请、对企业进行认定评审、发放认定资格证书、定期考查复审等程序。职业教育企业资格制度的建立，一方面有利于规范企业职业教育行为；另一方面有利于促进和激励企业参与职业教育。

第三，明确职业教育企业的责任与权利。具有职业教育资格的企业应承担以下责任和权利。一是提供实习岗位。企业根据员工或岗位的比例提供一定数量的实习岗位，实习岗位应该覆盖企业的全部生产过程，并要求这些岗位具有一定的技能含量，核心技能岗位应占有一定的比例，同时实习岗位要与指导师傅相配套。二是承担用工责任。我国职业教育的就业导向特征决定了企业用工方式必须受相关法规的约束。推行广泛的、制度化的"订单式"培养模式，对没有承担订单的企业，也应要求企业优先接受职业学校毕业的学生。三是参与职业教育教学。在大职业教育系统中，企业是技能型人力资本专用化中的一个主体，与职业学校分担不同时期不同的职业教育责任，企业只有参与到职业教育学校教学工作中，才能提高技能型和技术型人才的培养效率和效益，减少企业人才培养的成本，提高企业整体效益。四是承担培训员工的责任。培训旨在提高员工的水平，使其在技能上不断提高，在专业上不断进步。五是承担职业学校教师到企业实践的责任。六是企业享受的相应权利。职业教育企业享有对学生实习和就业进行考核的权利、根据企业实际需求和学生对实习岗位的贡献优先挑选优秀学生的权利、参与职业教育教学包括增加一部分企业文化内容和岗位要求的权利、在有条件的前提下自主办学和组织培训的权利等。

第四，规定职业教育企业应享受的优惠及处罚条款。国家通过立法制定优惠的经费、财政、金融和税收政策，保证校企合作中各方的收入受到法律保障。除在原有减免税收政策的基础上，制定职业教育企业提供实习岗位的制度，按照企业年收入标准，规定企业提供实习岗位的形式和方法，对达到标准的企业实行无偿提供实习岗位，对未达到标准的、提供国家急需特殊岗位的企业通过国家补贴提供实习岗位。为提高职业院校校企合作法律效力，强化法律责任，制定必要的企业处罚性条款，确定处罚的主体、对象和方式，进一步明确企业责任和义务，增强企业职业教育的责任心和社会责任感。职业教育内涵式发展所依赖的校企合作既关系着企业所需人才培养质量的提高，又关系着企业自身的持续发展，所以，通过校企合作参与职业院校的人才培养是企业依照相关政策法规应承担的责任和义务。但是，职业院校与企业又各有其独立的经济利益。因而，为充分调动企业参与合作的积极性，应尽快落实国家对校企合作中有经济付出的企业予以经济补偿的政策规定。其具体办法是：先对校企合作中企业所付出的各种成本费用进行统计核算，然后由学校（公办）用财政划拨中属于校企合作项目的经费直接向企业支付，若该经费不足，其所缺数额就从政府相关部门应收取该企业的纳税额中扣除，以此作为企业支持职业教育的补偿。与民办院校合作的企业在其付出经费统计核算且校方支付出现缺口的情况下，也应获得跟与公办院校合作的企业大体相当的补偿。此外，对参与校企合作达到一定标准的企业可通过新闻媒体予以公布，并在其单位大门旁边挂牌公示，对表现先进的企业予以表彰、奖励和宣传，进一步提高其社会声誉。

（四）建立教育部门与产业行业体制机制

在技能型人力资本形成和积累的过程中，由通用性技能型人力资本向专用性人力资本的转化，需要从国家层面对这一运行过程进行较为详细的规划和顶层设计。在大职业教育系统中，职业教育子系统与产业子系统之间需要建立协商机制，职业教育子系统与产业子系统之间的协商其实质是如何建立教育部门与产业部门和行业组织关系的问题。因此，迫切需要搭建职业教育与产业行业、职业教育与行业协会组织、职业学校与企业之间的工作平台，建立他们相互之间的协商机制。

1. 建立职业教育与行业对话协商机制

职业教育是与经济社会发展关系最密切、贡献最直接、服务最贴近的教育类型，职业教育与行业的对话协商机制应以国家层面为主，通过制度的建立加强职业教育与行业的协作。建议在部委行业管理机构中设立职业教育管理部门或在相关部门增加职业教育管理职能，推动行业职业教育管理工作的开展；成立行业指导委员会，委员会由行业主管领导和部门组成，负责行业与职业教育的高层交流。通过行业管理机构中职业教育管理部门的设立和行业指导委员会的成立，开设校企合作网络信息交流平台，开展网络办公，及时发布行业最新发展动态、行业技能人才培养和培训情况、供需变化等；建立定期例会制度，保持经常性的对话，促进职业学校教育的专业与行业企业岗位的对接、课程与职业标准对接、教学过程与生产过程对接，真正实现校企一体化。

2. 建立职业教育与行业协会协作机制

在大职业教育系统中，行业协会是行业、企业的代表，其了解行业、企业的需求和发展趋势，独立于政府和市场之外。行业协会作为校企合作的一个协作主体，弥补了校企合作中政府和市场作用的不足，在行业、企业与职业学校之间发挥重要的资源配置作用。各类行业协会通过行业协会委员会进行协调，与职业教育部门和职业学校建立经常性的对话协商机制。首先，要健全行业协会组织，发挥行业协会的职业教育功能。从整体上看，行业协会还缺乏对职业教育的关注，缺乏主动参与职业教育的意识。因此，政府应把校企合作中的一些细节工作下放给行业协会，通过各种方式健全行业协会组织，让行业协会参与到职业教育的管理和决策中，加强行业协会的职业教育功能。其次，增强行业协会的自治。行业协会应相对独立于政府机构，真正反映行业、企业的现实状况和利益诉求，在职业教育校企合作规划制定、决策形成中发挥有效的作用。最后，应从法规上明确行业协会在职业教育中的协作地位和作用，明确确立在职业教育中的权利，促使行业协会在法规保障下参与职业教育，发挥行业协会的职业教育功能。

（五）进一步完善政府以人为主的多渠道经营保障体制

职业教育校企合作的发展是职业教育事业整体的发展，涉及招生、教学、就业全过程，涉及基础建设、师资建设、专业课程建设等硬件和软件建设，经费保障是职业教育校企合作的根本，应进一步完善以政府投入为主的多渠道经费保障机制。第一，应建立稳定的公共财政投入机制。科学制定明确的财政性职业教育经费投入目标，及时调整和增加职业教育的投资比例，保证职业教育财政性经费、生均经费和生均公用经费相应增长，使经费投入与职业教育校企合作发展相适应。第二，应合理划分各级政府对职业教育投入的责任和比例，将职业教育经费纳入各级政府财政预算，按照投入的责任和比例，保持职业教育财政拨款持续增长。第三，不断增加职业教育非政府投入经费的比例，为各种民间资本的投入提供宽松的环境。充分发挥社会力量办学的积极性，改变政府在教育上承担无限责任的状况，把一部分教育责任转移给社会，强调政府和社会办学之间的灵活和多样化的合作。第四，制定鼓励和引导各种经济成分的企业投资职业教育的政策，促进企业对职业教育的投资。第五，建立国家职业教育校企合作发展专项基金，吸纳各种社会资金发展职业教育。鼓励支持民间以多种形式建立职业教育基金，并利用金融、税收、彩票、社会捐助等手段筹措职业教育经费。

（六）改革职业院校管理机制

1. 建立多渠道的筹集教育经费机制

一是争取企业的研究合作经费。由于国内大学都是采用年度预算方式进行拨款，各项预算资金的使用都有明确规定，不得跨项使用经费，导致自主支配不足。而自从有了研究经费后，职业院校可从研究经费收入中预留部分作为发展资金，为年轻教师提供科研资助，鼓励他们更多地参与各种研发，以提高职业院校的整体水平。

二是共同出资成立合资机构。具有独立法人资格的职业院校与企业以股份制形式进行校企合作。企业以设施、场地、资金等多种形式向职业院校注入股份，校方以技术、科研、师资等折换成股价入股。教师以多元身份参与企业运营，担任企业的顾问，为企业的研发计划或技术瓶颈提供咨询意见，与企业建立长期技术合作关系，分享企业股权，同时，企业对大学的课程设计及研究计划也提供建议，这样的校企合作模式可以使双方共享效益。

2. 建立企业参访及定期回访机制

职业院校的专业建设与市场需要之间存在着时间上的差距，很多时候职业院校费了精力进行专业建设之后，市场信息、技术等又出现了变化。为了使人才培养中教学内容和企业需要同步，就需要建立企业参访和定期回访机制。

企业参访即学生通过走访企业，了解企业及其业务。企业参访的具体活动包括学生搜集企业信息、选择被访企业、联络企业、参访计划、现场参观、记录参访内容、汇报参访结果等。通过企业参访，学生能增强职业意识和从业责任感，同时企业也能发现学生的潜在素质和能力，从而达到学习和互动的双重效果。

定期回访即职业院校组织教师深入企业调研，调研内容包括专业教学与企业需要是否同步、课程设置与企业实际是否相容等。通过回访调研，职业院校能收集到企业负责人对专业建设的建议。在综合整理相关企业的建议后，职业院校可以组织相关专家、教授进行论证，在条件具备的情况下，根据企业实际需求有针对性地进行课程建设和教学改革。

3. 建立兼职教师管理运行机制

为了让培养的人才能更加符合市场需要，需要建设面向全市大型优秀企事业单位的兼职教师师资库。职业院校可以聘请这些企业的高层管理者和技术人员担任学校的客座教授，这些企业资深人员除了定期到学校开展各类演讲和交流活动外，还能积极参加学校的专业建设活动。此外，这些企业资深人员又能够担任在校学生的课外辅导导师，指导学生开展各种相关技术领域内的学术研究活动，使得实践和课程相结合，形成一种有利于学生成长的良好氛围。

4. 建立学生职业发展管理中心，助力学生走向社会

学生职业发展管理中心服务于所有大学在读的学生，包括本科、研究生等，提供高质量的服务和资源，帮助学生获得职业生涯成功发展所需的职业素质和技能，使学生明确自己的职业发展方向，全面增强学生职场竞争的综合实力。成立学生职业发展管理中心，即搭建学生与雇主之间的桥梁，通过建立各种渠道来加强学生与企业间的交流与沟通，包括职业咨询、职业培训、邀请企业嘉宾参加职业主题沙龙等，组织学生团队进入车间，培养毕业生对

企业的忠诚度，协助学生及企业找到适合的位置。

受到知识型社会对人力资本日益重视等多重因素的影响，教育市场正在经历着巨大的变化，这为校企合作的发展带来了巨大的动力。职业院校只有建立起市场化管理的机制，才能培养出符合市场经济管理的人才队伍，教学上、项目上，甚至合资、股份制形式的校企合作都只是一个开始，从长远看，符合市场经济规律和要求的职业院校群体逐渐形成以后，职业院校和企业之间的分工、合作都将达到一个新的高度。无论是企业参与教育，还是职业院校参与生产、制造、营销等经济活动，都会实现相当程度的专业化，从而为培养人才和科研作出更多的贡献。

5. 健全职业教育校企合作科研服务机制

职业教育校企合作的实践需要理论的指导，应采取有力措施，加强职业教育科研机构建设，加强校企合作的科学研究，推动校企合作的科学实验，形成完善的国家职业教育科研网络体系，建设一支具有较高素质和较强科研能力的职业教育科研队伍，加强对校企合作重大问题、热点和难点问题的研究，为职业教育校企合作的宏观决策、科学管理提供服务。第一，加强职业教育科研机构建设，形成国家、省、市、校四级科研网络体系，为职业教育校企合作提供决策咨询、实践指导等服务。尤其要注重国家层面科研机构的建设，切实发挥其在国家职业教育校企合作中的决策服务作用。第二，吸纳和邀请多学科科研人员，多视野研究职业教育校企合作。职业教育校企合作研究是多学科综合性研究，校企合作实践中存在的许多问题，涉及经济学、管理学、社会学等多学科，仅从教育视野进行研究，不能满足校企合作发展的需要。应针对职业教育校企合作发展的现状，邀请和吸纳多学科科研人员，共同研究职业教育校企合作。第三，加大职业教育校企合作科研经费的投入，保证科研经费投入相对稳定；重视职业教育校企合作科研成果推广，充分利用有关的职业教育杂志、网站和地方教育媒体，建立相对稳定的成果宣传推广渠道，宣传和推广职业教育校企合作科研优秀成果，并逐渐形成机制。

第八章

新时期的职业教育发展优化策略

第一节　进一步强化顶层理性设计

当前和今后一段时间，我国正处于从"低端制造"向"精品制造"转型、从制造大国向制造强国跨越的关键期，高技能技术人才的短板是一个制约性因素。职业教育涉及党和政府、企业、行业、学校、学生、家长等多方面的关切，有它自身的运行特点和属性，要有系统的制度加以保障，有健全的法律法规来保证其规范运行。这就需要用系统性思维来看待职业教育的发展。把发展职业教育看作一个相互联系的整体性事物，中国职业教育体系的理性化、法治性要求国家要进一步加强对职业教育体系的顶层理性设计，各级政府加强统筹规划、立法、整合资源、经费投入等职能，满足我国经济发展方式转变和产业结构转型升级的要求，立足于社会民主、法治化需求，服务于人的终身发展、自由发展，从宏观上，科学设计、理性规划，形成更为完善有效的职业教育发展的政策框架。

一、逐步提高职业教育办学层次

职业教育办学层次要充分考虑到外在适应性和内在衔接性的问题。在经济社会快速转型的当下，我国职业教育层次结构还存在很多问题。首先，我国职业教育体系整体上所培养的人才还不能充分满足经济社会发展的需要。

其次，我国职业教育各层次内部存在衔接性和灵活性不顺畅，学生在各不同教育层次与类型间很难进行转换，表现为中职与高职之间及职业教育与普通教育之间难以进行灵活转换。一般认为，接受系统的普通教育是一种较为传统的成才之路，而接受职业教育则是一种选择性的成才之路。求学者可以依据自身实际，经过一番比较衡量之后，去理性地选择接受普通教育或职业教育。

随着科技的快速发展、产业结构的优化升级，社会职业岗位的总体结构发生了变动，从而水涨船高，导致职业岗位的技术含量也是不断增加，技术层次不断攀高，同时与职业岗位相适应的教育层次也会随之配套高移。教育对每一个人来说是一个持续不断的学习过程，经过对各国职业教育发展情况的对比发现，职业教育层次的高移化是一种普遍趋势。总体上看，经济发展程度与职业教育办学层次结构呈现出明显的正相关关系，由此可见，技术技能型人才教育层次的高处延伸发展，是一种客观规律，是职业教育大众化的重要部分。从我国社会主义现代化建设的人才需求动向看，经济发展和产业结构调整需要职业教育培养多样化技术技能型人才，这种人才类型需求的变化对职业教育体系发展的影响，是我国职业教育层次高移的客观必然。由此可见，经济社会的发展、科学技术的进步是教育层次高移的根本动因，职业教育是培养技术技能型人才的教育，有其特殊性，根据人才需求形势变化的趋势，自然也应该包含本科层次和研究生层次。纵观其他国家的职业教育发展可发现，一向以职业教育发展闻名的澳大利亚、德国都已经具备了完善的本科及以上层次职业教育。他们从人才培养结构和层次上有力地支撑了国家经济社会的发展与转型。可以学习借鉴俄罗斯的大职教观，从国家层面进行理性设计，构建层次清晰、贯通上下的职业教育体系。俄罗斯将九年义务教育后的职业教育分为四个层次：初等职业教育（高中层次）、中等职业教育（专科层次）、职业教育（本科层次）、职业教育（研究生层次）与补充职业教育（继续教育层次），从而构建了可持续发展的职业教育体系。我国通过深化考试招生制度改革，通过越来越普及的技能型高考模式，选拔出适合通过职业教育途径成长的人才，逐渐打通从中职、专科、本科到研究生的上升通道。从制度构建中切实改变专科层次高职教育是职业教育终结教育的现状，通过建设一个有序的教育体系，拓宽职业院校毕业生不断提升专业造诣和实践技能的途径，为他们成长成才提供符合自身实际的多样化选择，使得职业教育真正成为具有高度吸引力的选择性成才通道，促进职业教育与普通教育协调发展，根据各自的职能和作用，共同促进经济社会的全面发展。

二、充分体现职业教育公益性

职业教育作为一种教育类型，其公益性主要指面向全体公民，能为受教育者之外的其他社会成员带来巨大的经济和非经济效益，并且这种收益是无偿、无排他性地享有的属性，用经济学术语表述就是职业教育为社会所提供的公共产品。职业教育的公益性主要体现在普惠性上。从国家投入政策这一视角看，职业教育的公益性越来越强，充分体现了制度的正义性。我国从 2006 年开始，启动了中等职业教育学生助学金制度，对所有在校农村学生和城市家庭经济困难学生给予资助。其中，中职一、二年级学生每生每年资助 1 500 元，现在又有所提升。此项资助政策落实到位后，受惠学生达 1 600 万人，占中等职业学校在校生的 90%，在第三年实行"顶岗实习、半工半读"的政策，学生在积极参与实习实践中获得合理的收入，从根本上缓解了广大受教育者及其家庭的经济负担，通过接受适合自身的教育形式，增加了对国家政策的认可度，为他们健康成长打下一个良好的基础。对广大中职生逐步实行免费政策，是一个立意深远的战略布局，不仅满足了广大学生上学的需要，同时也是整个国家民生建设的重要内容。这样，为普通高中的贫困学生免除学杂费、进而实现高中全免费积累了宝贵经验，为全面普及高中阶段的教育奠定了坚实的基础。

综上所述，在政府出台的惠及广大普通家庭的职业教育政策上，凸显了公益性和公平性，为建立以权利公平、机会公平、规则公平为主要内容的社会公平保障体系提供了重要的参照和依据。今后，伴随着我国职业教育办学层次的逐步提升，可以依据国家的财力基础，在职业教育阶段依据专业发展需要逐渐出台更为切合学生实际的学费减免政策，这样可以充分照顾到社会公众的共同利益，维护社会和谐正常运行。据调查，在很多职业院校的新生未报到率中，有很大一部分是学生因家庭经济贫困或者家长落后的教育投资观念导致。在保障基本公共服务均等化的过程中，要切实维护好职业教育的公平和均等，完善资助方式，实现家庭经济困难学生资助全覆盖。通过不断强化职业教育的公益性，还可以不断增强受教育者和培训者的社会责任感，增强实践能力和创新精神，培养具有民主精神、完善人格、包容精神的技术技能人才，适应文化多元发展的趋势，使每个人就业都有相对优势，创业有本领、升学有奔头，为他们的终身学习和发展奠定基础，给来自普通家庭的学生们以职业、地位、尊严和公平，实现人的全面发展。

三、持续推进职业教育法治化建设

发达国家的职业教育办学经验表明，要想保证职业教育的可持续发展，满足经济社会发展的需求，满足人们全面发展的需要，就需要完善的立法体系给予支撑。如美国，为了能够有力地促进和推动职业教育稳步发展，联邦政府都能够及时颁布符合当时发展实际、服务于职业教育健康发展的法案。通过不断完善职业教育法案，充分体现了职业教育方面的立法数量大、周期短、质量高的特点，体现出美国对科学性和公平性的追求，科学精神和人文精神的有机融合。日本作为世界上职业教育最为发达的国家之一，其职业教育发展非常富有特色。其中，完善的职业教育法律法规体系是较为典型的特点。该国的职业教育及职业教育方面的立法工作始终与该国的经济发展密切相关。从 1903 年明治政府颁布了《专门学校令》，到后来的《职业安定法》《产业教育振兴法》《职业训练法》等，各类涉及职业教育的法律法规多达 100 多种，呈现针对性强、种类完备等特点，无论是规模、层次、质量还是效益都走到了全世界前列。既有《产业教育振兴法》《职业训练法》等有关职业教育的基本法，也有《工业学校章程》《实业教育国库补助法》等诸多配套的单向法规，系统完善的法律法规体系，充分体现了日本的国家意志和对职业教育发展整个发展方向的准确把握。

回首我国的教育立法工作，经过多年的不懈努力，已经逐步构建了基本的教育法规框架，现行的教育法规主要有《中华人民共和国义务教育法》《中华人民共和国教育法》《中华人民共和国教师法》，为依法治教工作打下了坚实的基础，为教育发展提供了法律的保障。单就职业教育而言，依然有需要改进和补充的地方。我国现在处于快速的社会转型期，很多新生事物层出不穷，在职业教育发展过程中，需要把实践中涌现出来的利好政策或规定及时上升到法律层面加以固定，以取得更为丰硕的成果。

新形势下，构建职业教育体系，需要坚持党总揽全局、协调各方的领导核心作用，完善各级党委和政府领导教育改革发展的体制机制，用法治思维和法治方式去不断提高教育质量，不断完善职业教育的法律支撑体系，努力把职业教育改革发展纳入法治化轨道。

第二节　加强政府宏观管理作用

一、明晰各级政府职业教育职责分工

处理好政府与市场的关系，不失时机地推进政府职能转变，政府要加快发展战略、规划、政策、标准等的制定与实施，加强市场活动监管，加强各类公共服务提供。这就表明，政府职能定位已经从经济建设型向以公共服务为中心、以公共服务均等化为路径的公共服务型政府转变。为社会提供职业教育和培训，是政府的基本公共服务内容之一。推进职业教育良性发展，应该深化职业教育的管理体制改革，处理好政府、学校和社会的关系，清晰政府的角色定位，形成中央政府、省级政府、地市政府、县乡政府的多层面分工协作、责任共担的政府职能体系。

在我国，各项公共政策的制定和实施过程实际上指的是以中国共产党为首的所有履行当代社会公共权力的组织机构的决策与执行的过程。根据经济社会发展的客观需要，构建惠及全民的职业教育体系，需要中央政府和省级政府去进行宏观科学规划，在倡导、组织、运作区域职业教育合作中发挥好指导和引领作用，同时肩负起规划、立法、资源整合、经费投入等职能。中央政府、省级政府及其职业教育主管部门应按照"简政放权、创新管理"的要求，合理分配职业教育管理事权，分清哪些事务属于国家管理范畴，哪些事务应归地方管理，分级确定各级政府推进职业教育合作的权力和责任。要实现职业教育的协调发展，需要建立涉及教育、发改、经信、财政、人社、税务等相关部门参与的职业教育工作联席会议制度；要使用好"看不见的手"和"看得见的手"，注重发挥市场资源配置中的决定性作用，更好地发挥政府的作用。以中职教育为例，对于地方各级政府而言，有三个因素在积极推动中职教育的发展，即中央考核、本地产业需求、居民教育需求。中央政府在督促地方政府发展中职教育的过程中，提出了"普职比大体相当"和"每个县至少办好一所职教中心"的明确要求，然后是各级教育行政主管部门依此建立健全科学的考核机制，督促省市县各级政府去履行好发展职业教育的责任，这是较为明显的政府的"看得见的手"。而市场"看不见的手"在职业教育发展中如何去更好地发挥作用，主要取决于政府和当地招商引资入驻的各类企业的互动关系，一旦本地区的职业教育数量和质量难以去满足本地居民教育需求，背离了本地区企业的用工实际需要，民众自然会"用脚投票"，有选择地跨地区去找中意的职业教育机构或者经过短期的培训直接进入劳动力市场。这也是对企业用工需求和学校办学定位的最为直接的检验。

二、树立正确的人才观和成才观

当前我国正处于经济转型换挡的关键期，处于新型工业化发展的关键阶段，党和政府高瞻远瞩，反复强调要大力发展职业教育，把它定位为促进经济社会发展的重要基础和教育事业发展的战略重点。通过多次召开全国性的职业教育工作会议，出台重要文件加以推动，不断加大对职业教育的投入力度，为职业教育发展营造了良好的外部社会环境。

努力把现实中对技术技能型人才的巨大需求给反映出来，把这类人才在事关国家前途命运的核心关键领域中的独特作用给宣扬出来，倡导"三百六十行，行行出状元"的社会观念，每个人只要在适合自己、自己感兴趣的岗位上全心投入，努力工作，都会成长为社会上的有用之才的。青少年代表着国家的未来、民族的希望，他们的价值取向决定了未来整个社会的价值取向。根据职业院校学生毕业后主要在生产服务一线工作的特点，需要重点引导学生加强职业道德、法律意识、合作意识、交流能力、学习能力、创新能力等素质的培养，树立正确的人人成才观念、多样化人才观念、终身学习观念和系统培养观念，注重学思结合、知行统一、因材施教，为党和人民的事业培养德技双馨、身心双健的技能人才和高素质劳动者，为他们打开通往成功成才的大门，为他们将来更为长远的健康发展奠定坚实的基础。

实践证明，要想从根本上改变人们的思想观念，不是一朝一夕、一蹴而就的事情，需要一个比制度和政策变革更为漫长、艰巨的过程。政府需要因势利导，营造好"人人有才、人无全才、人尽其才、尽展风采"的多样化人才成长的大环境，使人们逐渐摆脱旧思想观念的窠臼，满足不同人群成长成才的发展需要，实现每个人的全面发展，从而为不同教育类型的并存发展、发挥协同育人的合力奠定坚实的基础。

三、提高技术技能型人才经济社会地位

要走新型工业化道路，需要调整经济结构和转变经济发展方式，促进经

济转型已经是刻不容缓的事情。然而，通过发达国家或成功转型的发展中国家的经验可以得知，提升产业结构必须有更高素质和坚实的技术技能型人才基础，尤其是需要建立至少受过高中阶段教育的劳动力和人才储备，确保产业结构调整和质量的提升，关键就在于劳动力生产效率的提高，而这些恰恰是劳动力教育水平提高的必然结果。目前，国家提出了"中国制造2025"战略规划，在新一代信息技术、高档数控机床技术、机器人等十大领域进行突破式发展，其目的是在保持原有工业优势的基础上，同发达国家的"再工业化"战略布局一样，顺应"互联网＋"的发展大趋势，以促进信息化与工业化的深度融合为主线，开发利用网络化、数字化、智能化等技术，发展智能制造、绿色制造，尽快抢占经济科技发展的制高点，实现从制造大国向制造强国的根本性转变。在这个关键的转变阶段，既要有高端学术研究型人才，也需要大量的一线技术应用型人才，他们不仅要有较强的技术理论基础，还要有较为娴熟的实践技能和创新能力，这样才能服务好产业结构升级和制造强国战略。时代发展迫切要求培养更多的高素质技能型人才，使这些掌握先进技术的产业工人成为制造强国的基础。现实生活中，频频上演的高薪却难以找到一个技术过硬的技术工人场景，已经明确地表明抓紧时机发展职业教育的重要性和紧迫性。形势发展需要真正提高技术技能型人才的待遇和地位，没有操作层面的优秀工程师和技工，再好的理论、发明及完美的设计也难以实现，因此，需要将高素质的"工匠"与一流的科学家、工程师同等对待。

健全资本、知识、技术、管理等由要素市场决定的报酬机制；推行终身职业技能培训制度；提高技术工人待遇，完善职称评定制度，推广专业技术职称、技能等级等同大城市落户挂钩制度。这些措施为职业教育创设了较为良好的人才培养激励机制，为今后技术工人的发展空间提供了更好的平台和可能。此外，还需要进一步完善和实施就业准入制度和职业资格证书制度，改变职业院校毕业生的就业环境，缩小收入分配差距，实现同工同酬；健全技能人才评价体系，规范技工职称评定、放宽职称评定的学历等硬性指标，着重考核技工人员的专业技能、爱岗敬业精神等，切实改变劳动用工、人才选拔中"重学历、轻技能"的做法；要尽快建立健全与市场相适应的技能型人才工资晋升体系，以提升职业教育受教育者的价值回报预期；还要建立健全面向广大劳动者的社会保障机制。

解决好他们的后顾之忧，使得各个阶层、各个职业都能够有改革开放和经济发展带来的获得感，享受到发展带来的权利和机会。此外，还可以通过大力宣传优秀技术技能型人才的成长事迹，不断提高他们的经济和社会待遇，吸引更多的人才投身其中去实现自身的价值。

四、创新职业教育管理体制

实现职业教育的现代化，需要处理好政府、学校和社会的关系，才能够更好地促进职业教育的发展。首先，要加快转变政府职能。从各种政策文本得知，现阶段我国政府的职业教育职责相当复杂，既有立法职能、统筹规划职能、管理监督职能、信息服务职能、整合各种资源职能，也有不断优化职业学校布局、组织办学、财政投入等职能。这里面牵扯到多个职能部门，需要进一步转变职业教育管理方式，减少部门职责交叉和分散，尽量减少对学校自身教育教学等事务的干预。政府今后需要通过总体规划、政策引导等手段，以及税收金融、财政支付等杠杆，加强对职业教育的宏观管理、统筹协调和分类指导。能够交给行业的就充分赋权于行业，能够放权于学校的就充分信任并转交于学校，扩大职业院校在专业设置和调整、人事管理、教师评聘、收入分配等方面的办学自主权。

其次，推动职业院校建立现代学校制度。根据教育部在全国推广开的制定大学管理章程、提高高校自我管理能力的形势要求，完善职业院校的治理结构。尤其是职业院校需要制定出符合办学特点、能够融合多方力量积极参与管理的章程，把各有关利益方吸收到学校的科学管理中来，组建由学校、行业、企业等各方共同参与的理事会或者董事会，优化组合各种职业教育办学资源，推动职业院校面向市场、面向社会自主办学，确保决策科学，按照规定和规律来办学。

最后，建立健全质量评价制度和督导评估制度。教育部在近几年做好高校毕业生就业创业工作的通知中多次提出，要进一步健全高校毕业生就业质量年度报告制度，加强对毕业生就业创业与职业发展状况的跟踪调查。这是非常有利于职业院校提高办学质量的有效方法。根据近十年来麦克思研究院颁布的大学生就业报告，能够从中清晰地看到人才培养过程中的态势和走向，通过用人单位的持续不断的反馈，为很多学校（包括职业院校）根据实际用人动态的变化进行专业方面的必要调整提供了客观公正的依据和参照。这些建立在充分调研、综合分析梳理基础上的职业教育质量评价体系，以学习者的职业道德、技术技能水平和就业质量为核心，很有针对性和实效性，能够为今后更好地提升职业院校的办学质量提供参照。今后，还需要根据职业院校办学的特点，进一步完善学校、行业、企业、研究机构和其他社会组织共同参与的职业教育质量评价机制。

第三节　充分发挥各方利益相关者的功能

纵观很多经济强国的发展实践可以得知，他们既是制造业强国，同时也是职业教育强国。职业教育在这些国家的发展壮大中始终发挥着不可或缺的重要作用，发展职业教育是这些国家的国家战略与布局。而要统筹协调好各方面的力量，调动起各方积极性，形成具有正效应的利益链，聚集起齐心协力搞好职业教育的合力，就需要建立一个动态有效的工作机制，促进职业教育的良性发展。

一、调动相关政府部门积极性

首先，地方政府在发展职业教育中承担着主要责任。地方政府作为地方职业教育深化产教融合、校企合作，不断进行政策创新的主体，具有规划职业教育发展目标、调整学校布局和专业结构、整合资源、落实经费等职能。国家应该充分调动起地方政府的积极性，促使地方政府在结合本地方实际过程中，梳理总结出以往经验，探索解决职业教育发展的难点问题，依据当地经济社会发展的实际大胆探索创新，对地区经济社会发展的人才需求趋势进行预测，统筹规划职业教育与普通教育的发展规模和职业教育中学校的布局，不断提高办学的经济效益和社会效益，切实发挥职业教育为区域经济社会服务的能力。这就需要明确政府、相关部门、行业组织、企业和学校的各自责任，解除地方政府肩负的具体职业教育责任，减轻政府负担，使其主要精力用于营造制度环境、制定发展规划、改善基本办学条件、足额拨付办学经费、加强规范管理和监督指导等。在对地方政府的绩效考核中，对政府的文化教育事业一项进行考核时，可以把职业教育产教融合、校企合作的情况作为一项参照内容，促使其更加重视职业教育的发展。

政府各部门，尤其是与发展职业教育较为紧密的部门，如教育部、发展和改革委员会、财政部、人力资源和社会保障部、农业农村部、扶贫办等部门，要有效运用总体规划、政策引导等手段及税收金融、财政支付等杠杆，加强对职业教育发展的统筹协调和分类指导，形成合力。

二、拓展行业组织多种功能

随着经济社会的快速发展，行业协会、学会、商会等行业组织已经成为职业教育与产业发展中的桥梁和纽带，需要正视它们的地位和作用。可以通过分类制定行业职业指导政策，将适宜行业承担的工作通过授权、委托等方式交给行业，并及时给予政策的支持、强化服务监督。只有对行业企业在职业教育中的地位、责任、权利、义务等有了明确的法律保障，他们参与职业教育才会有足够的动力和积极性。这就需要我们把产业需求作为职业教育改革的方向，赋予行业协会、学会、商会等社会组织一定的权利，将政府部门的权利进行一定程度的下放。例如，培养行业组织力量，使其能够逐步承担起职业资格证书考试与认证的相关组织实施工作，会同企业和学校，创新行业职业资格标准，提升行业人才标准，根据用人市场的变化趋向，及时更新职业资格证书的考试内容，这样可以促使学校在人才培养上面与社会上实际用人标准相一致，可以实现学生毕业水准与社会用人标准的"无缝对接"。此外，还可以把信息服务的功能放权给行业协会，它们是支持职业教育发展的主要社会力量，对学校和外界的各种信息有着清晰的认识和把握，掌握着企业的用人需求数量和结构、动态走向等信息，能够有效地实现与企业的深度沟通，是企业发展的专家能手，对行业的发展有着很好的指导作用。行业协会还可以积极协调和规范产教融合、校企合作工作，为学校和企业提供专业指导和技术服务，使其真正参与到产教融合中来。

三、发挥企业办学重要作用

职业教育发展中，各利益相关方最后获得利益最大的应该是企业。因为企业对职业教育的办学质量最为关切，它关系到企业的核心竞争力和长远发展。职业教育的办学特色应该体现在适应社会实际发展需求上，培养用得上、留得住、发展好的实用型人才。企业能够及时参与到急需人才的系统培养中，对学校、企业自身和学生都是非常有好处的。企业是职业教育的重要办学主体，其价值和作用主要体现在用人需求、能力要求、岗位吸纳、税收缴纳、薪酬支付等方面，不仅在这几个方面拥有主导话语权，且直接涉及是否加以实施和执行。企业作为一个独立的法人，会根据自身经济发展状况和企业运营的成本核算，经过深思熟虑，理性研判，才能够确定其参与举办、治理职业院校和组织教育教学活动的内容和程度。这样，企业的主体作用才能够得以顺利发挥。因此，只有让企业以主体的身份参与，才能够让职业教育更加接地气。企业一方面以主体身份参与到人才培养全过程，便于对专业教改发挥积极作用。比如，可以通过建设从企业到学校倒推的产教融合生态系统，使得学校和企业找到合作共赢的利益共同点，在育人标准和用人标准方面形成共识，实现供需双方的完美对接，开设能够体现职业岗位核心能力和职业素质的专业课程体系；同时，学校有必要请有丰富企业实践经历的能工巧匠做兼职老师来承担人才培养的实践环节任务，企业参与检验与评价人才培养结果。企业可以扮演好角色，协同学校推进创新创业教育。学校的创新创业教育实践中，由于很多创业教育的老师并没有多少的创业经历，在进行创业教育时很容易出现"纸上谈兵""无关要害"的情况。而国家推动倡导的"大众创业、万众创新"的国策要想真正落到实处，需要将创新创业教育与专业教育这"两张皮"进行有机地融合。在教育引导的过程中，需要从重知识传授向重创新精神、创业意识和创新创业能力的培养转变，从仅面向有创业意愿的部分学生向面向全体学生转变。在经济发展的新常态下，创新已经成为引领发展的新动能。学校和企业需要发挥各自优势和长项、整合各自资源，去共同做好创新引领工作。院校有较好的文化根植能力和环境资源，能够给予创业教育实践场地和启动经费的适度资助；企业历经市场经济大潮的洗礼，积累了丰富的创业经验，可以把符合市场变化规律、有潜质的项目引入学校里面，做好师资培训、投资引导、孵化服务等具体工作。企业同样可以发挥自身优势，为学校老师提供实践场所，熟悉企业生产一线的实际运行特点，便于他们把专业理论教学和实验实训指导有机融合起来，实现讲师与工程师合二为一。这样，他们能够有自己的切实体会和感悟，能够非常精确地引导学生，实现从学校到企业真实环境的"无缝对接"，树立正确的学习观、成才观和成长观，达到学以致用，理论与实践的高度结合，真正地促进学生的技术技能的积累与创新。

四、充分发挥市场引导作用

职业教育是为人才市场服务的，人才市场的动态变化不断引导着办学方的方向。要想更好地发挥出职业教育在人才强国战略中的重要作用，就需要对外部劳动力化态势有较为全面地理解和认识。当前和今后，我国的劳动力市场出现了一些新动向：一是劳动力人口总量开始下降，就业供求矛盾相对有所缓解；二是经济发展开始进入新常态，又凸显出结构性就业矛盾，出现劳动力技能和就业岗位不匹配，一定程度的下岗失业人员增加与一些岗位合适人员"招工难"并存现象；三是随着生产要素在全球范围的流动，原来依靠低廉劳动力的竞争模式已到穷途末路，通过高素质低成本的劳动力去提高企业劳动生产率已成为增强竞争力的不二选择；四是新技术、新产业、新业态层出不穷，各种新的劳动组织形式、就业形态将会更加灵活。

以上分析都促使职业院校去深入思考去认真定位，尊重市场在人力资源配置中的决定性作用，对办学体制进行深入系统改革，引导社会力量参与其中，培养更多的适应市场变化需求的技术技能型人才。

一是充分体现出行业企业是职业教育最大受益者和办学主体的作用。利用好国家有关政策的扶持平台，建立政府补贴、购买服务、基金奖励、捐资激励等制度，使教育、财税、土地、金融等政策工具形成合力，积极引导各类办学主体以独资、合资、合作等形式参与到职业教育的发展创新之中，形成稳定的利益共同体，促进职业教育协同发展。

二是充分借鉴江苏、浙江、天津等地的经验，组建包括院校、行业企业、科研机构、社会组织等多元主体的职教集团，建立开放性的职业教育治理框架，建立"政校合作""校企合作""校校合作""政企合作"，形成各种信息与资源共享、权利与义务对等，在各成员之间进行充分协商、密切合作，确保参与各方的积极性，均享职业教育为当地经济社会发展创造的人才红利。同时，还要不断提高职业教育和产业合作的统筹层次，探索建立职业教育发展委员会，并且使之实权化，给予其一定的资金使用权和分配权。

三是借助职教集团的平台和媒介，做好"五个对接"，不断提高人才培养的针对性和实效性，服务好当地的经济社会发展和人的全面发展，彰显出职教特色及生命力。这五个对接是：① 实现职业教育专业设置与产业需求对接；② 实现课程内容与职业标准对接；③ 推动教学过程和生产过程对接；④ 推动毕业证书和职业资格证书的对接；⑤ 推动职业教育与终身学习的对接。这样，不仅能够推动在校生全面提升素质，也能够为社会上有志终身学习不断提升自我的人士搭建成长成才、不断自我超越的平台。

第九章

职业教育的发展趋势分析

第一节　职业教育的发展背景

一、信息化背景

当前，随着云计算、大数据、物联网、移动计算、3D 打印等新技术不断涌现，经济社会各行业信息化步伐不断加快，社会整体信息化程度不断加深，人们的生活、学习和工作方式也在发生着深刻的变革，信息技术对教育的革命性影响日趋明显。信息时代对职业教育的影响主要表现在以下四个方面。

（一）改变职业教育环境

在信息化时代，传统的校园、课堂等教育环境将转变为由网络架构、数字技术和智能设备组成的新型教育环境。在新的教育环境中，全社会的教育资源将得到最大限度的整合，形成一个开放的教育平台，进而产生新的教育教学规律。在信息化教育环境下，教育者不仅需要掌握基本的信息技术工具，更需要用信息化的理念审视和指导教育教学过程的各个环节和领域。

（二）改变教育资源配置方式

在信息化环境下，职业教育系统由传统模式转变为不受时空限制的网络化系统。受教育者不仅可以通过传统的面授方式获得知识，还可以借助计算机、网络足不出户地接受教育。分布于世界各地的学生和教师可以同时在一个虚拟的教室中进行课程学习讨论。电子教育正在融入我们的生活。

（三）推动教育改革创新

在教育教学过程中引入信息技术能够有力地促进教育系统的重新组合，使职业教育观念现代化，过程终身化，内容和目标智能化、综合化、多样化和软件化，学生成长个性化，教学方法民主化，手段电子化，方式个别化、远程化，效果高效化。建立开放式的教育网络，可以最大限度地整合和优化教育资源，构建终身教育体系。

（四）改变教育评价标准

职业教育更加注重人才的信息能力、创新能力，以及协作精神、适应能力。在信息化时代，道德是人才的灵魂，体力和智力是人才的基础，信息和网络能力是人才的主要特点，而创新能力是人才培养的主要目的。信息时代可以使教育教学评价能力化和全面化。

二、全球化背景

全球化是指物质和精神产品的流动冲破区域和国界的束缚，影响世界各地甚至每个角落的生活。它以经济全球化为核心，包含着各国，各民族，各地区的政治、文化、科技、军事、安全、意识形态、生活方式、价值观念等多层次、多领域的相互联系、依赖、影响、制约的多元概念。全球化必然要求人才能力国际化、人才素质国际化。职业教育作为国家发展战略，必然要对全球化做出回应。

职业教育的发展观就是要关注人的职业发展。全球化背景下，人的发展，要求职业教育要为学生学会学习、学会合作、学会做事、学会创新服务；既要关注现在，更要关注未来的发展。

三、市场化背景

我国面临着实现工业化与追赶知识经济的双重压力和挑战。同时，随着产业结构调整加快，资本、技术密集型产业大量出现，以信息、金融为主导的新兴产业加速发展，城镇化进程稳步推进，更大程度和更深层次上参与国际竞争，使市场经济体制建立的机遇与挑战并存。职业教育作为与市场经济联系最为直接、最为紧密的一种现代教育类型结构，要主动适应市场经济体制要求，主动面向市场、走向市场、服务市场，以市场为主，优化资源配置，加快自我发展。而作为职业教育的培养对象，必须由被动服从转向自己做主、主动选择，由求同思维转向求异思维，由习惯模仿转向勇于并善于创新，由顺大流转向展示个性，由务虚转向务实，由注重投入与规模转向注重效益，由慢节奏转向高效率。

四、现代化背景

现代化是一个多层面的过程，它涉及人类思想和行为领域各个方面的变革，是告别旧模式，追求、创造现代文明的过程。它需要在现有的基础上汲取一切有益的经验，运用一切现代化手段，综合各个方面的要求，浓缩各种变化与进程，从而实现更先进的效果。当今中国的现代化是融工业化、信息化、市场化、世界化为一体的现代化，是一项非常繁荣的创造性工作。职业教育现代化主要体现在以下四个方面。

（一）职业教育思想现代化

把握教育发展的内在规律与时代特征，树立正确的教育观与人才观，如全面发展的观念、终身教育的观念、民主平等的观念、多元化教育的观念、素质教育的观念等。这是职业教育现代化的前提。

（二）职业教育体系现代化

职业教育体系现代化包括课程体系、教材内容及与其相适应的教育方法的现代化。这是职业教育现代化的核心。

（三）职业教育设施、条件的现代化

职业教育设施、条件的现代化指的是校舍设施、装备条件具有比较先进的水准，能提供足够学生使用的现代化信息技术、体能训练器械、艺术教育手段，以及先进的科学实验与生产实习设备、充足的图书资料等。这是职业教育现代化的基础。

（四）职业教育师资和管理现代化

师资队伍的现代化是指教师的学历层次与文化知识具有较高的水准，具备学而不厌、诲人不倦的敬业精神，具有追求卓越、为人师表的师德修养，具备良好的教学基本功和技能技巧。这是职业教育现代化的根本。

管理的现代化是指管理队伍、管理制度和管理手段三个方面的现代化，即具有一支具备现代化管理知识的高素质管理队伍，具备一整套现代教育管理制度，具备现代化的管理手段，从而使教育管理科学化和高效率。这是职业教育现代化的保证。

五、时代背景

加快发展现代职业教育是党中央、国务院作出的重大战略部署。建立职业教育体系是促进职业教育服务转方式、调结构、促改革、保就业、惠民生和工业化、信息化、城镇化、农业现代化同步发展的制度性安排，对打造中国经济升级版，促进就业和改善民生，加强社会建设和文化建设，满足人民

群众生产生活多样化的需求，都具有重要意义。

随着新型工业化的推进和科学技术的发展，职业教育体系越来越成为国家竞争力的重要支撑。特别是国际金融危机以来，美国、日本、俄罗斯、印度等国家都将完善职业教育体系作为增强国家竞争力，特别是发展实体经济的战略选择，力求在新一轮国际竞争中建立牢固、可持续的人才和技术竞争优势。

改革开放以来，我国职业教育改革发展取得了巨大成就，职业教育快速发展，职业院校基础能力显著提高，产教结合、校企合作不断深入，行业企业参与不断加强，呈现良好的发展势头。但是，必须清醒地看到，我国职业教育仍然存在着社会吸引力不强、发展理念相对滞后、行业企业参与不足、人才培养模式相对陈旧、基础能力相对薄弱、层次结构不合理、基本制度不健全、国际化程度不高等诸多问题，并集中体现在职业教育体系不适应加快转变经济发展方式的要求上。抓住发展机遇，站在经济、社会和教育发展全局的高度，以战略眼光、现代理念和国际视野建设职业教育体系，加快发展职业教育是促进教育公平，基本实现教育现代化和建设人力资源强国的必然选择。

第二节　职业教育学科的发展趋势

一、未来职业教育的创新趋势

（一）从能力本位走向人格本位

以前，职业教育从知识本位到能力本位，现在又正在向人格本位的方向发展。人格本位就是以人为中心，从培养人格素质高度出发的职业教育模式。由能力本位转向人格本位，是社会经济发展的必然趋势。党和国家一系列职业教育方针、政策和法律法规明确规定，实施职业教育必须贯彻国家教育方针，坚持立德树人，积极培育和践行社会主义核心价值观，加强思想政治教育和职业道德教育，弘扬劳动光荣、技能宝贵、创造伟大的时代风尚，全面提高受教育者的素质。这表明，新时期最成功的劳动者将是最为全面发展的人，最具开拓精神的人，最善于与人合作的人。因而，从能力本位走向人格本位，将成为职业教育现代化的重要内容。它要求职业教育在学科教学中渗透道德（人格）教育，在实践中培养学生正确的世界观、价值观、人生观，在生活中实现个人价值和社会价值的统一。

（二）从学校模式走向混合和开放模式

随着职业教育体系的进一步构建，职业教育办学模式将由单一的职业院校闭门办教育，向学校、企事业单位、公民个人等多元化开放办学发展，向集团化发展，并通过建设开放型职业教育体系，扩大引进优质职业教育资源，鼓励骨干职业院校走出国门，提高职业教育的辐射力、影响力。混合开放办学模式的形成，必将给职业教育带来无限的生机和活力，从而加快职业教育现代化的速度。

（三）从就业教育走向创业教育

就业教育与创业教育既是两种不同的人才培养目的，也是两种不同的教育质量观。前者以填补现有的、显见的就业岗位为价值取向；后者以创造性就业和创造新的就业岗位为目的。《中共中央关于制定国民经济和社会发展第十三个五年规划的建议》指出，要优化劳动力、资本、土地、技术、管理等要素配置，激发创新创业活力，推动大众创业、万众创新，释放新需求，创造新供给，推动新技术、新产业、新业态蓬勃发展，加快实现发展动力转换。从就业教育到创业教育，既是世界职业教育的总趋势，也是中国职业教育改革和发展的必然选择。它客观要求职业教育必须调整培养目标，把目标指向创业人才，教育学生树立创业意识，培养创业心理品质和创业能力，形成创业知识结构，建立面向人人的创业服务平台。

（四）从技能开发走向智力开发

长期以来，人们对于职业教育功能的认识习惯于注重技能开发，而忽视了智力开发。智力开发把受教育者当作教育的主体，作为一种资源，在人力开发的基础上，根据人的差异着力于人的潜能和创造力的培养，追求的是一种普遍的适应性和应变性能力的掌握，使受教育者成为一个全面发展的人。由技能开发向智力开发的转变，是职业教育现代化的重要内容，若想实现这一转变，一要树立以人为本的观念，着力于人的全面发展；二要进行必要的成功教育，不断培养受教育者的自信心；三要针对个性差异，开发受教育者多方面的潜能；四要加强抗挫折教育及适应性教育，培养受教育者的独立性和创造性。

（五）国际化发展，本土化构建

职业教育国际化与本土化，是当今世界全球化的产物，是一个在世界范围内不同国家和地区之间教育思想、经验及资源相互交流、彼此选择、取长补短、融合创新、共同发展的历史进程。未来职业教育必须融入时代大潮，把国际化发展与本土化构建置于战略高地，为世界职业教育打造中国模式，开拓国际化视野，强化本土化意识，确立改革开放合作，融通创新的职教发展战略新理念包括：确立职业教育国际化科学发展观；树立以人为本的职业教育观；更新通向国际化人才质量观；顺应国际化发展潮流与本土化构建的需要，建设具有中国特色和现代品质的职教新体制；加强中职业教育衔接，形成"一以贯之"的职业教育新体系；加强与继续教育交融，构建终身一体的职教培训新系统；加强职业教育与行业企业联盟，打造校企合作的职业教育新机制；加强国际交流与合作，创建学贯中西的职业教育新平台；协调职教与普教发展，构架异质统筹的教育新体制；面向国际化深化教学改革，打造具有中国特色的现代职教人才培养新模式；转变传统教学观，确立职业教育观；改革封闭、低效的传统教学模式，构建开放、高效的人才培养体系。

二、职业教育学科的发展趋势

针对职业教育的发展问题，未来职业教育学科的发展趋势主要表现在以下四个方面。

（一）研究对象的问题取向

职业教育学研究对象目前尚处于离散状态。有学者鉴于回答"职业教育本质是什么""职业教育研究对象是什么"的艰难，倾向于结合对职业教育学科性质的认识，将职业教育研究对象还原到几个问题上。

（二）研究范式的交融取向

当科学研究进入跨学科行动的大科学时代，职业教育学研究方向的取向，必将由简单的研究向交融研究，即跨学科研究转变。在对其他学科的研究方法进行比较、移植、辐射和聚合并加工改造的基础上，融合成新的综合研究范式，同时还要有必要的学术规范。

（三）学科的分化取向

相对于其他社会学科，年轻的职业教育学科发展水平较低，学科还不成熟，一方面，它固然需要高水平的综合；另一方面，它更需要充分的分化和学科交叉，以深入研究专题性问题，吸收其他学科的营养，在此基础上形成更多的职业教育学分支。

（四）反思的广度与深度不断扩大、加深

这种有深度、成规模、更广泛的反思体现在：从国际职业教育学学科的建构与建构的角度出发，借鉴国外职业教育学的经验，警醒和反思我国

职业教育学的建设；从政治、经济、文化等领域对职业教育学学术领域的渗透、控制出发，发现职业教育学自主性形成的"瓶颈"，并寻找应对的策略；从职业教育学学术建设的内部问题出发，以职业教育学的研究对象反思为前提，对原有的职业教育学学科的概念、范畴、体系进行挑战、质疑与重构。

另外，在构建职业教育体系过程中，必然要面对如何解释职业教育现象，解决职业教育问题，揭示职业教育规律和内在本质过程中所遇到的新情况、新问题，并不断加强自身进一步发展、成熟、完善等一系列问题。

参考文献

［1］靳成达. 教育数字化转型背景下职业教育高质量发展的理论内涵、显著特征与实践策略［J］. 教育与职业，2023（20）：54-60.

［2］廖依山，黄巧鸾. 课程思政嵌入高等职业教育发展机制的理论构建——基于课程思政系统化建设的分析［J］. 广西教育，2023（24）：21-25.

［3］张荣福. 职业教育高质量发展的数字技术支撑体系：理论逻辑与实践模式［J］. 工业技术与职业教育，2023，21（4）：108-112.

［4］刘晨. 职业教育赋能乡村振兴发展路径探析——基于嵌入性理论视角［J］. 农村经济与科技，2023，34（15）：137-140.

［5］张健，杨雨慧. 社会发展理论视域下职业教育的发展审思与突破进路［J］. 中国职业技术教育，2023（22）：24-31.

［6］张迎晨，张淼. 多源流理论视角下职业教育高质量发展的政策议程分析［J］. 高等职业教育探索，2023，22（4）：43-48.

［7］张庆庆，杨慧娟. 内生发展理论下农村职业教育发展逻辑与路径［J］. 农村经济与科技，2023，34（13）：265-268.

［8］李洁，王毛文. 类型教育视域下职业教育育人体系：理论逻辑、发展机理与路径分析［J］. 职教通讯，2023（7）：51-59.

［9］李强. 深入学习贯彻新时代党的创新理论切实推动山西党的职业教育事业高质量发展［J］. 前进，2023（6）：39-41.

［10］周益斌，肖纲领. 职业教育产教融合共生体的发展困境及推进策略研究——基于共生理论的视角［J］. 苏州大学学报（教育科学版），2023，11（2）：80-87.

[11] 刘新国，李灿军，彭瑛. 新时代开放教育融合职业教育发展的理论逻辑与实践模式 [J]. 职业技术教育，2023，44（16）：68-73.

[12] 匡瑛，姜孟升. "一统三融" 背景下职业教育类型定位的理论基础、困境桎梏与发展逻辑 [J]. 职业技术教育，2023，44（16）：6-13.

[13] 江凯. 高等职业教育体系的理论建构与实践探索——评《高等职业教育理论与发展新探索》[J]. 中国高校科技，2023（5）：102.

[14] 康伟. 农村职业教育研究方面具有重大学术创新与理论价值的成果——《全面乡村振兴视域下农村职业教育发展战略研究》评介 [J]. 榆林学院学报，2023，33（2）：123-124.

[15] 张云，单连新. 职业教育在对外关系中的多重功能与发展方略——基于国家软实力理论的思考 [J]. 广东技术师范大学学报，2023，44（1）：67-76.

[16] 黄青霞. 适应 "一带一路" 高质量发展的职业教育理论与实践研究 [J]. 甘肃教育研究，2022（12）：12-15.

[17] 王丽凯，孙翠香. 高职高质量发展：理论建构及推进策略——基于 56 所 "双高" 院校《2021 年中国高等职业教育质量年度报告》的 Nvivo 分析 [J]. 职教论坛，2022，38（12）：47-55.

[18] 王保华，谷俊明. 职业教育适应性：内涵、困境与发展理路——基于同步激励理论的分析 [J]. 国家教育行政学院学报，2022（11）：29-39.

[19] 徐宏伟. 职业教育教师教学创新团队建设的微观机理与发展路径——基于知识螺旋理论的分析 [J]. 职教通讯，2022（11）：23-29.

[20] 于才晟. 新发展理念下职业教育助力共同富裕：理论逻辑、实践壁垒与破解路径 [J]. 职业技术教育，2022，43（31）：22-27.

[21] 张家军，王嘉龄. 职业教育集群发展：理论审思与推进路径——以成渝地区双城经济圈为例 [J]. 职业技术教育，2022，43（30）：45-51.

[22] 袁征. 职业教育适应经济社会发展需要的理论阐释与实证研究 [J]. 教育与职业，2022（19）：35-40.

［23］张雅慧，王阳，倪娟. 生态系统理论视角下职业教育高质量发展的影响因素与治理路径［J］. 当代职业教育，2022（5）：25-31.

［24］李家祥. 李家祥. 云南职业教育产教融合、校企合作的理论与实践［M］. 昆明：云南大学出版社，2022.

［25］冯丽丽. 新时代科学发展理论视角下我国职业教育高质量发展研究［J］. 职业教育（下旬刊），2022，21（7）：29-35.

［26］南海，刘烁. 我国职业教育高质量发展的理论阐释与实践探讨［J］. 当代职业教育，2022（4）：55-62.

［27］李立国，蔡文伯. 我国职业教育发展的政策集群结构特征：基于扎根理论的分析［J］. 高校教育管理，2022，16（4）：85-95.

［28］谢丹. 反思与重构：从终身教育到终身职业教育体系的研究——基于心理社会发展理论的研究［J］. 内蒙古教育，2022（2）：67-72.

［29］李祥，吴倩莲，申磊. 职业教育高质量发展的理论阐释与实践图景——基于《关于推动现代职业教育高质量发展的意见》的政策分析［J］. 终身教育研究，2021，32（6）：18-26.

［30］方向阳，郝云亮，方向阳. 五年制高等职业教育德育工作研究［M］. 苏州：苏州大学出版社，2021.